Marc A. Pletzer
Zeitmanagement – Das Trainingsbuch

Zeitmanagement – Das Trainingsbuch

Mach dir das Leben leichter

Marc A. Pletzer

Haufe Mediengruppe
Freiburg · Berlin · München

Bibliografische Informationen der Deutschen Bibliothek
Die Deutsche Bibliothek verzeichnet diese Publikation in der
Deutschen Nationalbibliografie; detaillierte bibliografische Daten
sind im Internet über http://dnb.ddb.de abrufbar.

ISBN 3-448-07255-9   Bestell-Nr. 00300-0001
ab 1.1.07 978-3-448-07255-6

© 2006, Haufe Verlag GmbH & Co. KG, Niederlassung Planegg b. München
Postanschrift: Postfach, 82142 Planegg
Hausanschrift: Fraunhoferstraße 5, 82152 Planegg
Fon (0 89) 8 95 17-0, Fax (0 89) 8 95 17-2 50
E-Mail: online@haufe.de
Redaktion: Stephan Kilian
Lektorat: Oliver Gorus, Eugen

Satz + Layout: AB Multimedia GmbH, 85445 Oberding
Umschlaggestaltung: Hermann Kienle Visuelle Kommunikation, 70199 Stuttgart
Druck: Schätzl Druck & Medien, 86609 Donauwörth

Zur Herstellung des Buches wurde nur alterungsbeständiges Papier verwendet.

Inhalt

Vorwort

„Sie sind nicht allein!" – so lautet die wohl wichtigste Botschaft an alle Menschen, die mit ihrer Terminplanung hadern. Im Gegenteil: Zeitmanagement-Seminare, Bücher wie dieses, CD-Serien und Trainingsfilme erfreuen sich seit vielen Jahren einer ungebrochenen Beliebtheit. Und je mehr Entlassungen und neue Technologien den Arbeitsdruck erhöhen, je mehr Medien- und Freizeitangebote um unsere Aufmerksamkeit wetteifern, desto mehr Menschen leiden darunter, zu wenig Zeit zu haben.

Selbstverständlich stimmt das gar nicht, denn wir alle haben ja gleich viel Zeit. Wir scheinen sie nur sehr unterschiedlich einzuteilen, abhängig zum Beispiel davon, ob wir als Selbstständige, Angestellte, freie Mitarbeiter, Unternehmer oder Manager arbeiten. Doch auch eine bestimmte Position im Arbeitsmarkt scheint nicht zu garantieren, dass wir Stress haben müssen oder nicht. So gibt es etwa Manager, die völlig überfordert sind, und in vergleichbaren Situationen eben auch solche, die relativ locker ihre Aufgaben bewältigen.

Das Geheimnis des guten Zeitmanagements scheint also woanders zu liegen. Ob es vielleicht sogar völlig unabhängig von den äußeren Faktoren ist? Dann wären Sie der einzige Mensch auf dieser Welt, der an Ihrem Zeitchaos – so Sie es als solches empfinden – etwas ändern kann. Diese Vorannahme ist die Basis für dieses Buch, ja sogar die Voraussetzung für jede erfolgreiche persönliche Veränderung. Sie haben es in der Hand, Ihre Zeit anders einzuteilen. Es ist schon richtig, dass Sie dafür eine Reihe neuer Strategien und Methoden benötigen. Bewusst und unterbewusst lernen Sie auf den folgenden Seiten, bessere Entscheidungen bei der Termin- und Aufgabenplanung zu treffen.

So wird nach dem Lesen des Buches Zeitmanagement für Sie eine spannende Aufgabe sein, die Sie von Tag zu Tag immer besser lösen. Damit kehrt die heitere Gelassenheit in Ihr Leben zurück – und das ist durchaus die Absicht, die ich mit diesem Buch verfolge. Es wird Sie auf einen neuen Weg bringen: den Weg zu sich selbst. Ich wünsche Ihnen Leichtigkeit, Mut, Freude und Spaß mit diesem Buch und auf Ihrem weiteren Weg!

Marc A. Pletzer

Zum Aufwärmen
Selbstverantwortung

Ein neuer Umgang mit der Zeit

„Endlich, die Lösung für meine Zeitprobleme" – so oder ähnlich mögen Ihre Gedanken gewesen sein, als Sie dieses Buch zum ersten Mal in die Hand genommen haben. Oder Sie denken gerade jetzt in diesem Moment so. Und es stimmt: Dieses Trainingsbuch bringt Sie auf erstaunliche Weise zu Ihrem Ziel, ein neues Zeitmanagement für sich zu finden und davon jeden Tag zu profitieren. Der Grund dafür ist, dass es sich um ein Trainingsbuch handelt. Keine Sorge, hier finden Sie nicht einfach eine abgetippte Version eines Zeitmanagement-Seminars. Vielmehr ist es ein Buch, das aus der Trainingspraxis kommt und das Know-how aus vielen verschiedenen Seminaren und Coachingsituationen in sich vereint. Das sind Zeitmanagement-Seminare, die ich selbst gegeben habe und laufend gebe. Und es sind persönliche Coachings, NLP-Ausbildungen sowie Management-Trainings. Viele hundert Stunden Trainings, Gespräche, Lektüre und Beratung sind die Voraussetzung, sozusagen der Boden, auf dem dieses Trainingsbuch gewachsen ist. Deshalb dürfen Sie hohe Anforderungen stellen und werden dann staunend erleben, wie leicht Sie sich ein gutes Zeitmanagement aneignen.

Was dieses Buch nicht kann

Eine paar warnende Hinweise seien hier eingefügt: Sie mögen die Erwartung haben, dass dieses Buch Ihnen zusätzliche Tagesstunden verschaffen kann. Diesem Anspruch muss ich schlicht eine Absage erteilen. Es ist nicht etwa mangelnde Dienstleistungsbereitschaft meinerseits, und bitte sehen Sie es auch dem Verlag nach: Die Tage haben auf diesem Planeten (zumindest zurzeit) 24 Stunden und daran werden wir nichts ändern. So lustig das klingen mag, so ernst ist es gemeint. Eine Reihe von Menschen sind der Meinung, ihr Tag könne 30 Stunden haben und dann wären endlich die heute fehlenden sechs Stunden freie Zeit drin. So sehr das Redensart sein mag, so wahr bleibt die Feststellung, dass Sie mit dem vorhandenen Kontingent an Stunden auskommen müssen.

Doch genau darin liegt Ihre große Chance. Sie können nämlich mit 24 Stunden auskommen. Wenn Sie bisher nicht täglich geschafft haben, was Sie schaffen wollten, dann haben Sie mit diesem Buch die Möglichkeit erworben, es ab sofort hinzubekommen. Das ist ganz leicht, auch wenn Ihnen im Moment noch nicht klar sein mag, wie das gehen soll. Der Umgang mit Zeit ist eine stetige Aufgabe, die je nach Tagesform vor allem am Anfang mal besser und mal weniger gut gelingt. „Am Anfang von was?", mögen Sie sich fragen. Um es ganz allgemein zu beantworten: Am Anfang eines Prozesses, in dem Sie sich bewusst werden, was Sie auf welche Weise erledigen. So lange Sie sich zum Beispiel als Opfer verstehen, das keine Wahl hat, als sich möglichst gestresst durch die Tage, Wochen oder gar das ganze Leben zu schlagen, werden Sie daran wohl kaum etwas ändern wollen.

Beispiel

Das Beste zu geben kann über die eigenen Kräfte gehen
Sarah Kuhn ist Mutter zweier Söhne, die sieben und neun Jahre alt sind. Sie arbeitet halbtags als Sekretärin in einer kleinen Gartenbaufirma. Wenn Sie nicht die rechte Hand des Chefs wäre, fiele ihr vieles leichter. Doch der Chef hat ihr viel Verantwortung übertragen und sie gibt ihr Bestes, um diesen hohen Anforderungen gerecht zu werden. Leider bedeutet das auch, dass sie zahlreiche Überstunden ableistet und Arbeit mit nach Hause nimmt. Abends, wenn die Jungs im Bett sind, sitzt sie oft noch am heimischen Schreibtisch und bucht Belege oder füllt Excel-Listen mit Adressdaten für ein bevorstehendes Mailing. Und die Wochenenden gehören natürlich der Familie, da ist sie als Mutter gefordert. Kein Wunder, dass Sarah sich ständig überfordert fühlt und ratlos ist, was sie ändern kann.

Mag sein, dass auch Sie sich so oder ähnlich fühlen, wenn Sie auf Ihre vergangene Woche zurückblicken. Es scheint aussichtslos, an einem solchen Leben etwas zu ändern. „Das Leben beginnt, wenn die Kinder aus dem Haus sind und der Hund tot ist", lautet ein weit verbreiteter Glaube. Sie haben es selbst in der Hand, dies für wahr zu halten. Und wenn das für Sie wahr ist, dann kann Ihnen dieses Buch nicht helfen, es sei denn, Ihre Kinder packen bereits ihre Sachen und der Hund mag schon nicht mehr richtig fressen.

Eine Anmerkung zu den Personen in den Beispielen: Die Namen dieser Menschen, meist Seminarteilnehmer oder Coachees, sind selbstverständlich verändert.

Fühlen Sie sich am falschen Platz?

Was tun, wenn Sie einfach am falschen Platz gelandet sind? Tatsächlich haben viele Menschen genau dieses Gefühl. Der falsche Job in der falschen Firma, der falsche Chef, die falsche Partnerschaft. Ja, vielleicht auch die falsche Wohngegend und das falsche Auto. Bei solchen ungünstigen äußeren Faktoren muss der große Erfolg ausbleiben.

Sie können gerne bei dieser Auffassung bleiben, wenn Sie fest davon überzeugt sind, denn es mag ja alles stimmen. Allerdings gibt es einen Menschen, der dies alles ändern kann: Das sind Sie selbst! Denn egal wie verfahren Ihre Situation zu sein scheint, Sie können sich auch an nahezu jeden anderen Ort bringen, sich mit den Menschen umgeben, mit denen Sie zusammen sein möchten, und die Arbeit tun, die Ihnen Spaß macht und genug Geld bringt.

Was das mit Zeitmanagement zu tun hat? Nun, Zeitmanagement hat in allererster Linie damit zu tun, dass Sie wieder die volle Verantwortung übernehmen für alles, was Ihnen in Ihrem Leben widerfährt, und damit auch für alles, was Sie ändern können. Veränderung passiert nicht von selbst, und Sie schaffen sie vielleicht auch nicht von heute auf morgen. Doch das ist nicht der entscheidende Punkt. Entscheidend ist vielmehr, dass Sie genau jetzt begonnen haben, eine Veränderung in die richtige Richtung zu unternehmen. Sie haben dieses Buch in die Hand genommen, und Sie haben begonnen es zu lesen. Alles Weitere ergibt sich.

Die Rahmenbedingungen verändern sich

In vielen Unternehmen sind die Hierarchien flacher geworden. Dabei ist eine Neuverteilung aller Aufgaben dringend erforderlich, wenn sie nicht bereits erfolgt ist. Das alte Denken, dass Aufgaben meist von oben nach unten delegiert werden, damit der Chef sich zurücklehnen kann, ist nicht mehr zeitgemäß. An seine Stelle tritt ein neues Miteinander auf allen Ebenen, das von einer Verteilung der Aufgaben zwischen weitgehend gleichberechtigten Partnern bestimmt wird. Zweifelsohne haben viele Unternehmen – und dort vor allem die Manager – diese Entwicklung im Kern noch nicht verstanden. Doch der Trend ist unaufhaltsam und auch begrüßenswert. Jede Arbeit wird schon heute – zumindest in den hoch automatisierten Bereichen – von Spezialisten erledigt. Die Bedienung eines Produktionscomputers oder einer kompletten Produktionsstraße beziehungsweise -anlage ist so komplex geworden, dass die Einteilung in Arbeiter und Manager verschwindet. Aber dann müssen auf allen Ebenen, und eben nicht nur in der Chefetage, Fähigkeiten für ein professionelles Zeitmanagement und eigenverantwortliches Arbeiten vorhanden sein. Keine geringe Herausforderung. Hier gibt es heute einen hohen Weiterbildungsbedarf. Dieses Buch ist ein Beitrag dazu.

In der Dienstleistungsbranche hat das Internet bereits für eine vergleichbare Veränderung gesorgt. Mehr und mehr erledigen nicht mehr fest angestellte Experten die Aufgaben des Unternehmens, sondern extern eingekaufte Spezialisten, die ihre Arbeit zunehmend irgendwo auf der Welt leisten können. Beispiele sind Anbieter von Firmen-Newslettern, Werbe- und Marketingexperten, Produktdesigner und Software-Entwickler.

Immer mehr Menschen arbeiten selbstständig oder in kleinen Unternehmen, in denen nicht mehr deutlich zwischen dem Management und den anderen Mitarbeitern getrennt wird. Daher kommt dem eigenverantwortlichen Arbeiten eine immer größere Bedeutung zu. Es spielt also keine Rolle, ob Sie heute als Manager, als Freiberufler oder als Sachbearbeiter in einem Unternehmen arbeiten, Ihre Kompetenz bei der Einteilung Ihrer Zeit ist mehr denn je gefragt. Auch wenn Sie an einen Wechsel denken, sind Sie gut beraten, sich die Fähigkeiten anzueignen, die in diesem Buch vermittelt werden.

Die harten Wahrheiten zuerst

Immer wieder kommen in meine Zeitmanagement-Seminare Menschen, die sich an ihrem Arbeitsplatz längst nicht mehr wohl fühlen. Sie haben auch erhebliche Schwierigkeiten, ihren Aufgaben gerecht zu werden. Doch das ist nur eine Folge der grundlegenden Verweigerungshaltung gegenüber der Aufgabe insgesamt. Auch im privaten Umfeld kann dies passieren. Es gibt Paare, die diesen Effekt kennen gelernt haben: Sobald sich einer nicht mehr so viel Zeit für den anderen nimmt, mag das tatsächlich an einer vorübergehend stärkeren beruflichen oder anderen Belastung liegen. Wenn der Störfaktor allerdings zur Dauereinrichtung wird, kann es auch daran liegen, dass die Partnerschaft dem Fliehenden nicht mehr als die beste aller möglichen Lösungen erscheint.

Keine Sorge, in diesem Buch geht es nicht darum, Sie wieder in Ihre Partnerschaft zurück oder von ihr weg zu bringen. Auch in Bezug auf Ihre berufliche Herausforderung werden hier keinerlei Patentrezepte angeboten. Doch dieses Buch ist für Sie, das liegt in der Natur des Themas, ein Anlass für eine genaue, offene und ehrliche Bestandsaufnahme Ihres aktuellen Lebens. Darauf steuert dieses Buch hin. Genießen Sie den Weg zu diesem entscheidenden Höhepunkt, denn es lässt sich sehr vieles entdecken, das Sie bisher noch nicht kannten.

Zeitplanung hat, das sei hier festgehalten, viel mit Eigenverantwortung zu tun.

Tipp: Wenn Sie meinen, nicht genügend Zeit zu haben, um dieses Buch zu lesen, dann sollten Sie diesen Aspekt noch einmal in Ruhe durchdenken. Zeit können Sie nämlich gar nicht „haben", Sie können sie nur in der einen oder anderen Weise verwenden. Zeit haben bedeutet, sich Zeit zu nehmen! Wenn Sie also keine Zeit für das Lesen dieses Buches haben, dann nehmen Sie sie sich einfach. Alle anderen Aufgaben können jeden Tag 10, 20 oder gar 30 Minuten länger warten, wenn Sie dafür mehr Kompetenz im Umgang mit jeder Minute erwerben.

Es ist so einfach!

Die Geschichte des Zeitmanagements ist etwa so tragisch wie die der rechtschreibschwächelnden Kinder in unseren Schulen. Hier wie dort wurde das Thema allzu lange als eine Frage der Disziplin und des ernsthaften Einsatzes abgehandelt: Wer die Rechtschreibung nicht beherrsche, sei schlicht zu faul. Und wer heute seine Aufgaben nicht in der regulären Arbeitszeit schaffe, sei eben unorganisiert, faul, träge, langsam oder alles zusammen. Bis auf den Chef! Der schafft vielleicht seine Aufgaben auch nicht in der vorgegebenen Zeit, aber der hat ja auch die ganze Verantwortung.

Tipp: Wenn Sie zufällig der Chef eines Unternehmens sind oder eine Abteilung in einer größeren Organisation leiten, denken Sie bitte daran, dass Ihre Mitarbeiter sich an Ihnen orientieren. Je besser Sie Ihr Zeitmanagement beherrschen, desto eher werden Ihre Mitarbeiter bereit sein, auch etwas zu ändern. Wenn Sie dieses Buch von einem Mitarbeiter (vielleicht anonym?) geschenkt bekommen haben, ist das bestimmt eine gut gemeinte Geste – und ein Anreiz für Sie, auch in dieser Hinsicht Vorbild zu sein!

Zurück zum Thema Faulheit und der Geschichte des Zeitmanagements. Da es einfache Rezepte gab und gibt, mit denen die bisherige Unfähigkeit eines Menschen erklärt werden kann, schien lange Jahre auch die Lösung einfach: Nehmen Sie einen Kalender, priorisieren Sie ihre Aufgaben, teilen Sie die Arbeit besser ein, seien Sie nicht faul und schon klappt das. Und Kinder, die eine Rechtschreibschwäche (was für ein unsägliches Wort!) haben, müssen sich eben ein wenig anstrengen und üben. Übungsdiktat folgt auf Übungsdiktat – was bleibt, ist die Rechtschreibschwäche.

Und hier liegt der Hase im Pfeffer. Kinder, die ihre liebe Not mit der Orthografie haben, sind nämlich weder faul noch dumm. Man hat ihnen lediglich eine falsche Strategie beim Schreiben beigebracht. So einfach ist es und nicht anders. Genauer: Sie wenden beim Merken von Wörtern eine Strategie an, die sich in einem anderen Kontext sicher bewährt. Beispielsweise beim Auswendiglernen von Liedertexten und Gedichten, bei denen die Melodie mit dem Text verknüpft wird. Nur in diesem Kontext des Schreibens ist sie unbrauchbar. In dem Moment, in dem die Kinder lernen, sich Wörter anders, sozusagen schreibgerecht zu merken, beherrschen sie die Rechtschreibung. Das dürfen Sie mir glauben – oder Sie folgen der entsprechenden Übung im Anhang des Buches.

Die Pausenglocke bestimmt den Takt

So ähnlich ist es mit dem Zeitmanagement auch: Bei vielen von uns stammen die Strategien des Umgangs mit der Zeit aus der Schulzeit. Damals haben wir gelernt, auf die Pausenglocke zu reagieren. Wir hatten einen Stundenplan, der abgearbeitet werden musste. Und wenn der Lehrer nicht da war, kam entweder ein anderer oder wir wurden früher nach Hause geschickt. Ich möchte das an dieser Stelle einfach mal passives Zeitmanagement nennen, auch wenn Ihnen das geschönt vorkommen mag, denn hier managen womöglich viele Menschen, nur der betreffende Schüler selbst nicht.

In der Ausbildung ging es dann gerade so weiter. Eine Ausnahme mögen die Studenten darstellen, von denen übrigens ziemlich viele den Studienabschluss nicht schaffen. Einer der Gründe dafür mag sein, dass der auf passiv getrimmte Schüler an einer Universität ein System vorfindet, in dem er plötzlich eine eigene Strategie haben muss, um sich alles einzuteilen. Denn die meisten Vorlesungen sind mindestens nach einer Einführungszeit wie dem Vordiplom oder dem Grundstudium freiwillig. Und das Lernen muss komplett eigenverantwortlich erledigt werden. Viele haben dafür schlicht keine Strategie in ihrem Repertoire. Anderen gelingt es blendend, sich so zu organisieren, dass sie das Studium und vielleicht noch einen Nebenjob locker schaffen.

Nun ließe sich von diesen Könnern einiges lernen, möchte man meinen. Das stimmt. Und die starren Konzepte, die ich oben bereits als alte Schule des Zeitmanagements gebrandmarkt habe, funktionieren ja auch. Es handelt sich um Möglichkeiten, die allerdings nicht für jeden Menschen optimal geeignet sind, um sich die Zeit besser einzuteilen als bisher.

Plädoyer für einen neuen Umgang mit der Zeit

Die Lösung ist so einfach, dass Sie sicher schon daran gedacht haben: Sie benötigen einen eigenen, individuellen Umgang mit der Zeit. Das ist der einzige Weg, der Ihnen dauerhaft hilft und wirklich empfehlenswert ist. Folgen Sie nicht dem starren Konzept des einen oder anderen Gelehrten. Finden Sie ein eigenes System, das funktioniert. Vor diesem Hintergrund ist auch dieses Buch zu verstehen. Es ist eine Lernhilfe, ein System aus vielen kleinen Systemen. Und aus diesem Baukasten wählen Sie nun beim Lesen genau die Methoden und Aspekte aus, die für Ihren Alltag am nützlichsten erscheinen. Das ist die Aufgabe, die vor Ihnen liegt und für die Sie sich in den kommenden Wochen begeistern. Dass es Spaß macht, Zeit neu und anders einzuteilen, sei hier vorausgeschickt. Sie haben es ja schon gemerkt: So leicht es Ihnen fällt, diese Seiten zu lesen, so einfach ist das ganze Thema umzusetzen.

Halten Sie sich an Ihre Vereinbarungen

Sie mögen Ihre heutige Art der Planung zum Beispiel als kreativ und flexibel erleben und nur Ihr Partner nörgelt daran herum. Flexibilität ist eine positive Eigenschaft, nur muss sie nicht in jeder Situation die beste Möglichkeit sein, mit einem festgesetzten Termin umzugehen.

Beispiel

Vorbereitung auf einen großen Abend
Britta und Georg Schneider freuen sich auf einen herrlichen Abend im Theater. Er war bis gestern auf Geschäftsreise, sie hatte den üblichen Stress im Büro und vieles mehr. Doch heute Abend wird alles vergessen sein, die Karten für die neue Inszenierung von Lessings Emilia Galotti sind gekauft, beide bereiten sich gerade auf den Abend vor. Das Stück beginnt um 20:00 Uhr.
Es sei erwähnt, dass Georg mit der abendlichen Zeitplanung von Britta immer mal Probleme hatte. Weil er schon bei seinen Eltern gelernt hat, an einem Theaterabend 30 Minuten vor Beginn des Stücks nach ruhiger Fahrt im Theater zu sein. Und er mag diese ruhige Art, einen gemeinsamen Abend zu beginnen. Britta sieht das etwas anders, der neue Firmenwagen sieht nicht nur sportlich aus, er fährt sich auch so. Und zum Theater braucht sie maximal 12 Minuten, eine weitere für die Parkplatzsuche und die Karten hat sie ja extra schon besorgt. Also plant sie die Abfahrt für 19:30 Uhr, er dagegen plant sie für spätestens 19:00 Uhr. Beide werden diese 30 Minuten unterschiedlich erleben, denn er wird nervös auf die Abfahrt warten, während sie völlig gelassen bleibt und bereit ist, auch noch den letzten Puffer von 10 Minuten auszuschöpfen. Da sie den Sekt im Theater sowieso nicht mag und ihn außerdem völlig überteuert findet, genügt es doch ganz offensichtlich, um drei Minuten vor Beginn den großen Saal des Theaters zu betreten, oder?

Falls Sie solche Szenen noch nicht erlebt haben, dürfen Sie sie sich in den buntesten, schrillsten Farben ausmalen. Es ist unglaublich, wie schnell sich Paare in solchen Situationen von liebenden Turteltauben zu wahren Bestien verwandeln können. Da hilft auch kein fröhlich dazwischen geworfenes „Nehmt es nicht so tragisch ...“, der Abend ist für viele Menschen schon gelaufen, bevor er richtig begonnen hat. Und es hilft übrigens auch nicht, wenn sich Britta auf Georg einstellt und eine Stunde vorher abfährt. Denn für sie ist dies nicht nur überflüssig, sondern zudem langweilig. Ihre Laune sinkt dann trotz allen guten Willens schnell auf den Nullpunkt.

Es liegt nicht an den Männern oder den Frauen!

Immerhin ist der Effekt des abendlichen Ausgehens keineswegs ein geschlechtsspezifisches Thema, das sich auf übermäßig lange Restaurierungsaufgaben oder die verzweifelte Suche nach der geeigneten Kleidung zurückführen ließe. In die Seminare kommen Ratlose beiderlei Geschlechts. Sie alle haben eins gemein: Sie haben eine andere Art als ihr Partner, mit Zeit und Terminen umzugehen.

Worauf es ankommt ist, dass Sie sich Ihren persönlichen Umgang mit der Zeit bewusst machen. Wie reagieren Sie in den typischen hektischen Situationen, die sich im Alltag ja bei den meisten Menschen mehr oder weniger häufig einstellen? Wie großzügig gehen Sie mit Ihrer Zeit um? Und wie gelassen bleiben Sie, wenn andere ein anderes Verständnis von der Zeit haben? Diese und viele andere Fragen mehr werden Sie im ersten Kapitel des Buches für sich beantworten. Es ist die Bestandsaufnahme, der Status quo, den Sie bis heute erreicht haben.

Und danach wird ein Thema nach dem anderen gelöst, Kapitel für Kapitel oder wahlweise auch sehr gezielt. Denn dieses Trainingsbuch bietet durchaus eine gute Chance für Kapitelhüpfer und Quereinsteiger, die es von anderen Büchern gewöhnt sind, sich die Rosinen herauspicken zu können. Allerdings profitieren Sie am meisten, wenn Sie dieses Buch ganz durchlesen. Denn ich habe eine Technik eingebaut, die ich auch bei meinen Trainings gezielt einsetze: Es wird nicht nur Ihre bewusste Fähigkeit, mit Ihrer Zeit besser umzugehen, geschult. Sondern durch eine besondere Verschachtelung der Geschichten, Beispiele und Tipps trainieren Sie gleichzeitig Ihre unterbewussten Fähigkeiten. Sie erlernen ganz nebenbei und unbemerkt neue Strategien, die im Alltag für Sie nützlich sind. Das funktioniert genau so wie die Bibel oder Grimms Märchen funktionieren. Auf diesen Bonus werden die Quereinsteiger und Rosinenpicker verzichten müssen.

Hilfe, ein Notfall

Das ändert jedoch nichts an den typischen Notfällen, in die fast jeder Mensch geraten kann. Alles war perfekt geplant, der Tag lief wie am Schnürchen und dann kommt die Katastrophe in Form eines eiligen Auftrags, dem plötzlichen Krankenhausaufenthalt der Schwiegermutter oder eines anderen Notfalls. Für diesen Zweck gibt es Lektion 5, der Ratgeber für alle Fälle. Darin finden Sie alle entscheidenden Tipps, die als Reißleine gedacht sind und Ihnen auch an „normalen" Tagen gute Dienste leisten. Das ist das Kapitel, das Ihnen auch in der Zeit nach dem ersten Durchlesen dieses Buches ein nützlicher Begleiter sein kann.

Werden Sie ehrlich zu sich!

Der einzige Schritt, den Sie jetzt in vollem Bewusstsein treffen sollten, ist der, ehrlich zu sich zu sein. Vielleicht haben Sie bisher gehofft, dass niemand merkt, wie groß Ihre Schwierigkeiten im Umgang mit der Zeit bisher waren. Das ist in Ordnung, schließlich ist es gerade in unserer Gesellschaft und in dieser Zeit verpönt, sich selbst gegenüber bei solchen unverzeihlich scheinenden Schwächen ehrlich zu sein. Es geht nicht darum, ab heute mit einem großen Schild vor dem Bauch herumzulaufen, auf dem steht: „Ich habe noch kein optimales Zeitmanagement." Es geht um einen kurzen Stopp im Lesefluss und den bewussten Gedanken, dass Sie besser werden wollen. Jetzt!
Danke, das genügt. Wissen Sie was? Das war sowieso klar, denn sonst hätten Sie bis hierhin gar nicht gelesen, ja dieses Buch wäre nicht einmal in Ihren Händen gelandet. Und ich verspreche hiermit feierlich: Ich werde es niemandem verraten, es bleibt unser kleines Geheimnis. Übrigens: In Ihrem persönlichen Umfeld war es auch schon jedem klar, garantiert!

Beispiel

Es merkt doch ohnehin jeder
In Zeitmanagement-Seminaren merkt der Trainer oft sehr schnell, dass er am richtigen Platz ist. Woran? Ganz einfach, weil die meisten Teilnehmer zu spät kommen. Das ist wunderbar, denn es ist eine gute Basis für einen wirkungsvollen Einstieg in das Thema. Die meisten Teilnehmer kommen mit einer Entschuldigung in den Raum, die sie mehr oder weniger deutlich murmeln. Andere versu-

chen es mit einem mutig geschmetterten „Guten Morgen", wieder andere schleichen wortlos an ihren Platz. Wenn der Trainer sie freundlich begrüßt und dann fragt: „Wie haben Sie es geschafft, zu spät zu kommen?", ist das für viele eine Überraschung. Und die Antworten fallen dementsprechend aus: Erst kürzlich hat ein Teilnehmer bei einem solchen Seminar geantwortet, die U-Bahn-Haltstelle sei weiter entfernt gewesen als erwartet. Eine andere Teilnehmerin hatte mit dem Stau auf dem Mittleren Ring in München nicht rechnen können, wohlgemerkt am Montagmorgen um 8:00 Uhr. Ein weiterer Teilnehmer dieser Gruppe kam 35 Minuten zu spät und sagte entschuldigend: „Ich habe zwei anderen Teilnehmern auf die Voicebox gesprochen." Wie gesagt, spätestens dann weiß ich, dass ich als Zeitmanagement-Trainer wirklich gebraucht werde.

Die offensichtlichen Gründe, warum Menschen in Zeitnot sind, sind fast so zahlreich wie die Teilnehmer in den Seminaren. Es gibt Menschen in diesen Seminaren, die kommen, weil ihr Chef sie geschickt hat. „Der meint, dass mir dieses Seminar gut tun würde", erklärt die Chefsekretärin eines mittelständischen Unternehmens. Sie wusste noch nicht, dass ihr schlechtes Zeitmanagement für jedermann sicht- und spürbar ist, außer vielleicht für sie selbst. Das mag daran liegen, dass wir Menschen gerne den einen oder anderen blinden Fleck mit uns herumtragen, bis eines Tages die beste Freundin, der beste Freund, die Mutter, eine Tante oder einfach nur ein Arbeitskollege uns auf diesen blinden Fleck hinweist. Und dann sind wir gut beraten, uns diesen Kommentar vorurteilsfrei anzuhören.

Wir sind ja zum Glück unter uns

Sie sind da ja schon einen großen Schritt weiter, denn Sie haben sich selbst schon gestanden, dass Sie etwas lernen wollen in Sachen Organisation der Zeit. Es spielt dabei übrigens keine Rolle, ob es um den Beruf oder das Privatleben geht. Denn es gibt wohl kaum einen Menschen, der im Privatleben immer pünktlich ist und alle anstehenden Aufgaben sofort erledigt, dafür aber im beruflichen Bereich erhebliche Schwierigkeiten damit hat. Allerdings betrifft das nicht das Setzen von Prioritäten, das vielleicht bei dem einen oder anderen dazu führt, dass er aufgrund der beruflichen Belastung zu Hause nicht alle Aufgaben gestemmt bekommt. Dazu später mehr.

Wer hat mehr zu tun?

Manche Hausmänner und -frauen haben erhebliche Schwierigkeiten, sich ihre Zeit so einzuteilen, dass kein unnötiger Stress entsteht. Da mag so mancher die Nase rümpfen, der beruflich voll eingespannt ist und den Haushalt so nebenbei erledigt. Doch genau hier liegt ein großes Missverständnis im Zusammenhang mit der Zeit: Es geht nicht darum, was jeder von uns objektiv erledigt! Die Wahrnehmung der Zeit ist – wie alle anderen Wahrnehmungen auch – subjektiv, von dem Einzelnen abhängig.

Und dasselbe gilt für die Aufgaben, die jeder von uns im Lauf eines Tages erledigt. Sie können das leicht nachvollziehen, wenn Sie an einen Tag denken, an dem es trotz vieler Aufgaben glatt lief und Sie das Gefühl hatten, richtig viel geleistet zu haben. Und nun denken Sie an einen Tag, an dem es gar nicht gut lief und an dem Sie es einfach nicht geschafft haben, Ihren eigenen oder den Ansprüchen anderer Menschen an Sie gerecht zu werden. Was unterscheidet die beiden Tage? Hier mögen Ihnen Aspekte einfallen, die außerhalb Ihres Einflussbereichs zu liegen scheinen. Doch ebenso fällt Ihnen vielleicht jetzt schon auf, dass es auch einen Unterschied in Ihrer Stimmung gab. Ihre Motivation war unterschiedlich, Sie haben sich von vornherein besser oder schlechter gefühlt und so weiter. Lernen Sie in diesem Buch, an möglichst vielen Tagen ein gutes Gefühl zu haben und Ihre Zeit in den Griff zu bekommen.

Verändern Sie Ihren Fokus!

Der nächste Schritt nach dem Erkennen Ihrer persönlichen Situation ist, dass Sie Ihren Fokus verändern. Wenn Sie bisher mit Ihrem Zeitmanagement nicht zufrieden sind, liegt es einfach nur daran, dass Sie eine falsche Strategie gelernt haben, mit der Zeit umzugehen. Und diese macht sich jetzt auf der ganzen Linie bemerkbar, ja sie mag sogar Ihr Leben unerträglich erscheinen lassen. Vielleicht arbeiten Sie sechzehn Stunden am Tag und das an sechs Tagen pro Woche. Was zuviel ist, ist zuviel. Ihnen mag es an jeglicher Idee mangeln, wie Sie aus dieser Situation herauskommen können. Das ist absolut in Ordnung, es geht vielen Menschen so. Umsteuern heißt in diesem Moment zunächst einmal, die Belastung als unerträglich und unerwünscht zu erkennen und sich diese Fakten bewusst zu machen.

Übung: Haben Sie die Nase voll?

In einem Seminar können sich die Teilnehmer, die über persönliche oder berufliche Schwierigkeiten klagen, leicht bewusst machen, wie sehr sie die Nase schon voll haben von ihrem Problem. Sie stellen sich zu diesem Zweck einfach hin, heben eine Hand und zeigen möglichst genau, bis wohin ihnen „das Wasser reicht". Manche zeigen dann etwa die Höhe des Bauchnabels, andere den Brustbereich und mancher Teilnehmer hat auch das Gefühl, dass ihm das Wasser schon bis zur Oberkante der Unterlippe steht. Das sind übrigens die Teilnehmer, die noch schneller als die anderen etwas verändern, weil sie wirklich die Nase voll haben. Also: Wie sehr haben Sie schon genug von Ihren Problemen bei der Zeiteinteilung und Zeitplanung?

Selbstverständlich gibt es auch andere Gründe, dieses Buch zu lesen. Vielleicht wollen Sie einfach nur etwas besser werden im Umgang mit der Zeit. Oder Sie möchten Kollegen und Mitarbeiter dabei unterstützen, ihre Tage besser einzuteilen. Vielleicht ist es auch nur die Neugierde, die Sie dieses Buch zur Hand nehmen ließ. Der Grund spielt nicht die wesentliche Rolle, schön wäre es, wenn Sie sich über Ihre Motive klar würden, bevor Sie weiter lesen. Denn dann kristallisiert sich Ihr persönliches Ziel heraus, das Sie erreichen wollen.

Veränderung oder Vermeiden von Missständen

Es gibt allerdings einen Unterschied: Ob Sie von den heutigen Missständen weg kommen wollen oder ob Sie zu neuen, besseren Zeiten aufbrechen wollen, ist nicht das Gleiche. Um das für sich zu klären, denken Sie am besten mal an andere Situationen, in denen Sie Ziele erreicht haben. Was war der wesentliche Grund, das Ziel anzustreben? Wollten Sie den neuen Zustand erreichen, um daraus bestimmte Vorteile zu ziehen? Oder wollten Sie einer anderen Situation oder einem Zustand entkommen und haben deshalb das neue Ziel erreicht? Hat Kolumbus Amerika entdeckt, weil er aus Europa weg wollte oder weil er nach Indien fahren wollte?

Viele Fragen in diesem Buch sind übrigens dazu gedacht, Ihnen Ihr eigenes Verhalten bewusst zu machen, ohne dass darauf gleich eine größere Übung oder etwa eine Kategorisierung erfolgt. Jeder einzelne Schritt ist dabei wichtig, allerdings können Sie auch einfach weiter lesen, denn in Ihrem Innern ist die jeweilige Frage ohnehin immer gleich beantwortet, wenn Sie sie gelesen haben. Das ist ein ganz automatisch ablaufender Prozess. Es geht also weniger darum, dass Sie die Frage aktiv beantworten, sondern vor allem darum, ob Sie sich Ihrer eigenen Wahrheit bewusst sind.

Kosten Sie ab sofort jede Stärke voll aus

In Situationen, in denen Sie kaum Zeit zum Luftholen finden, scheint es eine unfassbar große Aufgabe zu sein, die eigenen Tage besser zu planen und eine neue Struktur in Ihr Leben zu bringen. In dieser angespannten Lage hilft nur noch, dass Sie sich auf Ihre Stärken besinnen und sich bewusst machen, dass jedes Problem die passende Lösung in sich birgt. Sie haben alle nötigen Ressourcen, um aus dem Schlamassel wieder heraus zu kommen und ein entspanntes, glückliches und erfolgreiches Leben zu leben.

Nutzen Sie die Zeiten der beruflichen oder privaten Herausforderungen doch einfach dazu, Ihre Stärken zu erkennen. Nehmen Sie wahr, dass Sie mit diesem Stress bisher vielleicht viel besser klargekommen sind, als die meisten anderen Menschen. Vielleicht hatten Sie den Eindruck, Stress und Erfolg oder Stress und Kinder gehörten zusammen. Dann ist es ja nur logisch, dass Sie dahin gekommen sind, wo Sie heute stehen.

Beispiel

Am Ziel und trotzdem unglücklich

Franz Kaster ist Architekt und hat eine kleine Firma mit fünf Angestellten. Er ist völlig überlastet, weil er sich als Chef selbstverständlich um jeden Kunden persönlich kümmert, seine Mitarbeiter arbeiten vor allem die Aufgaben im Hintergrund ab. Das muss so sein, meint Frank, denn er ist absolut unersetzlich und niemand kann diese Aufgabe so gewissenhaft lösen wie er. Das Manko an dieser Situation ist für Frank die völlige Überlastung, die ihm inzwischen auch gesundheitlich erste Probleme eingebracht hat. Er sieht die Situation als ausweglos an, denn er kann schlecht den Kunden absagen, die heute nach Jahren eines harten und kräftezehrenden Aufbaus glücklicherweise zu ihm strömen. Und mehr Mitarbeiter helfen auch nicht, weil die ihm ja nicht wirklich Arbeit abnehmen.

Frank sieht sich selbst nicht als Opfer der Umstände. Er ist sich sehr bewusst, dass er selbst sein Unternehmen so aufgebaut und strukturiert hat, wie es heute ist. Und es ist für ihn auch ein gutes Gefühl, dass so viele Menschen auf ihn zählen und dankbar für seine hervorragende Leistung sind – nicht zuletzt auch seine Mitarbeiter. Deshalb versteht er gar nicht, dass er nun, am Ziel seiner Träume angekommen, so unglücklich mit dem Ablauf seiner Tage ist.

Stark im Planen – für andere

Für Menschen wie Frank, der in wirklich bedauernswertem Zustand in ein persönliches Coaching kam, gibt es vielleicht keine schnellen Lösungen, die von heute auf morgen alles verändern. Es sei denn, sie werden ernsthaft krank und liegen ein paar Wochen im Krankenhaus. Dann merken einige dieser Manager – jedoch bei weitem nicht alle –, dass sie doch kürzer treten können. Für Frank war es wichtig, sich seiner Stärken bewusst zu werden und sie gezielt als Mittel gegen den täglichen Stress einzusetzen. Er hatte als Architekt eine wundervolle Fähigkeit entwickelt, gezielte Planung und Kreativität unter einen Hut zu bringen. Das ist schließlich sein Job und den erledigt er besser als viele seiner Mitbewerber. Nur war Frank bis zu dem Coaching gar nicht auf die Idee gekommen, diese seine persönliche Stärke für das Zeitmanagement zu nutzen.

In dem Moment, in dem er seine Stärke aus dem anderen Bereich auch für die Tages-, Wochen- und Jahresplanung einsetzte, lief es deutlich besser. Er fing an, sich seine Firma in fünf Jahren vorzustellen. Dann wollte er nicht mehr Mitarbeiter haben, denn sein Ziel war nicht, ein möglichst großes Unternehmen aufzubauen. Vielmehr wollte er einen jungen Kollegen an Bord holen und ihm allmählich Verantwortung übergeben. Aus diesem groben Gerüst fing Frank an, eine Detailplanung zu gestalten, ganz so, wie er es bei einem Haus auch gemacht hätte.

Schritt für Schritt

Es kommt also nicht auf das an, was Sie nicht können, sondern auf das, was Sie – eventuell in anderen Lebensbereichen – schon bestens beherrschen. Diese besonderen Fähigkeiten sind so speziell wie Sie. Finden Sie sie in diesem Buch und profitieren Sie dabei von den Beispielen anderer Menschen, die ihre Stärke bereits gefunden haben und nun aktiv für ein besseres Zeitmanagement einsetzen. Hier schließt sich auch der oben geöffnete Kreis zum Thema Kreativität. Es hilft durchaus, kreativ zu sein, auch im Umgang mit der Zeitplanung. Allerdings ist ein völlig chaotisches System nicht notwendigerweise Ausdruck der besonderen Kreativität des Einzelnen.

Diese Art des Umdeutens ist in unserer Gesellschaft an der Tagesordnung. Schließlich ist Müllverbrennung ja auch „Thermisches Recycling". Und doch muss es nicht die beste Strategie sein, sich selbst in ein positives Licht zu rücken, nur um die Wahrheit nicht zu sehen. Wenn Sie bisher eine chaotische Zeitplanung betreiben, können Sie sich ändern. Wenn Sie sie nur als kreativ bezeichnen, haben Sie genau den entscheidenden Schritt verpasst, Ihnen steht dann das Wasser noch lange nicht bis zum Hals. Auf der anderen Seite heißt dies ja auch, dass Sie sehr gut darin sind, erdrückende oder gar unerträgliche Situationen in Ihrem Leben so umzudeuten, dass sie erträglicher scheinen. Diese Fähigkeit ist vielleicht in der Werbebranche und noch viel mehr in der Politik eine ganz wichtige Voraussetzung für Erfolge. Bei einem besseren Management Ihrer Zeit muss es nicht die beste Strategie sein, um schnell nachvollziehbare, bessere Resultate zu erreichen. Und in Hinblick auf die Themen dieses Buches können Sie die Fähigkeit auch gezielt einsetzen: Denken Sie doch einfach daran, wie schön es sein kann, sich das eine oder andere neue System für einen anderen Umgang mit der Zeit anzueignen.

Wo genau liegt das Problem?

Es mag auch sein, dass Ihre Schwierigkeiten im Umgang mit der Zeit nur ein Symptom eines tiefer sitzenden Problems sind. Vielleicht laufen Sie vor etwas davon, das Ihnen nicht angenehm ist. Nutzen Sie Ihre berufliche Anspannung eventuell, um weniger Sport treiben zu müssen? Schließlich ist ja dafür dann wirklich keine Zeit übrig, die ernsten Dinge des Lebens gehen schließlich zweifelsfrei vor. Das wäre auf jeden Fall ein wichtiger Grund, Zeit anders zu verplanen, als es Ihnen gut täte. Ein Vorteil der Beschäftigung mit diesem Thema ist, dass sich die anderen Probleme gleich mit lösen, sobald Sie sich ernsthaft mit dem Zeitmanagement und den dahinter liegenden Fragen beschäftigen. Es ist entscheidend, dafür die Dinge einmal von einem neuen Standpunkt aus zu betrachten oder Abläufe gezielt zu hinterfragen. Eine der besten Techniken dafür ist es, die bisherigen Abläufe einfach auf den Kopf zu stellen und einfach mal alles genau anders herum zu machen als bisher.

Beispiel

Welche Angst ist größer?

Anette Braunschwede konzentrierte sich seit ihrem Abschluss an der Universität, für den sie eine Auszeichnung erhalten hatte, mit aller Kraft auf ihre neue Stelle als Rechtsanwältin. Sie hatte Angst, einen Fehler zu machen, Angst, die Kunden falsch zu behandeln und erst recht befürchtete sie, dem recht ordentlichen Monatsgehalt nicht gerecht werden zu können. Kein Wunder, dass sie sich völlig verausgabte, kein Wochenende mehr Zeit für Freundinnen und Freunde oder gar ihre Familie hatte. Am Ende verlor sie allerdings den Job, weil sie vor lauter Angst nicht mehr vernünftig arbeiten konnte. Und dann war nicht einmal mehr in ihrem privaten Umfeld jemand da, der sich um sie kümmerte.

Im Coaching konnte der jungen Frau schnell geholfen werden, denn größer als die Angst vor dem Versagen war die Angst, für immer einsam und allein zu bleiben. Eine wundervolle Motivation. Und sie lernte, ihren Ängsten zu begegnen, ihrem Leben einen anderen Schwung zu geben. Dass sie dafür erst einmal dem Privatleben einen höheren Stellenwert einräumte, war klar. Und in der neuen Kanzlei, in der sie bald darauf anfing, hielt sich Anette an die üblichen Arbeitszeiten, sie traute sich allmählich immer mehr zu und wurde in den vergangenen zweieinhalb Jahren zu einer geschätzten Kollegin und gefragten Anwältin.

Leben Sie Ihre Freiheit

Modernes Zeitmanagement bedeutet also, dass Sie wieder die volle Verantwortung für sich und Ihr Leben übernehmen. Das ist der Schlüssel zur ersten Tür, die Sie in eine neue Welt führt. Eine Welt, der dieses Buch gewidmet ist, in der Ihre persönliche Freiheit wieder aufblühen darf. Hier sind die Träume wieder erlaubt, die erreichbar werden, sobald Sie sich auf den Weg in Ihre Zukunft machen. Weg von der Fremdbestimmung, hin zu einem erfüllten, planvollen und gleichzeitig flexiblen und abenteuerreichen Leben. Es wartet auf Sie, gehen Sie mutig voran, Sie haben alle Zeit der Welt!

Zusammenfassung

- Zeitmanagement ist eine Frage der Bewusstheit, der Ehrlichkeit und der Eigenverantwortung.
- Die Arbeitswelt ändert sich so, dass immer mehr Menschen eigenverantwortlich arbeiten und ein professionelles Zeitmanagement benötigen. Bereiten Sie sich mit diesem Buch auf die neuen Herausforderungen vor.
- Schlechtes Zeitmanagement kann auch ein Zeichen dafür sein, dass Sie keinen Spaß an Ihrer Aufgabe haben.
- Wenn Sie Führungsverantwortung tragen, sollten Sie sich auch beim Zeitmanagement vorbildlich verhalten.
- Kreativität ist eine der Stärken, die Ihnen bei einer besseren Termin- und Aufgabenplanung sehr nützlich sind.

Lektion 1:
Immer unter Druck

Wie Sie sich bislang den Stress mit der Zeit selber machen

Wie genau schaffen Sie es, dass Ihre Terminplanung bislang nicht so funktioniert, wie Sie es sich wünschen? Viele Faktoren kommen zusammen, damit das Chaos perfekt ist. In diesem Kapitel interessieren Ihre persönlichen Einstellungen zu Terminen, Zeitabläufen, dringenden und wichtigen Aufgaben. Finden Sie heraus, wie Sie mit der Zeitplanung bisher umgegangen sind.

Dass die Wahrnehmung von Zeit subjektiv ist, also nur mit Ihnen selbst zu tun hat, das wissen Sie sicher schon. Denn so unterschiedlich lang uns verschiedene Tage vorkommen mögen, sie sind doch meist gleich lang, es sei denn, wir fliegen mit einem Jet in Richtung Westen oder Osten und verlängern oder verkürzen dadurch den Tag. Diese eigene Wahrnehmung von Zeit ist einer der wichtigen Faktoren, wenn es um ein effektives Zeitmanagement geht. Denn damit bleibt es ja alleine Ihnen überlassen, wie Sie die Zeit wahrnehmen, und Sie könnten folglich aus jedem hektischen Tag einen Tag voller Ruhe und Gelassenheit machen.

Moment mal, so einfach ist das ja wohl auch nicht, oder? Stimmt, denn gerade in den Situationen, in denen wir überfordert sind, scheint es so gar nicht subjektiv zu sein, wie wir Zeit wahrnehmen. Sie fehlt einfach und läuft uns zu schnell davon. Das ändert allerdings nichts daran, dass die Zeit nur scheinbar unterschiedlich schnell verrinnt. Denken Sie einfach einmal an eine Situationen, in der Sie Angst hatten. Damals ist die Zeit ganz langsam vergangen, jede Sekunde hat wie eine Minute oder noch länger gewirkt. Auf der anderen Seite sind da fröhlich verlebte Abende, die wie im Fluge vergangen sind und bei denen Sie sich vielleicht nach vier oder fünf Stunden verwundert gefragt haben, wo die Zeit geblieben ist.

27

Die Zeitwahrnehmung nutzen

Tatsächlich sind diese verschiedenen Wahrnehmungen davon abhängig, wie Sie sich fühlen, wie Sie die Welt wahrnehmen, kurz, sie hängen von Ihrem Bewusstseinszustand ab. Es kann eine große Chance sein, Ihre Wahrnehmung so zu trainieren, dass Sie die Zeit verschieden schnell fließen lassen können – scheinbar. So ist es etwa für Trainer hilfreich, die Zeit scheinbar langsamer laufen zu lassen, um jede Reaktion eines Teilnehmers mitzubekommen. Auch für erfolgreiche Sportler, etwa für Fechter, ist diese Technik ein ganz normaler Zustand, auch wenn sie ihn vielleicht nicht bewusst einnehmen. Sie versetzen sich einfach hinein und können dann schlicht besser fechten als andere. Es würde aber den Rahmen dieses Buches sprengen, Ihnen die entsprechenden Techniken zu vermitteln.

Es gibt einen weiteren Aspekt der Zeit, der in diesem Kapitel im Mittelpunkt steht: Was denken Sie über Zeit, Zeitmanagement und Aufgabenplanung? Ihre Einstellung ist gefragt, denn die hat dazu geführt, dass Sie heute da stehen, wo Sie stehen. Die Fragen sind sehr leicht zu beantworten, nutzen Sie einfach den spontanen ersten Einfall, denn der ist oft der ehrlichste.

Übung: Wie lange planen Sie?

Verschiedene Aktivitäten benötigen eine unterschiedliche Planung. Je nachdem, ob Sie einen Urlaub, einen Umzug oder nur den nächsten Einkauf im Supermarkt planen. Diese Vorbereitung sagt Ihnen eine Menge darüber, wo Sie Ihre Prioritäten setzen. Schreiben Sie einfach die Dauer der Planungsphase hinter die jeweilige Zeile. Wenn Sie etwas an mehreren Tagen oder vielleicht sogar über Wochen hinweg planen, dann fassen Sie die Zeiten grob geschätzt zusammen.

Ihre Planung für die beschriebene Aktivität dauert:

Typischer Lebensmitteleinkauf: _5 – 10 Min l—_

Tagesplanung (mit der Familie): _0 – 10 Min_

Wochenplanung (mit der Familie): _5 Min_

Monatsplanung (mit der Familie): _0_

Planung eines Arbeitstages: _2–5 Stunden_

Vorbereitung eines Urlaubs: _2 Wochen_

Planung für den letzten Umzug: _4 Wochen_

Vorbereitung eines Geburtstags: _5 Tage_

Jährliche Lebens-/Zielplanung: _(30 Minuten)_

Viele Menschen, die diese Liste ausgefüllt haben, entdecken ein deutliches Gefälle zwischen einzelnen Planungsaktivitäten, das Ihnen so bislang noch nicht bewusst war. Zum Beispiel planen einige zwar den jeweiligen Tag mit ihrer Familie, doch bei der Arbeit legen sie einfach los. Oder sie planen zwar eine bevorstehende Woche noch ganz gut durch, aber für die nächsten vier Wochen gibt es keine Planung im Sinne einer gezielten Verteilung bevorstehender Aufgaben auf diese Zeit. Meist sind nur die Termine in den Kalender eingetragen, bei manchen Menschen allerdings nicht einmal das. Das größte Manko, und das gilt es am genauesten zu prüfen, betrifft meist die Lebens- und Zielplanung, also die Vorbereitung der kommenden Jahre. Urlaube und selbst Geburtstagsfeiern bekommen von vielen Menschen ein größeres Augenmerk als ihr Leben. Dabei geht es an dieser Stelle um das große Steuerrad, damit Ihr Schiff in den kommenden Monaten und Jahren auf dem von Ihnen gewünschten Kurs bleibt.

Eile mit Weile

Doch bevor Sie losstürmen und sich und vielleicht auch gleich noch Ihre Familie verrückt machen, dass nun dringend und gleich am kommenden Wochenende eine Lebensplanung her muss, halten Sie bitte noch einen Moment inne. Denn so löblich Ihr plötzliches Engagement für die wirklich wichtigen Themen ist, so hilfreich kann für Sie dabei die eine oder andere Strategie sein. Und die werden Sie beim Lesen dieses Buches erst noch entwickeln.
Einen Hinweis noch für die Drauf-los-Arbeiter: Tatsächlich werden in vielen Unternehmen Ziele für einen Tag, eine Woche und auch für die kommenden fünf Jahre falsch geplant. Bestenfalls steht fest, dass der Umsatz und der Gewinn ver-x-facht werden sollen. Das ist hier nicht mit einer brauchbaren Zielplanung gemeint! Für den täglichen Arbeitsablauf ist es allerdings äußerst hilfreich, wenn Sie sich möglichst

konkrete Ziele setzen und Ihren Tag planen. Die Techniken, die Sie dabei unterstützen, werden noch ausführlich vorgestellt. Bemerken Sie bitte nur, falls Sie oben in der entsprechenden Zeile eine Null eingetragen haben oder dies ehrlicherweise hätten tun sollen.

Tipp: Typische Erfolgsverhinderer sind Eitelkeit, Faulheit und Feigheit. Hier soll noch ein weiterer Aspekt hinzukommen: der Selbstbetrug. Die meisten Menschen belügen sich selbst, sie sagen beispielsweise etwas anderes als sie wirklich fühlen oder sind ironisch. Ironie mag ein nettes rhetorisches Stilmittel sein, im Umgang mit uns selbst ist es aber unbrauchbar. Meine Empfehlung lautet: Seien Sie ehrlich zu sich selbst und zwar jederzeit. Wenn Sie zu viel essen, gestehen Sie sich das ein. Wenn Sie faul sind, sagen Sie: Ja, ich bin faul. Sie können versuchen vor diesen Wahrheiten davonzulaufen, gelingen wird es Ihnen nicht. Das gilt auch für die Listen in diesem Buch: Je ehrlicher Ihre Antwort an sich selbst ist, desto schneller können Sie schädliche Strategien loslassen.

Der Blick zurück

Der Umgang mit der Zeit ist eine der Fähigkeiten, die wir von unseren Eltern, Lehrern und anderen Vorbildern übernommen haben. Vermutlich wäre das ganze Thema keins, wenn diese Menschen uns nicht dazu erzogen hätten, immer auf die Uhrzeit zu achten. Denken Sie doch einfach mal zurück an die Zeit, als Zeit für Sie noch keine Rolle im Alltag gespielt hat, als Sie ein Kind waren und nicht einmal die Uhr lesen konnten. Damals haben Sie sich ganz einfach den Dingen hingegeben, die Ihnen gerade in den Sinn gekommen sind. Und Ihre Eltern haben Sie darum beneidet. Aus der damaligen Perspektive macht es vielleicht gar keinen Sinn, dass sich viele Menschen an hektische Tagesabläufe und an Aufgaben gewöhnt haben, die ihnen gar keinen Spaß machen.

Genießen Sie noch einen Moment dieses herrliche Gefühl, dass es gar keine drängenden Termine gibt und dass Sie nur das tun, was Ihnen Spaß macht.

Übung: Nehmen Sie die Vorteile einfach mit
Welches sind die wichtigsten Gefühle, Fähigkeiten oder Erkenntnisse, die Sie aus der Zeit, als Sie noch ein kleines Kind waren, in Ihr heutiges Leben mitnehmen möchten? Schreiben Sie sie in Stichwörtern auf, wenn Sie mögen:

_____

_____

_____

Nun gehen Sie bitte einen Schritt weiter, in die Zeit, als Ihre Eltern Ihnen (vermutlich) den Umgang mit der Zeit beigebracht haben. Wenn Sie damals nicht bei Ihren Eltern gelebt haben, dann wählen Sie entsprechende Situationen mit anderen Menschen aus, die Ihnen in diesem Zusammenhang in den Sinn kommen. Grundsätzlich kommt es hier nicht darauf an, dass Sie sich möglichst konkret an einzelne Situationen erinnern. Wichtiger ist der – vor allem aus der heutigen Sicht als Erwachsener – mögliche Überblick über die damalige Entwicklung.

Grundsätzlich sei dazu angemerkt, dass wir Menschen dazu neigen, den Umgang mit dem Leben von den Eltern, Geschwistern, Lehrern und anderen wichtigen Vorbildern vorurteilsfrei zu übernehmen. Das ist eine exzellente Fähigkeit, die es uns erlaubt, schnell zu lernen. Auch in Seminaren und Büchern ist dies übrigens der schnellste Weg der Wissensvermittlung und jeder Manager und Chef tut gut daran, seine Vorbildfunktion sehr bewusst einzusetzen, um die Leistung seiner Mannschaft und die Fähigkeiten seiner Mitarbeiter gezielt weiterzuentwickeln.

Automatisch statt mühsam

Glücklicherweise tun wir viele Dinge automatisch, die wir entweder auf die oben beschriebene Weise gelernt oder uns auf andere Weise angeeignet haben. Das sind automatische Verhaltensmuster. Die laufen immer wieder und wieder ab, ohne dass wir bewusst darüber nachdenken müssen. Daher können Sie Ihre Zähne putzen und dabei über den heutigen oder gestrigen Tag nachdenken. Bedauerlicherweise sind bei diesen Verhaltensmustern auch einige, die uns nicht in jeder Situation nützlich sind. Im Weiteren werden Sie Ihre Verhaltensmuster in Bezug auf die Zeitplanung und die Bewältigung von Aufgaben kennen lernen. Und Sie können dann entscheiden, welche dieser Verhaltensmuster Sie nicht mehr benötigen.

Viele Muster haben Sie also einfach von anderen Menschen übernommen. Daher ist es bedeutsam, sich die Verhaltensweisen und Fähigkeiten dieser Menschen einmal näher anzusehen:

Übung: Die Einstellung Ihrer Eltern

Beschreiben Sie, gerne erneut in Stichwörtern oder kurzen Sätzen, die Einstellung Ihrer Eltern oder vergleichbar wichtiger Erziehungspersonen zum Thema Zeit. Hier interessiert vor allem, ob etwa Ihre Mutter immer eine perfekte Planerin war und ihre Zeit im Griff hatte. Und ob Ihr Vater nie Lust hatte, langweilige Aufgaben zu übernehmen, sondern stattdessen lieber mit Ihnen, seinem Motorrad oder seinen Freunden zusammen war. Schreiben Sie einfach spontan auf, was Ihnen zum Thema Zeitmanagement zu der jeweiligen Person einfällt.

Mutter (oder andere vergleichbare Bezugsperson):

_____

_____

_____

Vater (oder andere vergleichbare Bezugsperson):

_____

_____

_____

Schon in der Einleitung habe ich darauf hingewiesen, dass Sie diese Übungsfragen nicht unbedingt schriftlich beantworten müssen. Doch wenn sie es tun, dann profitieren Sie von diesem Buch viel mehr, als wenn Sie sich gedanklich nur kurz auf das jeweilige Thema einlassen. Die Muster Ihrer Eltern sind weder schlimm noch gut, sie sind einfach Verhaltensmuster, die Ihre Eltern von ihren Eltern und die wiederum von deren Eltern usw. übernommen haben. Sie sind heute an der Reihe und Sie erhalten spätestens durch dieses Buch die Möglichkeit, sich der nicht mehr nützlichen Verhaltensmuster zu entledigen. Falls Sie Kinder haben, mag Ihnen der Hinweis hilfreich sein, dass die auch sehr davon profitieren, wenn sie nicht jede unangebrachte Verhaltensweise übernehmen müssen.

Was haben Sie denn schon ausprobiert?

Zu einer guten Bestandsaufnahme gehört auch, Ihre bisherigen Versuche, die Zeit besser unter Ihre Kontrolle zu bringen, einer kritischen Analyse zu unterziehen. Vielleicht mühen Sie sich ja bereits seit einigen Jahren erfolglos mit dem einen oder anderen System ab. Dann wird es jetzt Zeit, dass Sie sich darüber klar werden, was genau an diesem System aus Ihrer Sicht so untauglich ist.

Übung: Kreuzen Sie einfach an

Mit welchen Systemen haben Sie in der Vergangenheit schon gearbeitet und wie bewerten Sie die jeweilige Unternehmung mit der entsprechenden Schulnote von 1 (sehr gut) bis 6 (ungenügend)?

Typ des Systems	Schulnote
☐ Kalenderbuch	_____
☐ Taschenkalender	_____
☐ Systemkalender (wie TimeSystems etc.)	_____
☐ Elektronischer PDA (PalmPilot, Windows etc.)	_____
☐ PC-gestütztes System (MS Outlook, Lotus etc.)	_____
☐ Anderes System	_____

Bitte nehmen Sie sich nun noch einen Moment Zeit, um sich der Gründe bewusster zu werden, die für Ihr Scheitern mit dem jeweiligen System verantwortlich sind. Hier geht es einmal mehr darum, dass Sie spontan einfach die Aspekte aufschreiben, die Ihnen in den Sinn kommen.

Übung: Schreiben Sie die Nachteile der Systeme auf

Notieren Sie die Nachteile der Systeme beziehungsweise die Gründe dafür, dass Sie mit der entsprechenden Lösung nicht zufrieden sind oder waren.

_____

_____

_____

Und nun folgt eine Liste der wichtigsten Vorzüge des jeweiligen Systems. Auch hier können Sie alle Aspekte einfach hintereinander schreiben, was zudem den Vorteil hat, dass sozusagen ein Lastenheft des für Sie optimalen Systems entsteht.

_____

_____

_____

Mag sein, dass Sie den Eindruck gewonnen haben, keines des bisher ausprobierten Systeme – und das können auch alle auf der oben aufgeführten Liste sein – sei für Ihre Zwecke geeignet. Vielleicht empfinden Sie sie als zu starr, zu detailliert, zu unübersichtlich oder schlicht zu aufwändig, um mit Ihrer Geschwindigkeit mitzuhalten. Das mag auch damit zusammenhängen, dass Sie einfach nicht der richtige Typ für diese Instrumente sind. Zum Beispiel könnten Sie in einem beruflichen Kontext eine optionale Natur sein. Das bedeutet, dass Sie beispielsweise bei der Anwendung einer Checkliste mehr darüber nachdenken, was Sie in der Reihenfolge dieser Liste ändern könnten, als die Liste tatsächlich anzuwenden. Menschen dieses Typs erkennen sich selbst unter anderem an einem kreativen Umgang mit der Zeit: Wenn andere der festen Überzeugung sind, an einem Tag nur zwei oder drei Aufgaben erledigen zu können, gehen optionale Menschen eher davon aus, dass sie fünf bis zehn erledigen können. Am Ende werden es dann vielleicht nur vier sein, doch das ist trotz allen Frusts immer noch besser, als nur zwei geschafft zu haben – so meinen diese Menschen.

In der Literatur werden sie auch als polychronische Menschen tituliert. Das Gegenteil ist ein monochronischer Mensch. Allerdings sollen diese Charakterisierungen in diesem Buch nicht ausgeführt werden, da sich dahinter eine sehr weitgehende Typenlehre verbirgt, die eher einschränkende Glaubenssätze und damit auch Ausreden schafft, als Ihnen tatsächlich zu helfen. Wichtiger als eine wie auch immer geartete Typenlehre ist es, dass Sie Ihre Stärken und Schwächen herausfinden und diese im jeweiligen Kontext so einsetzen, dass Sie optimale Ergebnisse erreichen.

Zurück im Hier und Heute

Nachdem Sie ein wenig in der Vergangenheit geforscht haben, kommen Sie mit Ihren Gedanken und allen guten Gefühlen dazu einfach wieder zurück in das Hier und Heute. Übrigens ist das ein spannender Zeitaspekt: Menschen sind in der Lage, sich beliebig an jede Situation ihres Lebens zu erinnern und sie noch einmal zu erleben, ganz so, als sei sie erst gestern passiert. Wenn Sie einen besseren Umgang mit der Zeit entwickeln, hilft Ihnen diese Fähigkeit sehr, denn Sie können durch sie Fehler vermeiden, die Sie schon oft genug gemacht haben. Allerdings ist es dafür auch hilfreich, sich dieser Verhaltensweisen in bestimmten Situationen bewusst zu werden.

Grundsätzlich sei dazu kurz erklärt, wie sich Verhaltensweisen bilden – zumindest in einem der vielen Modelle, die es heute dazu gibt: Demnach ist das menschliche Gehirn sozusagen in zwei Bereiche aufzuteilen, einen bewussten und einen unterbewussten. Dies ist in der Tat keine biologische Einteilung, sondern eher eine funktionale! Der bewusste Verstand hat weitgehend mit dem momentanen Erleben und dem Willen zu tun. Wenn Sie gerade entscheiden, die linke Hand zu spüren, wie sie dieses Buch festhält, dann können Sie das jetzt tun. Und Sie können willentlich entscheiden, dass diese Hand sich mit dem Buch ein wenig Ihren Augen nähert oder sich weiter davon entfernt. Dabei läuft es übrigens völlig automatisch ab, dass Ihre Muskeln angespannt bleiben und das Buch festhalten.

Automatisch geht's am besten

Gleichzeitig schlägt Ihr Herz, und ich gehe auch davon aus, dass Sie atmen, während Sie dies lesen. Das Atmen können Sie in gewissen Grenzen wie den Arm steuern, Sie müssen allerdings nicht. Denn sobald Sie Ihre Aufmerksamkeit wieder auf das Buch richten, atmen Sie einfach so weiter in der zu Ihrem Zustand passenden Frequenz und Tiefe. Wenn Sie beim Lesen Fahrrad führen (auf Ihrem Heimtrainer zum Beispiel), würde Ihr Atem schneller gehen als vorher. Das ist eine Kompetenz des Unterbewusstseins, das tatsächlich beinahe alle Prozesse steuert, so dass wir uns bewusst um nichts kümmern müssen.
Und dieser Automatismus geht noch weiter, er umfasst nicht nur die überlebenswichtigen Funktionen. Das Unterbewusstsein ist nämlich sehr lernfähig, es schaut Ihnen quasi ununterbrochen auf die Finger, um Ihnen alles Mögliche abzunehmen, was Sie ansonsten mühsam bewusst machen müssten. Es ist nicht nur ein Rationalisierer, es beschleunigt die Prozesse auch noch, wenn es einmal verstanden hat, worum es geht.

Beispiel

Lernen ist leicht und geht schnell
Nehmen Sie als Beispiel das Schreiben auf einer Schreibmaschine: Das Tippen können Sie mit einer Software, einem Buch oder einem Kurs lernen, zumindest in der 10-Finger-Version. Je nachdem, wieviel Sie üben, gelingt Ihnen das dann schon bald automatisch, Sie müssen nicht mehr darüber nachdenken. Es gibt Menschen, die mit rund 320 Anschlägen pro Minute am PC schreiben, also lösen sie mehr als fünf Tasten pro Sekunde aus. Das können Sie ja mal bewusst versuchen und gleichzeitig so, dass auch noch ein lesbarer Text dabei herauskommt.

Offen gestanden ist bis heute auch den Wissenschaftlern ziemlich unklar, wie wir Dinge lernen und wie das Unterbewusstsein diese Dinge dann tut. Es scheint ziemlich genau so zu sein, dass nur das Ziel von Interesse ist, das wir verfolgen, nicht der Ablauf. Deshalb kann es so wichtig sein, dass wir uns die Ziele bewusst machen und das Unterbewusstsein auf geschickte Weise damit beauftragen, dieses Ziel für uns zu erreichen.
Nehmen Sie beispielsweise das Lesen: Was glauben Sie, wie lesen Sie heute? Buchstabe für Buchstabe, nur etwas schneller aufgrund der

Übung, die Sie haben? Oder lesen Sie Silben oder ganze Wörter. Die folgende Übung mag Ihre Überzeugungen ins Wanken bringen:

> ### *Übung: Wei leesn Sei wkirlcih?*
> Ahcetn Sei enifcah drauaf, dsas Sei deiesn Txet pobrlelmols lseen knönen.

Das ist spannend! Vielleicht kennen Sie auch solche Mustertexte aus dem Internet. Ich könnte seitenweise so schreiben, es würde Ihnen nichts ausmachen und auch Ihre Lesegeschwindigkeit würde weitgehend konstant bleiben. Lediglich der Lektor des Verlags hätte sicher den einen oder anderen Einwand. Die Wissenschaftler haben verschiedene Modelle geschaffen, wie das funktioniert. Nur wissen können wir es nicht, ob diese Modelle stimmen. In diesem Buch kann es uns egal sein, nutzen Sie einfach nur Ihre Fähigkeit, schnell und effektiv zu lernen – unterbewusst.

Die mitlaufende Videokamera

Sie mögen sich fragen, wie ich das gemeint habe. Und bevor Sie weiter darüber nachdenken, erkläre ich Ihnen schnell, wie das Lernen meiner Meinung nach funktioniert. Das Unterbewusstsein ist offenbar so eine Art Videokamera mit allen eingebauten Funktionen. Es nimmt neben den Bildern auch alle Töne, Geräusche, Gefühle, Gerüche und Geschmacksrichtungen sowie eventuell weitere, bisher unbekannte Wahrnehmungen auf und speichert sie ab. Das lässt sich beweisen, denn jeder Moment, den Sie bisher erlebt haben, kann zum Beispiel in einer Trance leicht wieder abgerufen werden. Sie erinnern sich dann an alle Details. Diese Daueraufnahme nutzt das Unterbewusstsein, um alle sich wiederholenden Tätigkeiten auf Muster zu untersuchen. Im Fall des Schreibmaschinenkurses ist das sehr hilfreich, bei anderen Tätigkeiten weniger. Es gibt Experten, die behaupten, dass 21 Tage der Wiederholung genügen, damit etwas automatisch abläuft.

Mag sein, dass es noch schneller geht. Wenn ein Mensch zum Beispiel von einem Hund gebissen wird, während er auf seinem abendlichen Heimweg ist, lernt er sehr viel schneller, dass fremde Hunde neben spitzen Zähnen und starken Kiefern auch einen unbekannten Charakter haben. Auch ein Kind, das auf die viel zitierte Herdplatte fasst, benötigt meist keine 20 weiteren Versuche um zu lernen, dass das Abendessen in einer gefährlichen Umgebung entsteht. Insofern wissen Sie nun, dass auch Sie wirklich schnell lernen können – notfalls muss es nur schmerzhaft genug sein.

Ihr Unterbewusstsein würde Sie also etwa dabei beobachten, dass Sie morgens gerne länger am Frühstückstisch sitzen und dann immer wieder hektisch losrasen, um doch noch pünktlich zur Arbeit zu kommen. Oder es bekommt mit, dass Sie immer dann hektisch werden, wenn das Telefon klingelt und Sie sich gerade mit jemandem unterhalten. Wenn Sie solche Tätigkeiten wiederholen, übernimmt das Unterbewusstsein dienstbeflissen die Kontrolle über die Abläufe und stellt schon mal das benötigte Adrenalin bereit, damit Sie morgens auch genug Energie für Ihre Hektik haben.

Beispiel

Muster suchen und umsetzen

Dieses Muster-suchen-und-auf-automatischen-Betrieb-umschalten funktioniert übrigens auch mit anderen Situationen, die Sie noch nie selbst so erlebt haben. Das erfahren zum Beispiel Eltern, die sich selbst dabei ertappen, wie sie ihre Kinder in angespannten Situationen genau so behandeln, wie ihre eigenen Eltern es mit ihnen angestellt hatten. Dabei wollten sie nie so werden wie die … Das funktioniert dank des beschriebenen Musterabgleichs: Das Unterbewusstsein sucht aufgrund fehlender eigener Erfahrung nach anderen Mustern, die dann eben nur im elterlichen Kontext gefunden und automatisch ausgeführt werden.

Es ist ein guter Mechanismus, denn er sorgt dafür, dass wir uns sehr selbstverständlich in einer komplexen Welt bewegen können. Der Haken ist einzig und allein, dass es Menschen gibt, die ihr Unterbewusstsein nicht auf das Finden neuer Strategien und neuer Möglichkeiten ausrichten, weil sie einfach nur eingefahrene Wege jeden Tag erneut entlang trampeln. Ein wichtiger Schritt zum Verlassen dieser Wege ist es, dem eigenen Unterbewusstsein jeden Tag die eigene Veränderungswilligkeit zu demonstrieren und das auf möglichst vielen Wahrnehmungsebenen umzusetzen.

Übung:

Ihr tägliches Training kann ab sofort daraus bestehen, jeden Tag etwas Neues auszuprobieren. Hier ein paar hilfreiche Beispiele aus dem Seminaralltag: Tragen Sie Ihre Armbanduhr oder einen Ring drei Wochen am bisher ungenutzten Arm beziehungsweise Finger, fahren Sie einen anderen Weg oder mit einem anderen Verkehrsmittel nach Hause, probieren Sie einen neuen Sport aus, trinken Sie Tee statt Kaffee oder eine andere Sorte. Wenn Sie mit einer Familie zusammenleben, können Sie einfach auch bei jeder gemeinsamen Mahlzeit den Platz am Tisch wechseln. Das hat zudem den Vorteil, dass sich Machtpositionen (hier sitzt immer der Vater oder die Mutter) nicht verfestigen und auch die Kinder Flexibilität und Veränderung als Konzept mit auf den Weg bekommen.

Am besten überraschen Sie sich selbst mit Einfällen, wie Sie Ihr Unterbewusstsein mit neuen Verhaltensweisen „füttern" können. Bei der besseren Organisation der Zeit geht es ja vor allem darum, Ihre bisher gelernten Strategien zur Planung und Nutzung der Zeit zu verändern. Hierbei findet – und das ist der Grund, warum dieses Buch so wirkt wie es wirkt – ein Lernen auf der Ebene der unbewussten Abläufe statt. Anstelle eines neuen Verhaltens lernt Ihr Unterbewusstsein in diesem Buch neue Strategien für den Einsatz neuer Strategien kennen.

Flexibilität ist Trumpf

Flexibel zu sein, scheint in unserer Gesellschaft zunehmend an Bedeutung zu gewinnen. Wie selbstverständlich gehen Unternehmen davon aus, dass ganze Familien für ein paar Jahre zu einem ausländischen Firmensitz wechseln, ihre Arbeitszeit an die Bedürfnisse des Unternehmens anpassen und Mitarbeiter vielleicht sogar jeden Tag an einem anderen Arbeitsplatz sitzen. So gibt es beispielsweise eine Unternehmensberatung in Frankfurt, bei der jeder Mitarbeiter einen eigenen Rollcontainer und einen kleinen Schrank hat. Wer morgens als erster da ist, sucht sich den schönsten Arbeitsplatz aus. Diese Methode fördert selbstverständlich die Flexibilität der Mitarbeiter, sie fördert aber auch das Gefühl, ein beliebiger Mitarbeiter zu sein, dessen Fehlen vielleicht nicht einmal auffallen würde. Auch das kann erwünscht sein in einer Zeit, in der Massenentlassungen von 10.000 und mehr Mitarbeitern beinahe schon an der Tagesordnung sind.

Viele Menschen nutzen ihre Flexibilität vor allem dazu, sich täglich neue Ausreden für die Verhaltensweisen auszudenken, die sie an sich selbst nicht mögen. Flexibilität im Selbstbetrug. Das muss nicht der sinnvollste Einsatz dieser Fähigkeit sein. Und doch bleibt Flexibilität die entscheidende Stärke, wenn Sie ein fröhliches, abwechslungsreiches Leben auf diesem Planeten verbringen möchten. Ein Vorurteil mag Ihrer Veränderung noch im Wege sein: Dass andere Menschen Ihren Tagesablauf bestimmen und Sie lediglich in einem sehr begrenzten Rahmen die Möglichkeit haben, selbstbestimmt zu arbeiten. Wer ist wirklich verantwortlich für Ihren Tag? Machen Sie sich die Anteile klar.

Übung: Wieviel Verantwortung tragen Sie?

Denken Sie einmal an einen typischen (Arbeits-)Tag. Für wieviel Prozent des Tages übernehmen Sie die Verantwortung für die Einteilung Ihrer Zeit?
_____ Prozent.
Bitte tragen Sie nun ein, wie groß der zeitliche Anteil am Tagesablauf ist, bei dem andere Menschen – Ihr Chef, Ihre Kunden, die Kinder, der Partner oder Ihre Kollegen – Ihren Tag steuern:
_____ Prozent.
Logischerweise müssten die beiden Zahlen zusammen 100 Prozent ergeben.

Daran können Sie ablesen, wieviele Möglichkeiten Sie haben, Ihr Leben nun bald zu ändern. Je mehr Sie die Verantwortung für Ihren Tagesablauf übernehmen, umso besser ist die Chance, etwas zu verändern.

Jetzt mögen Sie denken, dass es doch Aufgaben gibt, die Sie von anderen erhalten, und dass Sie doch arbeiten gehen müssen, um Ihre Miete zu bezahlen oder die Raten für Ihr Haus. Das kann schon sein. Und Sie werden erkennen, dass Sie jeden Tag die Wahl haben, Ihr Leben so zu leben, wie Sie es möchten. Übrigens tun dies die meisten erfolgreichen Menschen: Sie übernehmen die volle Verantwortung für alles, was sie tun, auch wenn es Ihnen manchmal nicht gefällt.

Aufgaben sind ein Schlüsselthema

Der Umgang mit konkreten Aufgaben ist im beruflichen wie im privaten Umfeld ein ganz entscheidender Aspekt, wenn es um die richtige Zeitplanung geht. Neben den selbst gesetzten Aufgaben, die mehr oder weniger flexibel geplant und eingehalten werden müssen, gibt es ja vor allem Aufgaben, bei denen wir mit anderen Menschen in Verbindung stehen. Wenn wir diesen Aufgaben nicht bis zu einem bestimmten Zeitpunkt nachgekommen sind, erübrigen sie sich entweder oder die Nichterledigung führt zu anderen Konsequenzen. Dieses Thema ist Anlass für zahlreiche Missverständnisse zwischen Menschen.

Beispiel

Strategische Aufgaben – na und?
Hans Tucher ist IT-Verantwortlicher in einem großen Automobilkonzern. Er hat so seine Schwierigkeiten mit dem Abarbeiten der anstehenden Aufgaben, weil sein Chef und die Kollegen ihn über Gebühr fordern: Mal ist es das Wichtigste, zehn neue Computer zum Laufen zu bringen und in das Firmennetzwerk einzubinden, doch dann kommt der Notfallanruf eines Kollegen, weil der Drucker nicht funktioniert. So hangelt sich Hans von Tag zu Tag, und die langfristigen Projekte, die ihn und auch seine Firma wirklich weiterbringen könnten, bleiben liegen. Zum Glück merkt der Chef es nicht, oder besser gesagt fast nicht. In den monatlichen Besprechungen fragt er immer mal wieder nach der Erledigung der langfristigen Aufgaben. Aber es hat keine Konsequenzen, wenn Hans mal wieder nicht weitergekommen ist. Das Tagesgeschäft zählt!

So wie Hans geht es vielen Mitarbeitern, die in Zeitmanagement-Seminare kommen. Sie fühlen sich überfordert, möchten gerne an den wichtigeren Themen arbeiten, aber sie kommen nach eigener Einschätzung nicht dazu. Und ihre Chefs vergeben diese Aufgaben zwar, aber es hat keine Konsequenzen, wenn sie nicht erledigt werden. Das ist übrigens aus Managementsicht ein katastrophaler Fehler, weil auf diese Weise jegliche mittelfristige oder langfristige Verbesserung blockiert wird. Die Lösung ist dann meist, mit diesen Aufgaben eine externe Unternehmensberatung zu beauftragen, die Menschen wie Hans interviewen, deren Lösungen zusammenfassen, um diese dann stolz, manchmal auch teuer, dem Management zu präsentieren.

Sehen Sie der Wahrheit ins Auge

Das alles ändert nichts daran, dass es für eine Veränderung hilfreich sein kann, eine Bestandsaufnahme zu machen. Zumal Sie ja die heute anstehenden Aufgaben zumindest größtenteils auch weiter behalten werden. Es sei denn, Sie planen eine baldige Auswanderung ans Ende der Welt (was bei unserem kugelförmigen Planeten wiederum eine schwierige Aufgabe sein wird); und auch dieses Auswandern will wiederum sehr gut geplant sein. Also, es gibt kein Entrinnen. Nun kommt es darauf an herauszufinden, wo genau Ihre Stärken beim Zeitmanagement liegen und welches Know-how Sie aus anderen Bereichen nutzen können. So sehr Sie Ihr bisheriges Verhalten vielleicht als mangelhaft bewerten, so sehr können Sie es nutzen, bei Kenntnis und geschickter Nutzung Ihrer Stärken.

> ### Übung: Aufschieben ohne Konsequenz
> Notieren Sie solche Aufgaben aus Ihrem beruflichen und privaten Bereich, die sie seit Monaten vor sich her schieben. Und da es keine konkreten Konsequenzen hat, wenn Sie sie nicht erledigen, dürfen die auch ruhig noch ein paar Wochen oder gar Monate liegen bleiben. Stichwörter genügen, Sie kennen ja schließlich diese Aufgaben bestimmt zur Genüge ...
>
> _____
>
> _____
>
> _____

Die erfolgreichsten Vermeidungsstrategien

Jeder Mensch kennt wohl Aufgaben, die er nicht gerne übernimmt. Das mag Putzen, Bügeln, Buchhaltung, Telefonakquise oder ein anderer, vielleicht auch noch wiederholt auftretender Vorgang sein. Gerade im beruflichen Umfeld zeigen sich solche Aufgaben dadurch, dass sie wie Kaugummi auf der ToDo-Liste kleben. Dadurch wird es allerdings nicht besser, denn sie erledigen sich nicht von selbst. Tatsächlich sind solche gehassten Tätigkeiten dazu geeignet, jeden Tag unnötig mühsam erscheinen zu lassen. Wenn Sie etwa nach Hause kommen und die zehn ungebügelten Hemden in der Ecke hängen sehen, mag das

Ihrer Feierabendstimmung einen gehörigen Dämpfer verpassen. Oder Sie fahren morgens zur Arbeit und wissen, dass heute dieses Telefonat wegen der Beschwerde von Herrn Maier auf Ihrer Agenda steht. Viele Menschen reagieren auf diesen Druck mit einer Vermeidungsstrategie.

Übung: Sind Sie ein Aufschieber?

Wie vermeiden Sie es am liebsten, unerfreuliche Aufgaben gleich zu erledigen (ja, Sie dürfen auch alle Strategien ankreuzen, wenn Sie sie wirklich beherrschen):

☐ Ich tue so, als wäre die Aufgabe nicht da.

☐ Ich muss erst einmal den Schreibtisch/das Arbeitszimmer/den Keller/die Küche/das ganze Haus aufräumen, bis ich mich dieser Aufgabe widmen kann.

☐ Ich plane um die Aufgabe herum und schaffe die nötigen Vorbereitungen, um sie morgen zu lösen – ganz bestimmt.

☐ Ich entscheide, sie in einer Stunde zu erledigen, und vergesse sie dann.

☐ Ich warte darauf, dass es jemand anderem auffällt, dass ich die Aufgabe noch nicht erledigt habe.

☐ Ich warte ab, bis jemand anderes die Aufgabe erledigt.

☐ Ich warte, bis mein Chef/Partner/Kollege/Kunde den Druck erhöht und beweise mir dann selbst, wie schnell ich solche Aufgaben abarbeiten kann.

☐ Ich beschwere mich möglichst theatralisch bei Kollegen, Familienmitgliedern oder sonst jemandem, dass ich immer alles machen muss, was sonst niemand machen möchte.

☐ Ich versuche, das Problem auf einer anderen Ebene zu lösen: zehn ungebügelte Hemden bedeuten schließlich nur, dass ich zehn neue Hemden kaufe, die bügelfrei sind. Und die Reklamation von Herrn Maier könnten wir doch zum Anlass einer intensiven Kundenbefragung nutzen, die wir outsourcen. Herr Maier wird als einer der ersten Kunden befragt und kann seinem Ärger dort Luft lassen.

☐ Ich bearbeite Aufgaben, die weniger dringend sind, um dann die umgangene Aufgabe verschieben zu müssen, weil nicht mehr genug Zeit dafür war.

☐ Ich lasse die Aufgaben liegen und erledige sie irgendwann und dann nur Stückchen für Stückchen. Variation: Nach der vollständigen Erledigung wundere ich mich, wie schnell es hätte gehen können.

Hier haben Sie noch Platz für weitere, von Ihnen bevorzugte Vermeidungsstrategien:

_____

_____

_____

Haben Sie sich in dieser Übung wieder gefunden? Und haben Sie ein wenig über sich selbst geschmunzelt? Humor ist nämlich an dieser Stelle angebracht. Den notorischen Aufschiebern, die fast alle Punkte angekreuzt haben, sei empfohlen, ihre Boykottstrategien anders zu nutzen. Das ist auch für andere Gelegenheiten ein ernst gemeinter und hilfreicher Tipp.

Tipp: Wenn Sie in einem Lebensbereich eine brauchbare (Selbst-)Boykottstrategie entwickelt haben, lässt sich die auch für alle anderen Lebenslagen nutzen. Vielleicht haben Sie seit Monaten den Keller nicht aufgeräumt und Sie wissen längst, dass es an der Zeit ist, das nun endlich zu tun. Das Gefühl, das Sie in diesem Moment haben, könnten Sie beispielsweise nutzen, wenn Sie abnehmen möchten. Sie boykottieren ganz einfach die übermäßige Nahrungsaufnahme. Einen Schritt weiter geht es bei den Menschen, die die Aufschieberitis perfektioniert haben. Boykottieren Sie doch einfach Ihre Boykottstrategie!

Muss das denn ein Zeichen von Boykott sein?

Nein, es muss nicht, es ist. Ihnen mag an dieser Stelle das Wort „Boykott" zu hart formuliert sein. Das ließe sich bestimmt auch weichgespült ausdrücken. Ja, es könnte hier etwa von persönlichen Limitierungen gesprochen werden oder von Herausforderungen, die Sie noch nicht gemeistert haben. Doch der Kern der Angelegenheit liegt woanders: Denken Sie doch einfach mal darüber nach, was Sie in Ihrem Leben erreicht hätten, wenn Sie nichts aufgeschoben hätten. Sie müssen gar nicht in die Schulzeit zurückgehen, obwohl diese Strategien oft dort erlernt oder mindestens verstärkt wurden.

Wollten Sie mal einen Videofilm drehen und haben nicht die Zeit gefunden? Oder Sie wollten Klavierspielen, Backen, Marmelade einkochen oder eine Programmiersprache lernen? Nehmen Sie sich die Zeit, hier einmal die Dinge aufzuschreiben, die Sie immer schon machen wollten, wenn nicht die Zeit gefehlt hätte.

Übung: Meine größten Wünsche (die aus Zeitmangel bisher unerfüllt geblieben sind)

Schreiben Sie hier große und kleine Wünsche auf. Beginnen Sie mit den Dingen, die wirklich nur am Zeitmangel gescheitert sind. Wie immer genügen auch bei diesen Listen Stichwörter. Sie wissen schließlich, wovon die Rede ist.

_____

_____

_____

Nun können Sie noch die Wünsche notieren, die nicht nur am Zeitmangel, sondern auch an anderen Mangelerscheinungen gescheitert sind, etwa Geldmangel, Partnermangel, Kindermangel, Fahrzeugmangel, Gelegenheitsmangel usf.:

_____

_____

Es geht hier nicht um die Gewichtung, also um die Frage, in welchem Bereich Sie mehr Mangel erleiden und ob Zeit der wichtigste limitierende Faktor in Ihrem Leben ist. Im Seminaralltag gibt es eine Reihe von Menschen, die bei dieser Übung Geld als noch erheblich einschränkenderen Bestandteil ihres Lebens wahrnehmen als Zeit. Nun ließe sich die Frage stellen, warum sie nicht mehr Geld verdienen. Ein Aspekt könnte die mangelnde Ausbildung sein oder es handelt sich um einen der oben genannten Aspekte: Feigheit, Faulheit, Eitelkeit oder Selbstbetrug. Mit dem Wissen, das Sie inzwischen erworben haben, können Sie alle vier Begriffe als Boykottstrategien enttarnen und tatsächlich fallen sie auch samt und sonders in diese Kategorie. Mag sein, dass dies nur eine von vielen möglichen Betrachtungsweisen ist. Sie ist hilfreich, weil Sie bei dieser Perspektive die volle Verantwortung für Ihr Leben zurückbekommen.

Drehen Sie den Spieß um!

Letztlich ist das erneut nur eine Verschiebung der Perspektive: Sie können jeden Punkt auf Ihrer Wunschliste auf Ihr Elternhaus und die schlechte Erziehung zurückführen, die Sie „genossen" haben mögen. Das ist ein Blickwinkel. Sie können das Geld als Grund für alles Übel Ihres Lebens ansehen, denn wenn Sie genug Geld hätten, würden Sie vielleicht nicht arbeiten (müssen) und dann hätten Sie schließlich genug Zeit. Oder Sie wählen, passend zu diesem Buch, die Zeit als den limitierenden Faktor Ihres Lebens. Wenn Sie damals mehr Zeit gehabt hätten, dann wäre vielleicht ein Geschäft anders gelaufen. Wenn Sie mehr Zeit gehabt hätten, dann hätten Sie studiert oder etwas anderes gelernt oder ein Kind bekommen oder gearbeitet anstatt die Kinder zu hüten. Auch das ist nur eine Frage der Perspektive, Sie haben es schon gemerkt.

Diese Perspektiven sind austauschbar und genau das ist so faszinierend an dieser Art von Limitierung. Denn ganz unabhängig von der genauen Begrenzung suchen Sie einen Aspekt außerhalb von sich, der für Ihre Zeitmisere zuständig ist. Sie geben gerade Verantwortung ab! Da dies die meisten Menschen in unserer Gesellschaft gerne tun, weil sie damit scheinbar nicht selbst verantwortlich für die Konsequenzen sind, fällt dies auch kaum jemandem auf.

Beispiel

Einfach nur zu spät

Katharina Blume kommt zu spät zu einem Zeitmanagementseminar. Das ist nicht weiter schlimm, schließlich konnte sie ja nichts dafür, dass die U-Bahn eine Störung hatte. Das wird sie dem Trainer schon sagen und der wird damit umgehen müssen. Basta! Doch statt irgendeiner der erwarteten Reaktionen fragt der Trainer sie nur, was sie morgen anders machen wird, wenn sie wieder zu einem Seminar dieser Art fährt ...

Finden Sie am besten Ihre eigene Antwort auf diese Frage und gerne auch vor dem Hintergrund der Themen, die Sie sich oben aufgeschrieben haben. Wenn Sie dasselbe noch einmal erleben dürften, was würden sie genau anders machen? Achten Sie bitte darauf, dass die Lösungen durch Sie selbst erreichbar sein sollten. Also die Variante „Ich hoffe darauf, dass die Stadtwerke morgen pünktlich fahren" ist genau nicht gemeint. Sie können von diesen Überlegungen noch mehr profitieren, wenn Sie mehrere Lösungswege entwickeln. Es stimmt, Sie werden nicht mehr Zeit haben, wenn Sie etwas noch einmal erleben. Es gibt immer eine oder sogar viele Lösungen, mit denen sich das gewünschte Ziel trotzdem erreichen lässt.

Ihr Umgang mit der Zeit entscheidet

In den vergangenen Jahren haben die Experten für Zeitmanagement einen deutlichen Schwenk vollzogen: Sie sind von der Planung der Tage, Wochen und Monate zu einem neuen Verfahren gekommen, nämlich der umgekehrten Planung: Heute beginnen die Experten oft bei den größeren Zeitabschnitten und arbeiten sich dann zu der Tagesplanung vor. Das war das Ergebnis der Beobachtung, dass jemand zwar exzellent organisiert sein kann, jeden Termin und jede Aufgabe perfekt erledigt, und doch unglücklich ist. Der Zusammenhang ergibt sich aus einer mangelnden Lebensperspektive. Eine zeitlang mögen finanzieller Erfolg, Kinder, ein anspruchsvoller Partner, die Eltern oder eine vergleichbare Aufgabe dafür sorgen, dass ein Mensch vollkommen ausgefüllt ist oder sich zumindest so fühlt. Doch spätestens, wenn diese Aufgabe wegbricht oder sich der Zeitaufwand verringert, stehen viele Menschen sprichwörtlich vor dem Nichts. Bei Managern ist dies als Burn-out-Syndrom bekannt und es mag den einen oder anderen Arzt oder Therapeuten geben, der sich mit einem Namen für eine solche „Erkrankung" schon deutlich besser fühlt. Den Menschen ist dadurch nicht geholfen.

Es scheint, als wäre es für uns alle hilfreich, uns früher oder später die Frage nach dem Sinn und den größeren Lebensaufgaben zu stellen. Damit muss keine Lebenskrise verbunden sein. Im Gegenteil, viele Menschen kommen genau aus diesem Grund zu einem Seminar. Sie haben mehr oder weniger gut verstanden, dass ein deutlicher Wandel in ihrem Leben bevorsteht und dass sie in den vor ihnen liegenden 30, 40 oder mehr Jahren nicht so weiter machen wollen wie in den vergangenen 20, 30 oder mehr Jahren.

In einer solchen Situation den Kopf in den Sand zu stecken und so zu tun, als hätten Sie nichts bemerkt, ist weder sinnvoll noch zielführend. Es mag Ihnen heute helfen, an dieser Stelle zu lesen, dass viele Menschen vor Ihnen an genau demselben Punkt im Leben gestanden sind. Sie sind also in allerbester Gesellschaft. Was Sie mit Hilfe dieses Buches in einem ersten Schritt entwickeln werden, ist eine neue Lebensperspektive, eine Planung, die Ihnen eine Route für die kommenden Jahre geben wird.

Übung: Wie klar wissen Sie schon, was Sie wollen?

Damit Sie sich selbst zum Ende dieses Kapitels klar vor Augen führen können, wo Sie stehen, folgt hier eine Liste, in die Sie Ihre Visionen eintragen. Beschreiben Sie möglichst konkret, wie es in zehn Jahren um Sie steht. Und machen Sie sich bewusst, dass Sie in zehn Jahren praktisch alles erreichen können, was es zu erreichen gibt. Schließlich gehen wir rund zehn bis dreizehn Jahre zur Schule, nachdem wir einmal Lesen und Schreiben gelernt haben. Und die meisten Menschen brauchen keine zehn Jahre Zeit für ein komplettes Studium mit Doktor- oder Diplomarbeit. Ein bis zwei Sprachen lassen sich locker lernen in dieser Zeit und Sie könnten – je nach Alter und Lebensplanung – in zehn Jahren schon zwei Kinder haben, die mindestens im Grundschulalter sind. Oder Sie wohnen dann bereits in Australien, Amerika, Bayern oder an der Nordseeküste. Was auch immer Ihre Vision ist, fangen Sie an zu träumen – jetzt!

In zehn Jahren werde ich folgendes erreicht haben:

Ich werde diese neuen Charaktereigenschaften haben:

_____

So sieht es in meiner Partnerschaft aus:

_____

Im Beruf werde ich:

_____

Mein alltägliches Privatleben wird so aussehen:

_____

Meine finanziellen Möglichkeiten:

_____

Meine (neuen) Hobbys:

_____

Dieses Auto fahre ich in zehn Jahren:

_____

Ich werde dies alles zusätzlich gelernt haben:

_____

Ich werde hier wohnen:

_____

Ich werde diese Herausforderungen gemeistert haben:

_____

Hier ist Platz für weitere Träume:

_____

_____

_____

Dies war noch lange nicht die letzte Übung zu diesem Thema, eher eine momentane Bestandsaufnahme. Wenn Sie die Zeilen leer gelassen haben, weil Sie viel besser wissen, was Ihnen gut tut, nehmen Sie auch dies als Zeichen. Ihre Vision ist so klar, wie die Inhalte der Zeilen in dieser Übung. Denn Sie wissen: Auch wenn Sie bereits eine klare Visi-

on schriftlich fixiert haben, bewährt sich eine weitere schriftliche Erfassung. Sie werden vielleicht neue Perspektiven entdecken. Oder Sie
merken, dass Sie sich doch noch nicht ganz so sicher sind, wo Sie in
zehn Jahren sein werden.

Sind Sie danach fertig?

Ein klares Nein, denn die Planung des Lebens lässt sich wohl niemals
abschließen, wenn Sie nicht ein absolut langweiliger Zeitgenosse werden wollen, der sich in seine Höhle der Erstarrung zurückzieht. Bedenken Sie, dass Leben Veränderung bedeutet; dies ist wohl die einzige Konstante, auf die Sie sich wirklich verlassen können. Und das bedeutet auch, dass Sie bis hier gekommen sind und damit einen ganz
wichtigen Teil des Weges zu einem besseren Management Ihrer Zeit
zurückgelegt haben. Sie wissen jetzt viel mehr über sich selbst und haben bereits den einen oder anderen Aspekt erkannt, den Sie in Zukunft verändern möchten. Das ist eine ideale Basis, um mit diesem
Wissen in Ihre Zukunft zu starten.

Zusammenfassung

- Ihre Einstellung zur Zeit verhindert oder fördert eine erfolgreiche
  Planung.
- Wenn Sie für die Vorbereitung eines Urlaubs mehr Zeit verwenden
  als für das Finden und Überarbeiten Ihrer Lebensziele, sollten Sie
  Ihre Prioritäten überdenken.
- Ihr Umgang mit dem Zeitmanagement wird ganz wesentlich von
  den Erfahrungen bestimmt, die Sie in Ihrer Kindheit gesammelt
  haben. Eltern, Lehrer und Freunde waren wichtige Vorbilder. Was
  haben Sie von ihnen übernommen, was Ihnen heute nicht mehr
  nützt?
- Ihr bisheriger Umgang mit dem Zeit- und Aufgabenmanagement
  mag von positiven und weniger erfreulichen Resultaten begleitet
  sein. Nutzen Sie Ihr Wissen zu Ihrem Vorteil.
- Viele alltägliche Situationen meistern wir dadurch, dass das Unterbewusstsein automatische Handlungen kontrolliert und ablaufen
  lässt. Beim Zähneputzen ist dieser Automatismus ausgesprochen
  hilfreich, bei der sich immer wiederholenden Hektik am Frühstückstisch nicht.

- Sobald Sie die volle Verantwortung für Ihre Terminplanung übernehmen, haben Sie auch die Freiheit zurück, alles zu ändern, was Ihnen nicht mehr passt.
- Sobald Sie eine Aufgabe unerledigt vor sich her schieben, hat das Einfluss auf Ihre Arbeitsleistung insgesamt. Überblick und das Gefühl die eigenen Herausforderungen zu meistern sind da auf jeden Fall viel besser.

Lektion 2:
Razzia

Wie Sie Ihre Zeitdiebe dingfest machen

*Wer seine Zeitdiebe kennt und unter Kontrolle bringt,
der hat bereits einen großen Schritt vorwärts gemacht. Diese
Zeitdiebe streuen schließlich den Sand ins Getriebe eines
jeden Tags, und legen uns gerne Stolpersteine in den Weg.
Und sie rauben nicht nur Zeit, sondern auch der Spaß kann
bei dem einen oder anderen störenden Faktor auf der Strecke
bleiben. Ob es nun ein schlecht organisiertes Meeting ist,
die fehlende Zielsetzung oder ein Anruf, der die ganze schöne
Planung zunichte macht. Auf der anderen Seite sind viele
Menschen sehr gut in der Lage, sich selbst durch den
geschickten Einsatz der Zeitdiebe aus dem Takt zu bringen.
„Nur noch schnell ...“ heißt hier eine Devise, die ganz sicher
zu einem führt: einem aus dem Ruder laufenden Terminplan.*

Die Zeitdiebe zu erkennen ist selbstverständlich die wichtigste Aufgabe in diesem Zusammenhang. Vielleicht war Ihnen bis zu diesem Moment noch gar nicht klar, wieviele dieser heimlichen Zeitfresser sich
in Ihrer unmittelbaren Umgebung aufhalten, Sie haben sie vielleicht
ganz anders eingeschätzt. Da ist etwa die ach so nette Kollegin, die nur
mal schnell ihre Erlebnisse des vergangenen Wochenendes loswerden
möchte. Allerdings sind Sie auf das Wohlwollen dieser Person angewiesen, und da möchten Sie sie doch nicht vor den Kopf stoßen.
Außerdem hat sie ja meist doch das eine oder andere spannende
Abenteuer erlebt, und das wollen Sie sich nicht entgehen lassen. So
hin und her gerissen zwischen dem „Ich sollte jetzt eigentlich ...“ und
einem „Ach, die fünf Minuten habe ich mir jetzt verdient“ verlieren
Sie bisher leicht Ihre Tagesziele, Prioritäten und Aufgaben aus dem
Auge. Das gilt sogar wortwörtlich, denn gerade dann, wenn diese Ziele nicht schriftlich fixiert sind, führt das Gespräch mit der Kollegin
ganz schnell dazu, dass Sie aus dem Takt kommen.

Hier gilt es, entweder klare Grenzen zu ziehen oder entsprechend Luft einzuplanen, um solche Gespräche führen zu können. Anstelle eines harschen Abweisens hat sich auch die Methode bewährt, nach wenigen Minuten auf eine dringend zu erledigende Aufgabe hinzuweisen und so dem Redeschwall Einhalt zu gebieten. „Einen Moment! Lieber Herr Maisenberg, Sie sind ein so charmanter Erzähler – die Geschichte möchte ich mir lieber in Ruhe anhören, und die habe ich jetzt nicht. Wollen wir uns in der Mittagspause verabreden?" Sprechen Sie es aus, vertagen Sie das private Gespräch. Kein Mensch verlangt, dass Sie dabei unfreundlich werden.

Und wenn Sie diesen Weg wählen, halten Sie ihn konsequent durch, das ist ganz wichtig. Das schlimmste Signal, das Sie aussenden können, ist ein „Eigentlich (!) habe ich ja jetzt keine Zeit, lass uns doch gemeinsam Mittag essen ...", um dann doch zehn Minuten mit ihm zu reden. Denn mit einem solchen Ablauf signalisieren Sie dem Kollegen und Ihrem Unterbewusstsein, dass Sie auch dann Zeit für solche Gespräche haben, wenn dringende Aufgaben anstehen.

Beispiel

Aus dem Takt gebracht

Tabea Kaunert ist Sachbearbeiterin bei einem mittelständischen Maschinenbauunternehmen. Sie arbeitet viel, ist jedoch mit der Effizienz ihrer Arbeit nicht zufrieden. Da sie mit über 40 anderen Mitarbeitern in einem Großraumbüro arbeitet, wird sie häufig abgelenkt. Da ist mal ein Kollege, der einen Stift benötigt, mal kommt ein Kunde vorbei und fragt nach dem Weg, und mal kommt die Kollegin Claudia Meister vorbei und erzählt den neuesten Firmentratsch. Tabeas Problem ist, dass sie aufgrund dieser Störungen kaum ein Projekt konzentriert bearbeiten kann, der Arbeitstag zerstückelt sich in viele winzige Teile, was zusammenhängendes Arbeiten nahezu unmöglich macht. Da liegt es nahe, dass sie dem Großraumbüro die Schuld an der Misere gibt.

So verschieden die Störungen sind, so wichtig ist es, sich passende Interventionen auszudenken, um den Störungen zu begegnen. Jeder Mensch verfügt aus anderen Zusammenhängen über viele verschiedene Möglichkeiten, nur sind die nicht immer bewusst in jeder Situation verfügbar. Wenn Sie zum Beispiel häufig durch ankommende Telefonate gestört werden, können Sie einfach mal nicht abheben. Dadurch verschiebt sich zwar ein Teil der Störungen nur, nämlich bis Sie Ihren

Anrufbeantworter abhören und dann zurückrufen, doch diesen Schritt können Sie immerhin gezielt planen.

Nutzen Sie Ihre Möglichkeiten, sich für die verschiedenen Störer mindestens drei unterschiedliche Reaktionen auszudenken. Die Zahl drei stellt in diesem Zusammenhang ein Minimum dar, weil Sie bei nur einer Alternative keine Wahl haben und sich bei zwei Alternativen immer in der Zwickmühle befinden. Erst bei drei Alternativen haben Sie eine echte Wahl. Vergleichen Sie Ihre Ergebnisse mit den Ideen der folgenden Seiten. Sicher entdecken Sie zusätzliche Alternativen.

Übung: Hilfsmittel gegen Störungen

Die Störung durch den Kollegen, der Arbeitsmaterial benötigt, vermeide ich durch:

_____

Falls ein Besucher vorbeikommt und stört, reagiere ich, indem ich:

_____

Den Kollegen, der auf einen Plausch vorbeischaut, vertröste ich so:

_____

Ein weiterer typischer Zeitfresser in meiner Firma ist:

_____

... und den stoppe ich in Zukunft auf diese Weise:

_____

Keine Sorge, wenn Ihnen bei dem einen oder anderen Punkt nicht viel eingefallen ist, können Sie das später nachholen. Sie werden ab heute ohnehin kritischer auf die Zeitdiebe achten und damit erweitern sich Ihre Möglichkeiten, sie kalt zu stellen.

Bleiben Sie konsequent!

Das ist der wohl wichtigste Aspekt im Umgang mit Zeitdieben aller Art: Die Gauner testen ständig Ihre Verlässlichkeit und probieren, die von Ihnen gesetzten Grenzen zu sprengen. Da sie dabei klammheimlich zu Werke gehen, bleibt so mancher von ihnen lange Zeit unentdeckt und kann so Sekunde um Sekunde und Minute um Minute rauben. Die Folgen sind schlimm: Zeitdiebe rauben Motivation, Begeisterung, Leistung und sie sorgen zudem dafür, dass manche Überstunde und manches Wochenende für den Job draufgehen. Die Selbstdisziplin, auch an einem anstrengenden Arbeitstag in Bezug auf Ihre Planung konsequent zu sein, mag einige Kraft kosten, zumindest in den ersten Tagen. Und der Erfolg, der aus diesen Mühen resultiert, ist ungleich größer als die Anstrengung. Behalten Sie also Ihr Ziel, Zeitdiebe dingfest zu machen, beharrlich im Auge und setzen Sie alles daran, dieses Ziel auch wirklich zu erreichen. Ihr Fokus sollte auf jedem kleinen Schritt in diese Richtung liegen. Falls es Ihnen an einem Tag einfach so gar nicht gelingen mag, vergessen Sie das einfach. Der nächste Tag wird gleich wieder genug Übungsmöglichkeiten für Ihre Selbstdisziplin mit sich bringen.

Zur Disziplin gehören auch die Pausen, die Ihnen wieder die Kraft für die nächste Etappe geben. Menschen sind unabhängig davon, was Studien berichten, sehr wohl zu beeindruckenden Höchstleistungen in der Lage. Das gilt auch und gerade für Tage, die mit Aufgaben prall gefüllt sind. An solchen Tagen hängt vieles davon ab, wie gut Sie mit Ihren Ressourcen umgehen und haushalten. Ein Marathonläufer, der seine ganze Kraft auf den ersten paar Kilometern einbringt, wird das große Ziel auch nicht erreichen. Auch bei ihm wechseln Phasen des schnelleren, kraftvollen Laufens mit solchen Phasen ab, wo er langsamer und lockerer läuft. Mit einem solchen Wechsel ist diese Distanz zu meistern.

Pausen machen, aber richtig

Nach dem bereits Gesagten könnte es scheinen, als seien Pausen jeglicher Art nur eine abgewandelte Form von Zeitdieben. Und das stimmt in gewisser Weise auch, wenn Pausen falsch gestaltet werden. Sie sollten beispielsweise nicht zu lang sein, sondern lieber häufiger und dafür kürzer. Eine lange Pause kann Sie aus dem Arbeitsablauf herausbringen und so dafür sorgen, dass Sie erst wieder „anlaufen" müssen. Manche kennen diesen Effekt vor allem nach einer größeren Frühstücks- oder vor allem Mittagspause. Zu Zeitdieben mutieren Pausen auch gerne dann, wenn sie mit anderen Tätigkeiten verbunden werden, die Sie zwischen rein beruflich und rein privat einstufen würden. Der Plausch mit der Kollegin, in dem es ja auch um Dienstliches geht, gehört dann dazu, wenn er vor dem Kaffeeautomaten stattfindet und eine für fünf Minuten angelegte Pause auf eine halbe Stunde ausdehnt. Vereinbaren Sie lieber, dass Sie sich am Schreibtisch treffen, das Meeting vorbereiten und dann gezielt die Themen angehen. Das hört sich zwar vielleicht bei den ersten Malen etwas ungewohnt an, doch es unterstützt Ihre Konzentration deutlich und erhöht Ihre Zufriedenheit. Pausen sind entscheidend für eine gute Arbeitsleitung, egal in welchem Umfeld Sie tätig sind.

Tipp: Wenn Sie Pause machen, beachten Sie:
- Eine gelungene Pause passt sich Ihrem persönlichen Rhythmus an.
- In jeder Stunde sollten Sie fünf Minuten bewusst pausieren (Das heißt ausdrücklich nicht Solitaire oder Sudoku am Computer spielen, wenn Sie sowieso die ganze Zeit vor dem Bildschirm sitzen. Machen Sie gezielt etwas anderes.) Wenn Sie viel sitzen, bewegen Sie sich in den Pausen. Wenn Sie – etwa zu Hause mit kleinen Kindern – viel herumrennen, setzen Sie sich in den fünf Minuten in aller Ruhe hin.
- Eine längere Pause nach ein paar Stunden Arbeit ist ebenfalls wichtig. Gestalten Sie die Pause nach Ihren eigenen Wünschen, nicht nach denen der Kollegen, Familienmitglieder oder anderen Menschen.
- Ihr Gehirn und Ihr Körper lieben Abwechslung. Daher sollten Sie jede Pause ein wenig anders gestalten. Raus aus dem ewig gleichen Takt, hin zur kreativen Pausengestaltung.

Das Entscheidende an der Pause ist, dass Sie sich nachher besser, entspannter, konzentrierter und leistungsfähiger fühlen sollten als vorher. Dieses simple Kriterium wird von vielen Menschen im Alltag missachtet. Die wenigen Pausen, die manche Zeitgenossen einlegen, werden vollgestopft mit anstrengenden Gesprächen, dem Lesen schlechter Nachrichten in beliebigen Zeitungen oder Zeitschriften, dem Daddeln am PC, Fernsehen oder dem Essen von schwer verdaubarer Nahrung. Lernen Sie, Ihre Pausen besser zu verbringen, so dass Sie neue Kraft für Ihre Arbeit schöpfen.

Eltern aufgepasst

Übrigens sind die Pausen insbesondere auch für Mütter und Väter, die kleine Kinder haben, ein Thema. Hier lautet der Anspruch ja oft, rund um die Uhr für den kleinen neuen Erdenbürger präsent zu sein. Dafür spricht einiges, doch auch diese engagierten Eltern sollten sich gezielte Pausen gönnen, wenn der oder die Kleine mal schläft. Springen Sie nicht gleich zur Waschmaschine, zum Staubsauger oder in die Küche, um jetzt schnell aktiv zu werden, wenn Sie zuvor einige Stunden lang das Kind in den Mittelpunkt gestellt haben. Jetzt sind erst einmal Sie dran! Und sowohl Ihr Kind als auch Ihre Partnerschaft werden von diesem neuen Verhalten sofort profitieren.

Auf der Flucht vor den Dieben

Viele Menschen, die den Zeitdieben alltäglich zum Opfer fallen, bemerken sie nach einiger Zeit gar nicht mehr. Dann gehören der Plausch mit der Kollegin, die etwas zu lange Kaffeepause, das Kaufen des belegten Brötchens beim Bäcker um die Ecke oder die Zigarettenpause schon zum selbstverständlichen Ablauf. Effektivität als Schlagwort greift hier zu kurz, denn es scheint, als gäbe es einen Interessenskonflikt zwischen den Anforderungen und dem Leistungspotenzial oder -willen des Mitarbeiters. Das ist allerdings nur eine Seite der Medaille. Denn wer von den Zeitdieben aufgezehrt wird, hat eben auch die Kontrolle abgegeben. Diese Menschen haben oft bereits eine negative Erwartungshaltung in Bezug auf den Tagesablauf, sie gehen davon aus, dass sie das Pensum nicht schaffen werden, weil ja immer die Zeitdiebe auftauchen und einfach nicht in Schach gehalten werden können.

Genau an dieser Stelle gilt es nun umzudenken. Es gibt in der Tat sehr effektive Methoden, sich gegen die Überfälle von allen Seiten zu wehren. Wie gut Sie diese in Ihrem Alltag einsetzen können, hängt allerdings von Ihren Aufgaben, Möglichkeiten und Ihrer Bereitschaft ab, konsequent einen neuen Weg einzuschlagen. Die Erkenntnis, dass Sie mit Ihren bisherigen Methoden nicht da hingekommen sind, wo Sie hin wollten, mag Ihnen ein zusätzlicher Ansporn sein. Entdecken Sie die Chance, die in jeder einzelnen Situation liegt.

Die Arbeit beginnt bei Ihnen

Jeder Zeitdieb hat auf einer bestimmten Ebene mit Ihrem Verhalten in dieser oder einer früheren Situation zu tun. In dieser Erkenntnis liegt der Schlüssel zur Lösung des jeweiligen Themas. Am einfachsten ist es selbstverständlich, mit den Themen umzugehen, die ausschließlich in Ihrem Verhalten begründet sind. Der wohl wichtigste Zeitdieb ist der, Dinge noch schnell mal eben erledigen zu wollen. Vielleicht erkennen Sie darin nicht auf Anhieb einen Zeitdieb, weil er sich gut getarnt hat. Doch jede Aufgabe, die Sie noch schnell vor einem Termin oder einer Abfahrt erledigen, raubt Ihnen wichtige Zeit der Ruhe, Vorbereitung und Gelassenheit.

Beispiel

Auf den letzten Drücker

Hans-Heinrich Koller ist selbstständiger Werbefachmann mit einer Agentur, er beschäftigt drei Mitarbeiter. Da seine Firma klein ist, muss er selbst oft Hand anlegen. Seine große Schwäche ist, dass er oft zu Terminen bei den Kunden zu spät kommt. Das hängt nicht mit der Terminvorbereitung zusammen, sondern eher mit den letzten Minuten vor der Abfahrt. Denn dann hat er oft das Gefühl, nur noch schnell eine oder zwei Aufgaben erledigen zu wollen, bevor er startet. Das Problem daran ist, dass er dann leicht die Zeit aus den Augen verliert und viel zu spät zu seinem Termin losfährt.

Die Nur-noch-schnell-Methode

So geht es vielen Menschen, die nach der „Nur-noch-schnell-Methode" arbeiten. Tatsächlich ist das nicht nur ein Erfolgsverhinderer, sondern auch ein übler Zeitdieb. Zwar mag dann die eine zusätzliche Aufgabe erledigt sein, doch auch das geschieht meist nur unter der Panik des Termindrucks, eventuell unkonzentriert oder zumindest hektisch. Optimale Leistung ist unter solchen Rahmenbedingungen kaum zu erbringen. Außerdem dauern hektisch erledigte Aufgaben oft auch dadurch länger, dass sie eben nicht mit der nötigen Ruhe angegangen werden. Im Fall von Hans-Heinrich hat das beispielsweise oft dazu geführt, dass er mit den Mitarbeitern Aufgaben abgesprochen hat, die sich hinterher als unnötig herausgestellt haben. Oder die Mitarbeiter haben etwas nicht so bearbeitet, wie es gedacht war, weil sie keine Fragen mehr stellen konnten. Auf diese Weise wird Arbeitszeit verbraucht und oft Motivation vernichtet.

Wer sich in dieser Falle sieht, kann sich ganz einfach disziplinieren: Setzen Sie sich einen festen Abfahrttermin und halten Sie diesen unter allen Umständen ein. Falls Sie das Gefühl beschleicht, doch noch schnell etwas tun zu wollen, verschieben Sie es absichtlich auf einen späteren Zeitpunkt. Selbst der Kunde, der sich eine Minute vor Abfahrt meldet, muss jetzt warten. Und der Mitarbeiter, der nur noch eine kurze Frage hat, auch. Am Anfang mögen Sie dafür ein Kopfschütteln ernten, weil Sie sich plötzlich und ohne offensichtlichen Grund so anders verhalten. Glauben Sie einfach daran, dass Sie mit der neuen Methoden auf einem sehr guten Weg sind. Und verweisen Sie den verwunderten Kollegen oder Mitarbeiter auf dieses Buch ...

Wie bei den meisten Maßnahmen dieser Art, ist es hilfreich, wenn Sie das neue Verhalten etwa drei Wochen lang trainieren. Und klopfen Sie sich für jeden Termin, bei dem Sie pünktlich angekommen sind, selbst auf die Schulter. Die neue Gelassenheit, die eine solche Vorgehensweise mit sich bringt, wird die Qualität Ihrer Arbeit und die Qualität Ihrer Entscheidungen deutlich erhöhen.

Falsche Prioritäten

Eine weitere Problematik, die sich aus der Nur-noch-schnell-Methode ergibt, ist die in diesen Situationen oft fehlende Priorisierung der Aufgaben. Dieses Thema wird in einem späteren Kapitel dieses Buches noch einmal detailliert aufgegriffen, weil es eine besonders große Bedeutung hat. Als Zeitfresser sind falsche, vertauschte oder nicht vorhandene Priorisierungen üble Begleiter. Wenn Sie sich vor einer Abfahrt oder vor einer Besprechung entscheiden sollten, etwas nur noch schnell zu erledigen, seien Sie bitte sicher, dass dieser Vorgang den Aufwand wirklich rechtfertigt. Ansonsten vergeuden Sie unnötig Ihre Zeit mit dieser Aufgabe. Auch Routineaufgaben werden von manchen Menschen gerne als Lückenfüller für die letzte Minute genutzt und sie sind oft der Grund, warum Meetings zu spät beginnen. Wie viele Mails oder Telefonate zum Beispiel in einer solchen Lücke noch geführt werden können, ist keine Frage der eigenen Geschwindigkeit, sondern einer professionellen Planung, die genügend Luft vorsieht. Sie haben ja schon begriffen, dass Sie ein neues Zeitmanagement in Ihrem Leben benötigen. Jetzt ist es an der Zeit, diesem Willen auch bei den kleineren Zeitdieben konsequente Taten folgen zu lassen.

Fluch oder Segen? – Das Telefon bestimmt

Einer der wichtigsten, weil im Alltag dominantesten Zeitdiebe ist das Telefon. Da ja so gut wie jeder Mensch in unserer Gesellschaft heutzutage auch noch mindestens ein Handy hat, gibt es eine lückenlose Erreichbarkeit – zumindest theoretisch. Menschen, die sich um diese weitgehende Verfügbarkeit bemühen, haben vielleicht einfach nur etwas falsch verstanden. Das Telefon – und auch das Handy – sind nicht dafür da, dass Sie sich ihnen unterordnen. Es sind und bleiben Arbeitsmittel, die Sie zum optimalen Nutzen einsetzen können. Ob Sie diese Arbeitsmittel tatsächlich zu Ihrem Vorteil einsetzen, können Sie leicht herausfinden, indem Sie sich ein paar Situationen vor Augen halten.

> ### *Übung: Wie würden Sie entscheiden?*
>
> Sie sitzen am Schreibtisch, arbeiten an einer wichtigen Aufgabe, die noch etwa 10 Minuten Zeit benötigt. Das Telefon klingelt. Heben Sie ab?
> Sie telefonieren mit dem Bürotelefon, Ihr Handy klingelt. Bitten Sie den Gesprächspartner einen Moment zu warten, damit Sie das Handygespräch annehmen können?
> Sie unterhalten sich mit Ihrem Kind über die letzte Mathearbeit, die wichtig war. Das Telefon klingelt. Gehen Sie dran?
> Sie sind im Café mit einer Freundin, die Ihnen von ihren Beziehungsproblemen erzählt. Ihr Handy klingelt. Nehmen Sie das Gespräch an?
> Ihre Voicebox meldet einen neuen Anruf. Sie sind gerade mit einer anderen Aufgabe beschäftigt. Hören Sie sie jetzt trotzdem sofort ab?

Diese Fragen sollen Ihnen über die konkrete Situation hinaus verdeutlichen, dass vielleicht Ihre Prioritäten falsch gesetzt sind. Es gibt nichts Wichtigeres, als den Menschen, dem Sie gerade gegenüber sitzen – es sei denn, Ihre Frau erwartet gerade ein Kind. Im täglichen Ablauf kann ein Telefon oder Handy, wenn es eine solche Bedeutung erlangt hat, Ihren kompletten Arbeitsfluss hemmen, es wird vom Werkzeug zum Tyrann und Zeitfresser.

Bloß nichts verpassen

Der wichtigste Grund, warum viele Menschen zum Telefon greifen, sobald es klingelt, ist das Gefühl etwas Wichtiges zu verpassen. Das macht sich auch in der weiteren Aufgaben- und Terminplanung bemerkbar, beim Telefon ist es vielleicht am offensichtlichsten. Da lässt sich dann auch der Chef, der unbedingte Erreichbarkeit fordert, nicht vorschieben. Wenn Sie einen solchen Chef haben sollten, sprechen Sie ihn darauf an. Erreichbarkeit für Kunden ist ein hohes Gut, konsistent abgearbeitete Projekte helfen allerdings den Kunden auch weiter und sie machen die Qualität des Unternehmens und seines Angebots aus. Eventuell lassen sich ja Telefonate auch delegieren an ein zentrales Sekretariat oder einen anderen Kollegen. Ihre Flexibilität und Kreativität können Sie hier voll ausleben.

Wohlgemerkt beziehen sich diese Tipps nicht auf Sie und Ihren Arbeitsplatz, wenn Sie etwa den Hotlineservice eines PC-Anbieters betreuen. Hier werden Sie schließlich dafür bezahlt, dass Sie schnell Ihr Telefon abheben, sobald es klingelt. Auch in einem Sekretariat kann es die wichtigste Aufgabe sein, dass Sie anstelle Ihres Vorgesetzten für die Erreichbarkeit sorgen, die dieser nicht sicherstellen kann oder möchte. Doch die Erfahrung aus den Zeitmanagement-Seminaren lehrt, dass viel mehr Menschen eine umfassende Erreichbarkeit sicherstellen, als es ihren Aufgaben gut tut. Und wenn Sie beispielsweise als IT-Administrator tagtäglich neben dem Hotlineservice eine Reihe anderer Aufgaben zu lösen haben, könnten Sie mit Ihrem Chef über eine Einschränkung der Hotlinezeiten sprechen. In dringenden Notfällen müssten die Kollegen dann zum Beispiel direkt bei Ihnen vorbeischauen, wenn ein Problem tatsächlich keine spätere Bearbeitung zulässt.

Blockbildung spart Zeit

Ein wichtiger Tipp gegen zeitfressende Anrufe ist die Rückrufstrategie, bei der Sie an jedem Tag zwei feste Blöcke für Ihre Telefonate und die Rückrufe einplanen. Zwischen diesen Blöcken leiten Sie Ihr Telefon auf den Anrufbeantworter um, den Sie dann nur zu Beginn des jeweiligen Blocks abhören. An diesen Rhythmus, den Sie sich fest angewöhnen können, werden sich auch Ihre Kollegen und Kunden schnell anpassen. Allerdings erfordert dieses Vorgehen eine hohe Disziplin und Zuverlässigkeit. Denn ein via Anrufbeantworter versprochener

Rückruf sollte auf jeden Fall auch am selben Tag erledigt werden. Der Vorteil dieser Telefonieblöcke ist, dass Sie sich ansonsten auf die anstehenden Aufgaben konzentrieren können. Das gilt auch für Meetings und kürzere Besprechungen, die Sie zum Beispiel in Ihrem Büro abhalten. Je konsequenter Sie dem Versuch widerstehen, jedes Telefonat in jeder Situation anzunehmen, desto mehr Luft bekommen Sie für Ihre eigentlichen Aufgaben.

Varianten dieses Symptoms sind das Telefonieren bis kurz vor dem Beginn eines Meetings, womöglich sogar mit dem Mobiltelefon und beim Kunden. Selbstverständlich gibt es diese viel beschäftigt scheinenden Manager, die immer und überall telefonieren müssen, damit die Welt nicht gleich aus den Angeln fällt. Tatsächlich haben sie nur einem klassischen Zeitdieb die Kontrolle über ihr Leben gegeben. Handys lassen sich schließlich auch abstellen, was sicher Ihrer eigenen Konzentration zuträglich ist. Bei Meetings gleich welcher Art sollte es eine Selbstverständlichkeit sein, dass das Handy ausgeschaltet ist. Zudem können Sie sich die Frage stellen, ob das Handy wirklich angestellt sein muss, wenn Sie doch gerade in Ihrem Büro sitzen und über das Festnetz erreichbar sind. So vermeiden Sie – notfalls mit einer Anrufweiterschaltung –, dass es auf beiden Telefonen klingelt und Sie in die Zwickmühle geraten. Und Sie dürfen einem Anrufer durchaus zutrauen, dass er versucht, Sie auf dem Festnetz zu erreichen, wenn er Sie auf dem Handy nicht erreicht. Eventuell könnten Sie sogar die Voicebox auf dem Handy deaktivieren und nur noch einen Anrufbeantworter auf Ihrem Festnetzapparat anbieten. Das erhöht zwar die Hürde für Anrufer ein wenig, gibt Ihnen jedoch die Freiheit, das Handy einfach auszuschalten.

Grundsätzlich sei hier angemerkt, dass es sich lohnt, sich mit den technischen Möglichkeiten der modernen Telefonie zu beschäftigen. Vor allem die diversen Weiterleitungsmöglichkeiten sind sehr gut nutzbar, um weniger Zeit am Telefon zu verbringen, wenn dies in Ihrem Alltag einer der größten Zeitvernichter sein sollte. Hierzu gehören sicherlich auch elektronische Systeme, bei denen die gerade auf dem Anrufbeantworter hinterlassene Nachricht per E-Mail in Ihr Postfach geliefert wird. Es gilt, möglichst wenig mit verschiedenen Geräten zu arbeiten, weil sich so die Effizienz erhöhen lässt. Sicher ist es immer von Ihren Vorlieben abhängig, mit welcher Lösung Sie die besten Resultate erreichen. Nur sollten Sie sich dafür einmal gründlich informieren.

„Ich geh mal schnell ran ..."

Manche Menschen lassen sich gerne von ihrem Handy oder Telefon im Büro in jeder Besprechung stören, nur um sich dann zu melden und den Gesprächspartner auf später zu vertrösten. Das ist für alle Beteiligten ärgerlich und überflüssig, das Umleiten oder Abstellen des Telefons spart auch hier schlicht Zeit. Ohnehin sind Telefonate, ankommende wie abgehende, vielen Menschen ein Dorn im Auge, weil sie jede Organisation zunichte machen können. Sie haben sich vielleicht gerade einer Aufgabe gewidmet, da klingelt schon wieder das Telefon. Es reißt Sie aus den Zusammenhängen und unterbricht den Arbeitsvorgang. Vielleicht geht es dann sogar um eine ganz dringende Angelegenheit, die keinen Aufschub erlaubt. Diese Situation kennt wohl jeder, der in einem Unternehmen arbeitet. Um damit besser umgehen zu können, erarbeiten Sie sich nun Schritt für Schritt das nötige Handwerkszeug.

Tipp: Wenn das Telefon ständig klingelt, hält es Sie von wichtigen Aufgaben ab. So wird es zu einem ärgerlichen Zeitdieb, den Sie ab jetzt unter Ihre Kontrolle bringen. Folgende Fragen helfen:
- Was würde passieren, wenn ich den Anruf nicht angenommen hätte?
- Wie viele Anrufer sprechen tatsächlich auf meine Voicebox, haben also ein dringendes Anliegen?
- Wie oft nehme ich unwichtige Telefonate an, die mich einfach nur von der Arbeit abhalten?
- Bin ich zu neugierig, um die Gespräche nicht anzunehmen?

Tatsächlich können das Telefon und auch die E-Mail einen Suchtcharakter haben. Die fixe Idee, dass Sie alles mitbekommen müssen, können Sie getrost zu den Akten legen. Egal, wie klein Ihr Unternehmen ist, und egal, wie wichtig Sie sind: Es wird immer eine Information geben, die an Ihnen vorbeigeht. Sicher hilft es, falls Sie sich zu den Süchtigen zählen, wenn Sie sich bewusst machen, dass Sie von Ihrer Geburt an bis zu Ihrem Tod jede Menge verpassen werden, selbst wenn es sich im Büro nebenan abspielt. Vielleicht ist Ihr Leben gar keine Anhäufung von möglichst viel Information?! Sie werden sich im Lauf dieses Buches bewusst werden, dass ganz andere Fähigkeiten und Möglichkeiten einen guten Mitarbeiter, eine gute Partnerin, einen guten Hausmann oder eine gute Chefin ausmachen.

Das Bewusstsein, wie viele Telefonate Sie im Laufe des Tages führen, kann Sie schon einen deutlichen Schritt voran bringen. Noch besser ist es, wenn Sie eine zeitlang Buch darüber führen, welche Telefonate Sie im Lauf des Tages erreichen und welche Sie selbst initiieren.

Übung: Wie viele Gespräche sind es wirklich?

Führen Sie ein paar Tage lang Buch, wie lange Sie mit wem zu welchem Thema telefoniert haben. Bei dieser Übung können Sie zusätzlich eine Tabellenspalte für die Bedeutung des Telefonats einfügen. Hier hat sich eine Benotung von 1 bis 6, also entsprechend der üblichen Schulnoten, bewährt. Eine weitere Spalte nutzen Sie für die Frage, ob Sie angerufen wurden oder selbst angerufen haben. Hier ein Muster für Ihre Liste:

Dauer	Gesprächspartner	Thema	Bedeutung	Selbst/Anruf
6'30	H. Müller	Absprache Termin	4	A
4'15	R. Lauer	Akquise/ Terminabstimmung	1	S
2'45	M. Sandmann	Broschüre angekommen?	6	A

Sobald Sie diese Liste je nach Gesprächsaufkommen einen halben oder ganzen Tag geführt haben, können Sie schnell die Auswertung anhand der Schulnoten machen. Alle Gespräche, denen Sie eine 1 oder 2 gegeben haben (in der Schweiz eine 6 oder 5), wären vermutlich besser gleich erledigt gewesen. Alle anderen hätte auch Ihre Voicebox meistern können. Und bei den unwichtigen Telefonaten sollten Sie genau prüfen, wie viel Zeit diese kosten. Je mehr hier zusammenkommt, desto wichtiger ist es für Sie, sich Gegenmaßnahmen zu überlegen.

Kürzer ist besser

Ein weiterer Tipp betrifft die Länge der Telefonate: Kürzer ist besser – diese Devise gilt für die meisten geschäftlichen Gespräche. Selbstverständlich kann es Ihnen Spaß machen, am Wochenende endlich ausführlich mit einer Freundin, Ihrer Mutter oder einem Bekannten zu telefonieren. Im Businessumfeld und im hektischen Alltag kommen Sie mit dieser Strategie nicht weit genug. Sie können sich beispielsweise zur Maßgabe machen, mit niemanden länger als fünf Minuten zu telefonieren, wenn Sie nicht einen echten Telefontermin für dieses Thema vereinbart haben.

Selbstverständlich hängt dies immer auch von dem Gesprächspartner ab. Es mag sein, dass Sie zum Beispiel einen Kunden haben, der in ausgiebigen Telefonaten gerne „vom Hölzchen aufs Stöckchen" kommt und Sie derweil mit neuen Aufträgen eindeckt. Dann ist jedes Telefonat ein unerschöpflicher Quell für neue Umsätze, für die nur noch die passenden Aufträge geschrieben werden müssen. Das ist dann – so zeigt die Erfahrung – bei solchen Kunden ganz besonders wichtig, weil sie vielleicht das eine oder andere Thema ebenso schnell vergessen, wie sie im Telefonat drauf gekommen sind.

Eine Agenda schafft den Rahmen

Es ist also durchaus sinnvoll, auch längere Telefonate zu führen, etwa anstelle eines persönlichen Besuchs beim Kunden, der vielmehr Zeit benötigen würde. Dann ist es allerdings sehr sinnvoll, für ein solches Gespräch eine Agenda vorzubereiten und strukturiert einen Aspekt nach dem anderen durchzugehen. Wenn die Zeit dafür nicht gereicht haben sollte, nutzen Sie die ersten Minuten des Gesprächs genau zu diesem Zweck.

Planung eines längeren Telefonats

Wenn es für Ihre Zwecke hilfreich erscheint, verinnerlichen Sie folgende Checkliste, um die Themen des Telefonats (oder auch eines persönlichen Gesprächs) abzuklären:

1. Benennen Sie das Thema konkret.
2. Liegen alle Informationen vor, die nötig sind?
3. Wie sieht das Ziel aus (Warum genau sprechen Sie darüber)?
4. Wie viel Zeit nehmen Sie sich für dieses Thema heute (zum Beispiel auch bevor Sie es auf ein anderes Meeting vertagen)?
5. Wenn Sie ein Thema vertagen: Wann werden Sie es genau besprechen?
6. Wenn es bereits einen Zwischenstand gibt: Sind Sie beide auf dem aktuellen Stand der Dinge?
7. Wer führt und versendet das Protokoll?
8. Wer kontrolliert die Umsetzung der Beschlüsse?

Achten Sie dann während des Gesprächs immer darauf, dass Sie einen definierten Endpunkt erreicht haben. Manche Gespräche scheitern daran, dass die anstehenden Themen zwar angesprochen wurden, aber beispielsweise kein konkreter Beschluss für das weitere Vorgehen gefasst wurde.

Perfektion kostet auch Zeit

Ähnlich zeitfressend kann sich der Trieb entwickeln, alles perfekt erledigen zu wollen. Perfektionismus hat in diesem Zusammenhang zwei Aspekte: Erstens ist er eine Möglichkeit, für einen hohen Anspruch einen unglaublichen Aufwand zu betreiben. So lange Sie nicht bei der Europäischen Raumfahrtbehörde arbeiten, können Sie in den meisten Fällen mit 98 Prozent Perfektion bestens auskommen. Zweitens ist Perfektion eine ideale Möglichkeit für viele Menschen, sich schlechte Gefühle zu machen. Wie, Sie sind nicht die ideale Partnerin/der ideale Partner? Na dann, werden Sie entweder bald wieder alleine sein oder Sie sind es bereits. Ist ja klar: Wenn Sie nicht perfekt sind, dann wird es auf dieser Welt niemanden geben, der Sie mag. Denn – und das wissen Sie sicher schon – alle anderen Menschen sind perfekt. Sie sind das schwarze Schaf der Menschheit oder mindestens in Ihrem Freundeskreis oder in Ihrer Firma. Es hilft nichts, sehen Sie es ein, unperfekte Menschen gibt es nicht.

Na, fühlen Sie sich schon schlechter? Wenn nicht, dann können Sie das mit Ihrem Perfektionsanspruch jetzt nachholen.

Beispiel

Weniger wäre mehr

Christian Aron arbeitet in der Marketing-Abteilung eines großen Systemhauses, das seinen Kunden unter anderem einen wöchentlichen Newsletter mit den neuesten Nachrichten aus der Branche anbietet. Der Newsletter wird von einem externen Dienstleister erstellt und Christian ist nur für die Freigabe verantwortlich. Doch er ist ein Perfektionist und wie besessen davon, eine fehlerfreie Arbeit abzuliefern. Deshalb benötigt er für die Freigabe des Newsletters fast einen Arbeitstag pro Woche. Seine Chefin ist überfordert damit, ihm zu zeigen, wie er mit weniger Perfektion auch an dieser Stelle mehr erreichen kann. Schließlich ist das Internet ein schnelles Medium und die meisten Menschen überfliegen Newsletter mehr, als dass sie

sie ausführlich lesen. „Doch was wäre, wenn der Vorstand ..." denkt sich Christian und motiviert sich mit der daraus resultierenden Angst zu einer ressourcenfressenden Perfektion.

Hier ist allerdings auch das Management gefragt, sich die Konsequenzen eigenen Handelns bewusst zu machen. Wer Fehler sucht, wird sie finden – ebenfalls eine gute Chance, seine Perfektion auszuleben und Mitarbeiter in die Kündigung zu treiben. Die direkte Chefin von Christian ist leicht davon zu überzeugen, dass viel Kraft in den Newsletter fließen muss, damit keine Panne passiert. Vor allem dann, wenn ihr Vorgesetzter beim letzten Fehler Theater gemacht hat. Falls Sie also Manager sind oder werden wollen, machen Sie sich bewusst, dass die Angst, die Sie säen, hundertfach in Form von übertrieben langen Bearbeitungszeiten und anderen Verweigerungshaltungen zu Ihnen zurückkommt. Ein effizientes, fröhliches Team erhalten Sie nur mit anderen Methoden, bei denen immer Fehlertoleranz mit dazugehört. Also hängt es gerade auch von Ihrem Umgang mit Fehlern ab, wie sehr sich die Perfektionisten in Ihrem Team austoben.

Tipp: Die ultimative Übung für alle Perfektionisten: Seien Sie mal perfekt dabei, alles, wirklich alles falsch zu machen – einen ganzen Tag lang. Und wenn Ihnen das Spaß bereitet, dann nehmen Sie sich jeden Tag eine Stunde Zeit, in der Sie mit höchster Perfektion unperfekt sind. Leeren Sie ein volles Wasserglas über der Computertastatur (es sollte alles perfekt in der Tastatur landen), ziehen Sie sich morgens zwei verschiedene Socken an (die sich farblich perfekt beißen), waschen Sie Ihr Handy in der Waschmaschine (perfekt bei 30 Grad) oder bringen Sie Ihrer Freundin perfekt verwelkte Rosen mit. Sie wird Sie dafür lieben, gerade dann, wenn Sie bisher makellos perfekt waren.

Sicher ist Ihnen schon aufgefallen, dass der Perfektionsanspruch unter die Liste der Selbstboykottmaßnahmen gehört. Er kostet nämlich nicht nur zu viel Zeit, er behindert auch Ihr Lebensglück. Und da Sie sich mit diesem Buch vor allem auf den Weg zu mehr Freude und Spaß an Ihrer Arbeit und in Ihrem Privatleben gemacht haben, achten Sie einfach darauf, an welchen Stellen weniger Perfektion Ihnen mehr Möglichkeiten gibt.

Vermeiden hilft nicht weiter

Ein anderer Zeitfresser ist in diesem Zusammenhang die Vermeidung eines Themas, das dringend angesprochen werden sollte. Das mag zum Beispiel aus einer Feigheit heraus passieren. Am häufigsten geht es in der Praxis um das Thema Geld, an zweiter Stelle stehen Beschwerden. Wenn Sie etwa mit einem Kunden oder dem Chef über Geld reden müssen, dann tun Sie es gerade heraus. Wenn Sie in fünf aufeinander folgenden Telefonaten sich immer wieder darum drücken, verlieren Sie nur unnötig viel Zeit. Dasselbe gilt bei einem Kunden: Mutig drauf los statt ewig um den heißen Brei – so lautet die Devise.

Auch Beschwerden können zu Vermeidungsstrategien führen, die im Alltag zeit- und energieraubend sind. Bedenken Sie vor einem solchen Gespräch, dass es durchaus einen positiven Verlauf nehmen kann. Es mag hilfreich sein, dass Sie sich zwei oder drei Gesprächsvarianten ausmalen, die sämtlich einen positiven Ausgang haben. Und machen Sie sich bewusst, dass Angst ein schlechter Ratgeber ist, wenn es um die Lösung von Problemen geht. Sie erstarren dann nur, anstatt mutig dagegen anzugehen.

Beispiel

Hat doch gar nicht wehgetan

Markus ist Malermeister und hat ein Team von zwölf Gesellen und Lehrlingen. Mit einem großen Kunden hat es Ärger gegeben, doch das weiß er nur, weil einer seiner Mitarbeiter ihm davon berichtet hat. Markus weiß, dass es am besten wäre, den Kunden anzurufen und die Reklamation zu besprechen, damit schnell Schaden abgewendet werden kann. Doch er fürchtet sich davor, dass er den Kunden verlieren könnte. Er malt sich ständig aus, wie dieser die Geschäftsbeziehung beendet und ihm das ohne Umschweife am Telefon mitteilt. Mit diesen Ängsten verbringt Markus nun zwei Tage und Nächte, bevor er endlich den Hörer in die Hand nimmt und sich bei dem Kunden meldet. Der ist zwar ein wenig sauer, weil eine falsche Farbe angemixt wurde. Doch Markus bietet ihm an, entweder die Wände neu zu streichen, ihm kostenlos einen weiteren Raum anzumalen oder ihm beim Preis um zehn Prozent entgegen zu kommen. Der Kunde ist so verblüfft, dass er drei Alternativen bekommt, dass er erst einmal Bedenkzeit erbittet. Drei Tage später meldet er sich wieder und sagt, dass er sich schon an den falschen Farbton gewöhnt hat und gerne einen weiteren Raum ohne Berechnung gestrichen haben möchte. Na, also. Hier hat Markus sich 48 Stunden seiner Angst ergeben und damit einfach nur Zeit und Energie vernichtet.

Angst ist im Alltag einer der wichtigsten Gründe, warum Menschen ihre Ziele nicht erreichen, unmotiviert sind und ständig hinter ihren eigenen Möglichkeiten zurückbleiben. Daher kann es für den Einzelnen wichtig sein, in einem Training zu lernen, wie sich sämtliche Ängste schnell und einfach beheben lassen und sogar in positive Motivation umwandeln. Als Zeitfresser ist die Angst an sehr verschiedenen Stellen vertreten, zumal sie oft gar nicht so offensichtlich ins Gewicht fällt. Vielleicht spricht etwa ein Arzt länger mit seinen Patienten, als er nach seinem eng gedrängten Terminplan sollte, weil er Angst hat, Kunden zu verlieren. Oder eine Sekretärin plaudert länger mit Anrufern, weil sie befürchtet, anderenfalls als unhöflich zu gelten. Das ist nicht schlimm, wenn sich diese Menschen eines Tages bewusst machen, dass Angst ein schlechter Zeitplaner ist. Und Ihr Gegenüber wird es ohnehin merken, wenn Sie sich nicht aus ernsthaftem Interesse, sondern aus Angst vor negativen Konsequenzen für ihn interessieren.

Können Sie Nein sagen?

Ebenfalls mit Angst hat oft ein weiterer Zeitfresser zu tun, der gigantische Ausmaße erreichen kann. Es geht um die Fähigkeit, Nein zu sagen. Vor allem im Verhalten von Kollegen untereinander ist diese Fähigkeit in vielen Unternehmen nicht sehr beliebt, obgleich sie überlebensnotwendig ist. Konkret führt die Ablehnung leicht zu Mobbing, spöttischen Bemerkungen oder einem Racheplan. Der Druck, den anderen Kollegen deren Wünsche von den Augen abzulesen, kann sehr groß werden. Dafür bleiben dann womöglich eigene Aufgaben auf der Strecke oder müssen am Wochenende erledigt werden, wenn doch endlich mal Zeit für die Familie, Freunde, Hobbys oder einfach für Sie selbst da sein sollte.

Nicht nein zu sagen könnte also der Angst entspringen, nicht mehr gemocht beziehungsweise anerkannt zu werden. Dieses Verhalten üben viele Menschen schon in der Schule ein, wenn es um das Abschreiben der Hausaufgaben geht. Wer sich damals verweigert hat, weil er sich etwa mit einer schwierigen Aufgabe einen Nachmittag um die Ohren geschlagen hat, wurde vielleicht ausgegrenzt. Manager, die dieses Verhalten dann später bei ihren Mitarbeitern beobachten, tun gut daran, sehr sensibel und vor allem entschlossen damit umzugehen. Wenn hier eine Mobbingstimmung aufkommt, steht der Erfolg eines ganzen Teams oder sogar eines ganzen Unternehmens auf dem Spiel.

Nein sagen müssen alle lernen

Nein zu sagen ist eine Frage der Übung, und Sie können das lernen, wenn Sie mögen. Vielleicht beginnen Sie am Anfang damit, dass Sie auf das „Nein" eine ausführliche Begründung folgen lassen, warum es nicht geht. Das ist ein spannender Effekt, denn bei genauem Hinsehen müsste sich ja der Kollege, der eine Aufgabe an Sie delegieren möchte, zunächst einmal dafür rechtfertigen. Hier werden also die Seiten vertauscht. Ändern Sie erst einmal das Gefühl, sich für ein klares Nein rechtfertigen zu müssen. Das muss niemand! Eine Erklärung mag hilfreich sein, Sie haben allerdings das Recht, diese auch einfach für sich zu behalten. Wie in der Kinder- und Hundeerziehung sei ein Nein ein Nein. Einfach so! Weil Sie es entschieden haben, das ist der einzige Grund, den es tatsächlich gibt. Denn jeder andere Mensch kann Ihnen hundert Gründe nennen, warum es gerade jetzt so wichtig ist, dass Sie diese Aufgabe übernehmen.

Detailplanung kann lähmen

Nun kommt der Abschnitt für die Planungsfetischisten, also solche Menschen, die lieber erst einmal planen, anstatt vor allem kleinere Aufgaben lieber einfach zu erledigen. Viele Menschen können etwa in Anbetracht wichtiger, großer Ereignisse oder wegen einer Aufregung zu einem Detailplaner werden, der viel Zeit vergeudet. Der genaue Ablauf sieht dann zum Beispiel wie folgt aus.

Beispiel
Das will erst mal geplant sein ...
Martin Kallwei bereitet sich auf den Besuch seiner Freunde vor, die morgen anreisen und drei Tage bei ihm bleiben werden. Da er im Büro viel zu tun hatte, konnte er nicht mit der ihm sonst eigenen

Ruhe alles vorbereiten. Nun, am letzten Abend, läuft Martin die Zeit davon. Doch statt die Aufgaben, die er recht gut überblicken kann, gleich sukzessive abzuarbeiten, stürzt er sich erst einmal in die Detailplanung. Seine Freundin, Petra, die an diesem Abend vorbeikommt, wundert sich nur über dieses Vorgehen. Sie fängt einfach an, bezieht die Betten, prüft den Kühlschrank auf Essbares, putzt kurz das Bad und so weiter. Martin sitzt derweil noch an seinem Esstisch und plant die Einkaufsliste, damit er am nächsten Morgen im Supermarkt auch an alles denkt. Bis Petra sauer wird und ihn fragt, ob er nicht auch ein wenig mehr zum Erfolg beitragen möchte. Martin lässt sich darauf ein und lässt sich von Petra die nächsten Aufgaben zuweisen, die er dann erledigt.

Den Wald vor lauter Bäumen nicht sehen – so ließe sich dieser Effekt wohl am besten beschreiben. Allerdings scheinen die Betroffenen die Augen auch mit aller Macht zuzudrücken, um auch wirklich nichts sehen zu können. Eine zu detaillierte Planung kann in einem solchen Moment sehr viel hinderlicher sein, als wenn die anstehenden Aufgaben einfach erledigt werden. Meist handelt es sich in einem solchen Fall um Routineaufgaben, bei denen Sie bestenfalls schnell eine Übersicht erstellen, damit Sie an alles denken. Oder Sie nehmen sogar den umgekehrten Weg und legen sofort los. Schreiben Sie dann die Aufgaben, die Ihnen zwischendurch einfallen, nur schnell auf eine bereitliegende Liste, damit Sie in der Eile auch wirklich an alles denken.

Das mache ich alles ganz alleine

Übrigens ist dies auch für Chefs eine ganz wichtige Aufgabe. Denn ebenso häufig wie das Delegieren von oben nach unten ist das Delegieren von unten nach oben. Je strenger hierarchisch ein Unternehmen strukturiert ist, desto mehr Entscheidungen laufen die Hierarchieebenen nach oben. Bis schließlich ein teuer bezahltes Vorstandsgremium jede Entscheidung über 5.000 Euro absegnen muss, weil sich einfach niemand mehr traut, eine Entscheidung treffen.

Im privaten Umfeld mögen es vor allem Ihre pubertierenden Kinder sein, die Ihnen Zeit rauben, weil sie keine Aufgabe (mehr) übernehmen. Dazu zwei Anmerkungen: In einem gewissen Alter, das bei manchen Menschen auch nie zu enden scheint, gibt es den Effekt des „automatischen Neinsagens". Sie können Sohn oder Tochter dann durchaus dabei erleben, dass sie zu der Bitte, die Küche aufzuräumen, zunächst nein sagen, um es dann eine halbe Stunde später ohne weiteren Druck oder sogar ohne weitere Gespräche einfach doch zu tun. Hier wäre es zeitfressend gewesen, wenn Sie die entsprechende Aufgabe übernommen hätten. Vielleicht geben Sie dem Neinsager ein bisschen mehr Zeit. Oder Sie räumen, wenn es zum Beispiel darum geht, einfach den Müll aus der Küche ins Jugendzimmer. Ihrer Flexibilität sind keine Grenzen gesetzt – und dem Spaß, den Sie mit neuen Reaktion auf das Verhalten Ihrer Kinder haben, auch nicht.

Schlechtes Delegieren kostet nur Zeit

Auch das Delegieren von Aufgaben kann sich zu einem zeitfressenden Bumerang entwickeln, wenn zum Beispiel zu wenig Zeit für die Besprechung der Aufgabe reserviert wird.

Tipp: Bevor Sie eine Aufgabe delegieren, sollten Sie einige Fragen für sich klären, durch die Sie viel Zeit sparen können:
- Tritt die Aufgabe einmal oder mehrfach auf?
- Soll dieser Mitarbeiter oder Kollege die Aufgabe generell übernehmen?
- Wie umfassend ist die Aufgabe?
- Welche Bedeutung hat sie im Unternehmensablauf oder für den Auftrag eines Kunden insgesamt?

Wenn eine Aufgabe nur einmalig auftritt, ist es sehr wichtig zu klären, ob das Delegieren nicht mehr Zeit kostet, als wenn Sie sie gleich selbst erledigen. Je länger die Erledigung dauert, desto mehr kann es sich lohnen. Der einzige Aspekt, der bei einer schnell zu erledigenden Aufgabe gegen das Delegieren spricht, ist der Wunsch, einen Mitarbeiter oder Kollegen in eine Gruppe ähnlicher Aufgabenstellungen einarbeiten zu wollen. Hinzu kommt nur in einigen Unternehmen, vor allem in höheren Hierarchiestufen, der Wunsch, sich mit einer Aufgabe wie dem Eintrag eines Termins in einen Kalender oder etwas vergleichbarem „die Finger nicht schmutzig machen zu wollen". Doch im Zeitalter der PCs, PDAs und Notebooks gehören diese Starallüren wohl in den meisten Unternehmen endlich der Vergangenheit an.

Bei der Frage nach der generellen Übernahme der Aufgabe geht es darum, dass Sie mehr Zeit investieren können, wenn eine Aufgabe dauerhaft an einen Kollegen übergeben werden soll. Dann profitieren Sie aus zeitlicher Sicht aufgrund der aufwändigeren Übergabe vielleicht erst nach einem oder zwei Monaten davon, diese Aufgabe zu delegieren. Doch im Gegenzug können Sie absolut darauf vertrauen, dass die Angelegenheit zu Ihrer Zufriedenheit erledigt wird.

Der Umfang einer Aufgabe mag zu gering sein, als dass es sinnvoll wäre, sie an einen Kollegen oder Mitarbeiter weiterzugeben. Oder sie ist im Ablauf eines Unternehmens oder für einen betreuten Kunden trotz geringen Umfangs zu wichtig, um delegiert zu werden. Umgekehrt kann es auch sein, dass ein teuer bezahlter Spezialist oder Manager Aufgaben von geringer strategischer Bedeutung übernimmt, weil er zu wenig delegiert oder es sich nicht zutraut. Bedenken Sie: Falls Sie in einer solchen Lage sind, ist es für Ihr Unternehmen entscheidend, dass Sie Ihre Arbeitskraft und Ihre Fähigkeiten optimal einbringen.

Beispiel

Eigenverantwortung unterbinden

Petra Schmieder ist als Office-Managerin eines mittelgroßen Bauunternehmens angestellt. In der Verwaltung arbeiten mit ihr zusammen 21 Mitarbeiter. Petra steht im Mittelpunkt, denn jeder, der Material, Zugang zum Chef, einen Urlaubsantrag, neues Kaffeepulver oder sonst etwas benötigt, kommt zu ihr. Diese Zuständigkeit für alles und jeden hat ihre Vorteile, denn durch die vielen Fragen und Anrufe der Kollegen fühlt sich Petra gebraucht und wichtig. Kehrseite der Medaille ist jedoch, dass sie kaum zum Abarbeiten ihrer eigenen Aufgaben kommt. So muss sie oft die Abendstunden und die Wochenenden nutzen, um mit dem Schreibkram des Chefs, den Zeitarbeitsübersichten und den Fortschrittsberichten von den Baustellen weiterzukommen.

Der Wunsch, gebraucht zu werden, ist in solchen Fällen wichtiger als eine sinnvolle Verteilung von Aufgaben. Warum sollte eine Office-Managerin Kaffee nachfüllen? Das lässt sich sicher auch durch ein zentrales Depot erreichen. Oder die diversen Aufgaben, die bisher eine (überlastete) Person übernimmt, werden einfach auf mehr Schultern verteilt.

Wenn Sie beispielsweise Ihre Kinder anleiten, im Haushalt zu helfen und vielleicht sogar Teile der Wohnung zu putzen, können Sie ihnen früh beibringen, wie schnell Menschen durch die Arbeitsteilung selbst große Aufgaben stemmen können. Hier wird eine Basis für das spätere Verhalten im Berufsleben gelegt. Je früher Eltern den Kindern richtiges

Delegieren vorleben, desto schneller werden die Kinder selbst in der Lage sein, eigene Aufgaben weiterzugeben, wenn das sinnvoll ist.

Grundlagen des richtigen Delegierens

Ein Missverständnis, mit dem viele junge Manager zu kämpfen haben, ist die Erwartung, andere Menschen würden mit demselben Wissen und Können die Aufgaben erledigen. Hier gilt es zu berücksichtigen, dass jeder Mensch seinen individuellen Hintergrund, seine Wahrnehmung und auch seine eigenen Motivationsstrategien einbringt. Und daraus resultiert eine völlig andere Herangehensweise. Deshalb ist es wichtig, beim Delegieren von Aufgaben vor allem das Ziel ganz klar zu besprechen, und weniger den Weg dorthin. Was soll genau am Ende der Tätigkeit herauskommen? Falls der Mitarbeiter oder Kollege dann nach dem Wie fragt, lassen sich auch dazu sinnvolle Hinweise geben. Hier entscheidet vor allem die Wiederholung der Aufgabe darüber, wie wichtig eine genaue Erklärung mit dem entsprechenden Zeitaufwand ist.

Bei Kindern ist es daher sehr wichtig, ihnen eigene Wege zuzugestehen, so lange das gemeinsam vereinbarte Ziel erreicht wird. Nichts ist schließlich langweiliger, als alles genau so zu erledigen, wie die Eltern es machen. Vielleicht mögen Sie das im Umgang mit Ihrem Sohn oder Ihrer Tochter auch mal ausprobieren. Und es hat übrigens niemand gesagt, dass Sie selbst nicht auch neue Wege ausprobieren dürfen, selbst bei sehr alten (Familien-) Traditionen. Je überraschender ab heute Ihre Lösungen sind, desto mehr Spaß werden Sie haben.

Zusammenfassung

- Je konsequenter Sie die Zeitdiebe in ihre Schranken weisen, desto schneller geben die auf.
- Ziehen Sie bei Gesprächen mit Kollegen und Telefonaten klare Grenzen und behalten Sie dabei Ihren Tagesplan im Auge.
- Regelmäßige, kurze Arbeitspausen erhöhen Leistung, Zufriedenheit und Erfolg.
- Die Nur-noch-schnell-Methode bringt meist schlechte Resultate und dafür zusätzlich Unruhe in Ihre Arbeitsabläufe.
- Der professionelle Umgang mit dem Telefon und dem Handy gibt Ihnen mehr Freiraum für die eigentliche Arbeit.

- Vergessen Sie das Gefühl, ständig etwas Wichtiges zu verpassen, wenn Sie nicht gleich ans Telefon gehen oder die Voicebox abfragen. Viele Telefonate erledigen sich allein deshalb, weil Sie unterwegs waren beziehungsweise das Telefon klingeln ließen.

- Planen Sie längere Telefonate ebenso gewissenhaft wie ein Meeting: Bereiten Sie eine Agenda vor, führen Sie Protokoll und verfolgen Sie die gefassten Beschlüsse.

- Perfektionismus ist vor allem ein Selbstboykottprogramm. Bedenken Sie, dass die letzten zwei bis fünf Prozent zur Perfektion den höchsten Arbeitsaufwand erfordern. Hier kann weniger deutlich mehr sein.

- Angst raubt Ihnen nicht nur Lebensqualität, sie ist auch ein ganz besonders gieriger Zeitfresser. Neue Strategien für den Umgang mit der Angst helfen hier weiter, beispielsweise der Mut, unangenehme Aufgaben gleich anzugehen.

- Das Delegieren von Aufgaben spart nur unter bestimmten Umständen Zeit. Prüfen Sie kritisch nach, bevor Sie etwas an einen Mitarbeiter oder Kollegen weitergeben.

Lektion 3:
Effektive Methoden

Wie Sie mit Freude Ihre Termine und Aufgaben verwalten

Ein gutes Zeitmanagement basiert auch auf effizienten Methoden, denn diese können das Gerüst für einen gelungenen Tag liefern. Diese Methoden sind bestenfalls so gut, wie Sie darin geübt sind, sie möglichst regelmäßig einzusetzen. Zwar sorgen die meisten schon am ersten Einsatztag dafür, dass sich an Ihrem Arbeitsplatz und bei der Organisation Ihres Privatlebens vieles ändert. Darüber hinaus ist es jedoch entscheidend, dass Sie sie kontinuierlich nutzen, um von allen Vorteilen zu profitieren.

An den Methoden, die jemand im Laufe eines Arbeitstages einsetzt, können Sie viel über seine Kreativität, seine Flexibilität und seine Professionalität ablesen. Und tatsächlich haben Studien ergeben, dass viele Arbeitgeber von den Arbeitsmethoden auf die Leistung eines Mitarbeiters schließen. So etwa signalisiert für viele Menschen ein aufgeräumter Schreibtisch mehr Leistung als ein chaotischer Arbeitsplatz, sagt die wissenschaftliche Untersuchung. Erstaunlich ist, dass die meisten Teilnehmer, die Rat und Hilfe in Zeitmanagement-Seminaren suchen, nur wenige oder gar keine Methoden kennen oder einsetzen.

Nutzen Sie das Schreiben

Es spielt keine große Rolle, ob Sie ein mehrmonatiges Projekt, eine Businesswoche, einen Familienurlaub oder auch nur Ihren heutigen Tagesablauf planen, entscheidend ist in jedem Fall das Aufschreiben. Vielleicht schreiben Sie bisher wenig, weil Sie Ihre eigene Handschrift nicht mögen. Das ist keine langfristige Hürde, denn Schönschrift lässt sich trainieren wie Tennis spielen und reiten auch. Sie werden einfach ein paar Wochen lang üben und schon wird aus einer unleserlichen Schrift eine ansehnliche.

Tipp: Das Schreiben mit der Hand hat gegenüber dem PC eine Reihe von
Vorteilen:

- Sie können schneller Verbindungen zwischen den Begriffen
  aufzeigen.
- Sie behalten das Geschriebene meist noch besser.
- Sie haben es auf Wunsch dauerhaft vor sich, so dass Sie bei-
  spielsweise bei Aufgaben und Terminübersichten den Überblick
  behalten. Beim PC genügt ja ein Klick und das entsprechende
  Fenster verschwindet aus Ihrem Blickfeld.
- Sie behalten leichter die Übersicht.
- Die Zeilen sehen verschieden aus, Ihre Handschrift macht sie in-
  dividuell.

Abhängig vom Gegenstand der Planung haben sich verschiedene Methoden bewährt, von denen hier einige näher vorgestellt werden.

Die ToDo-Liste

Dies ist die einfachste Version einer Planung, denn sie kann auf einem
beliebigen Stück Papier erfolgen. Allerdings gibt es auch spezielle Systeme, die nur für diesen Zweck vorgesehen sind. Details dazu finden
Sie in Lektion 4, Outlook, TimeSystem & Co. An dieser Stelle genügt
die einfache ToDo-Liste, die sich vor allem in der Tagesplanung bewährt hat. Bevor Sie morgens in den Tag starten, sollten Sie diese Liste
anlegen.

Planung schafft Übersicht

Selbst dann, wenn Sie die für heute vorgesehenen Punkte einem
größeren Plan oder einem elektronisch geführten System entnehmen,
ist die handschriftliche Fassung zu empfehlen. Mindestens zwei Vorteile sprechen bei der ToDo-Liste dafür: Beim Schreiben machen Sie
sich noch einmal kurz bewusst, was mit dieser Aufgabe zusammen-
hängt. Dazu gehören etwa der vermutliche Arbeitsaufwand und eventuell fehlende Informationen, die Sie vor dem Bearbeiten noch einho-
len möchten. Das kann also beispielsweise dazu führen, dass Sie
zunächst nach dem Fertigstellen der ToDo-Liste eine Mail an einen
Kollegen oder Kunden schreiben, damit die Information rechtzeitig
zum Nachmittag eintrifft, wenn Sie die Aufgabe in Angriff nehmen.

Handschriftlichkeit führt zudem generell zu dem positiven Effekt, dass Sie die Aufgaben und Termine auf diese Weise auf mehreren Sinneskanälen wahrnehmen. Ein weiterer Vorteil der schriftlichen Fixierung auf einem Blatt Papier ist, dass Sie erledigte Aufgaben und Termine durchstreichen können. Das gute Gefühl, das der Blick auf eine mehr und mehr abgearbeitete Liste Ihnen gibt, ist es jederzeit wert, diesen relativ geringen Aufwand zu treiben.

Zunächst können Sie die Liste ohne eine bestimmte Abfolge der einzelnen Aufgaben notieren, die Reihenfolge der Abarbeitung wird erst später festgelegt. Allgemein ist zu diesen Listen noch anzumerken, dass Sie jeden Tag eine neue anlegen sollten. Selbst dann, wenn Sie am Vortag aufgrund unerwarteter Termine oder anderer Aufgaben nur eine oder zwei von vielleicht zehn Punkten abgearbeitet haben, ist dieses Vorgehen zu empfehlen. Nur so können Sie sich selbst für die Erledigung der Aufgaben und Termine würdigen – und das ist ein wichtiger Aspekt auf dem Weg zu einem professionellen Management der Zeit.

Aufgaben-Notizzettel

Die zweite Variante, die ich hier vorstellen möchte, sind die Aufgaben-Notizzettel. Hier haben sich in der Praxis recht kleine Haftnotizen bewährt, die sich leicht in einen Kalender oder auch auf einem Klemmbrett fixieren lassen. Die Größe der Zettel sollte drei mal fünf Zentimeter nicht überschreiten und allzu winzig sollten sie auch nicht sein. Probieren Sie am besten aus, was zu Ihnen passt. Auf einen solchen Zettel tragen Sie die Priorisierung (dazu gibt es später noch Details in diesem Kapitel), das Datum, bis wann diese Aufgabe erledigt sein soll und in größerer Schrift und mitten auf dem Zettel das Thema der Aufgabe ein. Mehr Informationen sollten nicht aufgeschrieben werden, am besten ist auf jeden Fall auch nur ein Stichwort. Alle drei Informationen sind notwendig.

 Tipp: Aufgaben, die keinen Endtermin haben, können Sie ebenso gut in den Papierkorb werfen. Die meisten werden Sie nie erledigen, sondern nur immer weiter verschieben. Achten Sie deshalb darauf, einen solchen Termin zu definieren und ihn dann auch unter allen Umständen einzuhalten.

Auf Wunsch und vielleicht auch erst nach einer Zeit des Ausprobierens können Sie die Zettel in verschiedenen Farben kaufen. Die Farben können für verschiedene Prioritäten der Aufgaben, für Wiederholungen oder auch für verschiedene Aufgabenbereiche stehen, die Sie bearbeiten. Auch Telefonate lassen sich so exzellent verwalten, sie könnten also etwa grellrote Zettel für alle dringenden Rückrufe wählen. Der große Vorteil ist, dass Sie die Haftnotizen leicht umkleben können. Auf Ihrem Klemmbrett oder einer anderen Unterlage können Sie beispielsweise Bereiche einzeichnen, in die Sie sie hineinkleben. Unten rechts ein Feld für Telefonate, oben links die Aufgaben, die Sie heute bearbeiten werden und so weiter. Seien Sie kreativ und übertreiben Sie es nicht, dann werden Sie von diesem System prächtig profitieren.

Tipp: Ein Vorteil dieses Systems gegenüber der handschriftlichen ToDo-Liste ist, dass Sie die unerledigten Aufgaben nicht jeden Tag neu schreiben müssen, sondern einfach umkleben können.

Einen kleinen Nachteil dieses Systems sollten Sie bedenken, bevor Sie sich fröhlich in den nächsten Schreibwarenladen stürzen: Falls Sie viel unterwegs sind, benötigen Sie am besten eine gut geschützte Mappe oder etwas ähnliches, denn falls Sie einen Zettel verlieren, ist vermutlich diese Aufgabe ganz einfach aus Ihrem Leben verschwunden. Das kann im einen oder anderen Fall ärgerliche Konsequenzen haben und die Ausrede „Ach, da ist mir wohl mein Aufgabenzettel verloren gegangen" muss nicht bei allen Zeitgenossen auf Verständnis stoßen.

Organisieren Sie sich jetzt

Die Selbstorganisation, die über das Schreiben, Zeichnen und Anlegen von Mind-Maps hinausgeht, betrifft alle Facetten des täglichen Arbeitens. Denn was hilft Ihnen die am Morgen gewissenhaft angelegte To-Do-Liste, wenn Sie am Abend feststellen müssen, dass Sie nicht einen Punkt davon erledigt haben, weil andere Aufgaben plötzlich viel dringender erschienen. Und es ist auch ein wichtiger Schritt zum Erfolg, die Aufgaben abzuhaken, die Sie erledigt haben. Das Durchstreichen hat sich hier als beste Methode bewährt, weil Sie dann wirklich gut sehen können, wieviel Sie an diesem Tag schon geleistet haben.

Details versus Überblick

Zu detailliert zu arbeiten – dieser Aspekt ist im vorhergehenden Kapitel ausführlich behandelt worden – kann sehr viel Zeit kosten und trägt wenig zu effektivem Arbeiten bei. Daher ist es wichtig, dass Sie das Mittelmaß finden. Jeder Tag ist in dieser Beziehung anders und daher sollten Sie auch in diesem Punkt flexibel bleiben. Wenn Sie beispielsweise einen ganzen Tag lang an einem großen Projekt arbeiten, dann haben Sie womöglich wirklich nur diese eine Aufgabe auf Ihrer Agenda stehen und dementsprechend nicht unbedingt das Gefühl, am Ende des Tages viel erledigt zu haben. Hier ist es also durchaus sinnvoll, die vor Ihnen liegenden Aufgaben ein wenig genauer zu beschreiben und zu strukturieren. Dann haben Sie trotzdem etwas abzuhaken, und das sogar schon vor der Mittagspause. Ihre Projektarbeit profitiert von diesem Vorgehen ebenfalls, denn wenn Sie morgens im Detail planen, welche Schritte des Projekts Sie heute unternehmen werden, dann werden Sie einen besseren Überblick behalten.

Auf der anderen Seite ist es wenig sinnvoll, etwa ein Telefonat mit einem Kunden auf der ToDo-Liste weiter zu zerlegen, etwa so:

Beispiel
Zu viele Details versperren auch die Sicht
ToDos am 27. Juli:
- Kundenordner aus dem Sekretariat holen
- Letztes Gesprächsprotokoll kontrollieren
- Gespräch planen
- Hans Meier bei Havesta anrufen
- Gesprächsprotokoll erstellen
- Gesprächsprotokoll per E-Mail versenden

Das Beispiel macht deutlich, wie individuell die Arbeit mit diesen Listen in Bezug auf die Detaillierung ist. Wenn es sich um ein einstündiges Abstimmungstelefonat handelt, kann es etwa sehr sinnvoll sein, das Gesprächsprotokoll in der ToDo-Liste extra zu erwähnen. Wenn es jedoch nur um eine dreizeilige nachrichtliche Mail an die Chefs und Kollegen geht, dann ist dieses ToDo vielleicht besser ein Bestandteil eines größeren ToDo: Telefonat mit Herrn Meier.

Passen Sie die Planung an

Wenn Ihre Aufgabenliste aus dem Ruder läuft und Sie morgens erst einmal drei Seiten mit Aufgaben voll schreiben müssen, kann dies ein Indiz dafür sein, dass Sie zu detailliert arbeiten. Oder dass Sie sich schlicht zu viel vornehmen, was Sie dann doch nicht schaffen können. Dieses Vorgehen führt in der Praxis nicht immer zu den besten Gefühlen.

Beispiel

Soll er es doch entscheiden

Viele Chefsekretärinnen stöhnen in den Zeitmanagement-Seminaren darüber, dass sie bereits zu viele Aufgaben haben und der Chef immer noch mehr verlangt. Dann kommt es oft zu ärgerlichen Szenen, wenn die dringenden Aufgaben noch nicht erledigt sind. Allerdings haben diese Mitarbeiterinnen oft – das zeigt die Praxis – keine ausgearbeiteten ToDo-Listen. Daher sind sie für die Gespräche mit dem Chef schlecht vorbereitet. Hier kann eine ordentliche Liste sehr helfen, denn der Vorgesetzte kann seine neue Aufgabe selbst in die Liste eintragen und damit bestimmen, wann welcher Vorgang bearbeitet wird. Transparenz ist hier also einmal mehr oberstes Gebot.

Es gibt keinen generell gültigen Rahmen für die Länge einer Aufgabenliste. Allerdings ist es von Vorteil, wenn der Umfang eine Seite nicht übersteigt, damit Sie leicht den Überblick behalten können.

Tipp: Wenn Sie sich in Bezug auf die Tagesplanung anfangs eventuell noch unsicher sind, hilft eine Stoppuhr. Schreiben Sie morgens bei jeder Aufgabe dazu, wie lange die Erledigung Ihrer Schätzung nach dauert. Und dann schreiben Sie nach der Erledigung die tatsächliche Zeit dazu. So werden Sie nach einigen Wochen eine immer realistischere Planung aufstellen können, die Sie dann auch wirklich erledigen können.

Aufgaben, die zwischendurch auf Sie einstürzen, sollten Sie ebenfalls in Ihre Liste aufnehmen. Sicher ist es für Sie hilfreich, wenn Sie diese Aufgaben mit einer anderen Farbe schreiben oder auf ähnliche Weise markieren. Denn so können Sie, wenn Sie Ihre ToDo-Listen nach den ersten zwei oder drei Wochen noch einmal durchsehen, feststellen, wie viel zusätzliche Zeit Sie in der Regel für solche Aufgaben einplanen sollten.

Beispiel

Ist doch ohnehin immer dasselbe

Sarah Klein ist Hausfrau und Mutter. Sie kümmert sich den lieben langen Tag um das Putzen der Wohnung, die beiden Kinder, die eins und drei Jahre alt sind, und eben um alles, was so täglich anfällt. Auf das Schreiben einer ToDo-Liste hat sie bisher verzichtet, weil die meisten Aufgaben sich ohnehin regelmäßig wiederholen. So hat sie oft das Gefühl, abends kaum etwas erledigt zu haben und doch ziemlich gerädert zu sein. Als sie dann die Arbeit mit den Listen beginnt, schreibt sie immer noch nicht jede Kleinigkeit auf. Doch wenn sie abends auf ihre abgearbeitete Liste schaut, dann ist sie viel zufriedener mit sich und der Welt.

Falls Sie es tagsüber vor lauter Eifer vergessen, Ihre Liste abzuhaken beziehungsweise die Aufgaben durchzustreichen, dann holen Sie dies doch einfach abends genüsslich nach, bevor Sie nach Hause gehen. Und falls Sie mit der oben beschriebenen Haftnotizen-Methode arbeiten, dann können Sie tagsüber zunächst die Zettel durchstreichen und sie erst abends entsorgen, um den Erfolg Ihrer Arbeit bestmöglich genießen zu können.

Kreative Methoden

Über die reine Termin- und Aufgabenverwaltung hinaus gibt es einige Methoden, die besonders bei kreativen Aufgaben, in der Projektplanung und bei komplexeren Projekten ihre Berechtigung finden. Dazu sei zunächst erwähnt, dass die Kreativität davon lebt, dass sie ungehindert fließen kann. Vielleicht kennen Sie dies schon von dem so genannten Brainstorming, bei dem etwa in einer Teambesprechung jeder Teilnehmer alles sagt, was ihm zu einem Thema spontan in den Sinn kommt. So chaotisch Ihnen das vorkommen mag, wenn Sie es noch nicht ausprobiert haben, so hilfreich ist diese Übung. Entscheidend ist, dass keine noch so absurde Idee zensiert oder auch nur von einem kritischen Blick der anderen Teilnehmer begleitet wird. Auch der Urheber selbst hält sich mit negativen Anschlussäußerungen zurück. Das Brainstorming ist exzellent für alle Aufgaben geeignet, bei denen neue Ideen erforderlich oder wünschenswert sind.

In Bezug auf die Projektplanung oder andere kreative Prozesse, die jemand alleine bewältigen möchte, ist das Brainstorming die Basis. Ganz wichtig ist es dabei, sozusagen die innere Stimme, die bisher gerne schnell die eine oder andere kritische Bemerkung parat hatte, abzustellen. Es kann sein, dass Sie dafür erst ein wenig üben möchten, doch schon nach wenigen Tagen werden Sie in der kreativen Planung deutliche Fortschritte machen.

Mind-Mapping

Das Mind-Mapping ist eine Methode, die vom Schnelllesepapst Tony Buzan entwickelt worden ist. Bei dieser Methode wird das zentrale Thema, also beispielsweise das Projekt, das Sie in den kommenden Wochen stemmen wollen, in den Mittelpunkt eines möglichst großen Blattes, eines Flipcharts oder einer Tafel geschrieben. Von dort aus malen Sie dann Äste zu den Unterpunkten der ersten Ebene. Es ist die Ebene, auf der Sie wenig spezifisch das beschreiben, was zu leisten ist. Jeder Unterpunkt besteht, und das ist ein wichtiger Bestandteil des Mind-Mappings, nur aus einem einzigen Wort, einem Begriff oder einem Symbol. Wort und Symbol können auch kombiniert werden, denn Ihr Unterbewusstsein nutzt Symbole, um komplexe Sachverhalte komprimiert dazustellen. Diese Fähigkeit können Sie sich mit etwas Übung in Ihren Mind-Maps zu Nutze machen. Und Sie profitieren davon sofort, weil Sie alle wichtigen Themen auf einen Blick erfassen können. Da diese Methode der Arbeitsweise des Gehirns erheblich besser angepasst ist als etwa eine chronologische Liste mit einzelnen Punkten, werden Sie erheblich kreativer arbeiten und Ihre Möglichkeiten so deutlich erweitern können.

Unter den Begriffen der ersten Ebene verästeln sich die Themen weiter zur zweiten, dritten und vierten Ebene. Auch hier sollten Sie wieder darauf achten, dass Sie nur ein Wort oder ein Symbol an den jeweiligen Ast schreiben beziehungsweise malen.

Tipp: Je bunter Ihr Mind-Map ist und je mehr Zeichnungen es enthält, desto besser werden Sie die Inhalte behalten können. Denken Sie daran: Es ist ein Kreativwerkzeug!

Sicher macht es Sinn, diese Methode auszuprobieren und dann bei Interesse ein spezielles Buch dazu zu lesen. Literaturhinweise finden Sie im Anhang dieses Buches. Das Mind-Mapping hat sich übrigens auch im Management großer und mittelgroßer Unternehmen einen festen Platz erobert. Selbst in vielen Schulen wird das Mind-Mapping heute von Lehrern vermittelt, die nicht von gestern sind. Sie müssen also nicht fürchten, mit Ihrer neu erlernten Methode als Sonderling angesehen zu werden. Und selbst dann, wenn Ihre Kollegen, Mitarbeiter oder Kunden diese Methode noch nicht kennen, werden sie in kürzester Zeit die Vorteile erkennen und das Mind-Mapping entsprechend schätzen.

Tipp: Die wichtigsten Vorteile des Mind-Maps sind:
- Sie bringen viele Informationen auf relativ kleinem Raum unter.
- Sie können schnell neue Ideen entwickeln und schriftlich festhalten.
- Sie können auch komplexe Sachverhalte komprimiert erfassen.
- Sie können das Mind-Map auf beliebigen Ebenen erweitern.

Da Sie Ihre Flexibilität ständig erweitern, können Sie auch bei den Mind-Maps maximale Freiheit entwickeln. Vielleicht arbeiten Sie am liebsten an einer Tafel, weil Sie dann besser den Überblick behalten. Oder statt des einen Wortes wählen Sie lieber zwei oder drei. So streng die Lehre ist, so entscheidend ist es, dass Sie sie für sich optimal adaptieren. Selbstverständlich ist es sinnvoll, sich in diesem Format kurz zu fassen, denn sonst verlieren Sie den Überblick, der ja eines der herausragenden Ziele eines jeden Mind-Maps ist.

Beispiel

Sie ernten gerade Mind-Mapping-Früchte
Da dieses Buch auf Basis von Mind-Maps entstanden ist, die ich im Übrigen auch für meine Vorträge, Workshops und Seminare nutze, erleben Sie von der ersten Zeile an das Ergebnis eines solchen Gebildes in Aktion. Zunächst entstand ein DIN-A3 großes Blatt für die Kapitelstruktur. Auf diesem gab es neben den Kapitelnamen auch schon die Ebenen drei und vier für weitere Aspekte. Dann habe ich für jedes weitere Kapitel kurz vor dem Beginn des Schreibens weitere Mind-Maps erstellt, in denen dann jedes Thema detailliert ausgearbeitet wurde. Diese Mind-Maps habe ich dann sozusagen nur

noch ausformuliert, ein zeitsparendes, effektives und sehr übersichtliches Verfahren. Zu beachten ist bei einem Buch allerdings die lineare Struktur: Es gibt eine eindeutige Reihenfolge der Inhalte. Ein Buch ist sozusagen eindimensional, wohingegen ein Mind-Map prinzipiell zweidimensional ist, wie das Blatt Papier, auf dem es entsteht. Die Lösung liegt darin, dass man rund um den Kernbegriff streng im Uhrzeigersinn (oder andersrum) vorgeht und damit eine eindeutige Reihenfolge der Unterpunkte festlegt.

Wenn Ihnen das Malen von Mind-Maps zu lästig, unbequem oder unordentlich ist, können Sie auch auf verschiedene Softwarelösungen zugreifen, mit denen Sie diese Darstellungen auf den Computer übertragen oder sogar dort entwickeln können. Das ist sicher nicht ganz so kreativ wie die handschriftliche Variante, doch dafür lässt es sich schnell verschicken und es ist sicher gestellt, dass die Empfänger die Wörter auch lesen können.

Tipp: Zumindest bei einigen Mind-Map-Programmen lassen sich die Mind-Maps per Mausklick in Microsoft PowerPoint übernehmen. So kann dann etwa bei der Planung eines Projekts schnell eine Präsentation inklusive aller Folientitel und -inhalte erstellt werden.

Es gibt, das sei hier nur kurz erwähnt, eine Reihe von Alternativen zum Mind-Mapping. Vera Birkenbihl, die bekannte Autorin und Trainerin, hat in diesem Bereich eine breite Palette von Lösungen geschaffen. Sollten Sie auf der Suche nach weiteren Möglichkeiten sein, finden Sie unter ihrem Namen sicher das für Sie geeignete Werkzeug.

Projektmanagement: Einen Elefanten frühstücken

Wissen Sie, wie man einen Elefanten frühstückt? Genau: Stück für Stück. Auch wenn dieses Buch sich dem Thema „Projektmanagement" nur am Rande widmen kann, sei hier aus Sicht eines effektiven Zeitmanagements der Umgang mit diesen „Elefanten" erklärt. An sich unterscheiden sich die großen Projekte nicht von den alltäglichen Aufgaben, wenn Sie die richtige Herangehensweise wählen. Und das bedeutet, dass es nur darauf ankommt, das riesige Projekt in genügend kleine Teilschritte zu zerlegen. Hier mag es hilfreich sein, eine Projektplanungssoftware einzusetzen, die es ermöglicht, die einzelnen Schritte auch noch in einen Bezug zueinander zu setzen. Gerade wenn ein Team mit der Umsetzung eines größeren Projekts beauftragt ist, hilft eine solche Lösung. So lange Sie ein größeres Projekt für sich selbst planen, mögen Sie auch ohne eine spezielle Software auskommen.

Arbeiten Sie von oben nach unten

Zunächst wird das Projekt in seine Einzelteile zerlegt, also in die wesentlichen Abschnitte. Bei einem Buchprojekt sind das zum Beispiel die einzelnen Kapitel, bei einem Haus die Bauabschnitte und bei der Planung einer Messe die verschiedenen Aufgabenbereiche wie Standaufbau, Marketingmaßnahmen, Presseaktionen und so weiter. Orientieren Sie sich bei der Einteilung zunächst an den Inhalten, nicht an einem zeitlichen Ablauf. Sie könnten ja etwa die Messevorbereitung so anlegen, dass Sie zuerst einen Wochenplan machen und dann in die jeweilige Woche planen, was getan werden muss. Doch damit haben Sie den Fokus auf der Zeit und nicht bei den Aufgaben, die erledigt werden. Und das wäre der weniger effiziente Weg. Konzentrieren Sie sich also zunächst nur auf die Aufgaben die erledigt werden müssen, damit das Projekt rechtzeitig und mit dem gewünschten Ergebnis abgeschlossen werden kann.

Sobald Sie die großen Projektblöcke identifiziert haben, können Sie für jeden dieser Bereiche eine Detailplanung anlegen, etwa mit Hilfe der Mind-Mapping-Methode. Auf die inhaltlich orientierte Detailplanung folgt eine Phase, in der Sie jedem Teilschritt des Projekts eine Dauer und eventuell auch eine Abhängigkeit von anderen Teilschritten zuordnen. Ein Mailing an Kunden kann schließlich erst verschickt werden, wenn es couvertiert wurde. Dafür muss es gedruckt werden und vorher geschrieben. So ergibt sich eine Abhängigkeit zwischen Projektschritten, die dann entsprechend ihrer Dauer geplant werden.

Rückwärts oder vorwärts planen

Sobald diese Ordnung aufgestellt wurde, stellt sich die Frage, ob Sie das Projekt von einem definierten Endtermin an rückwärts oder von einem Starttermin aus vorwärts planen. Rückwärts gerichtete Planungen sind bei allen Projekten sinnvoll, die zu einem bestimmten Termin abgeschlossen sein müssen, also beispielsweise bei einer Messe.

Wenn Sie andererseits ein Haus bauen möchten, werden Sie als Architekt eher von einem Starttermin ausgehen und dann anhand der Planung herausfinden, wie lange es dauern wird, bis das Haus fertig ist.

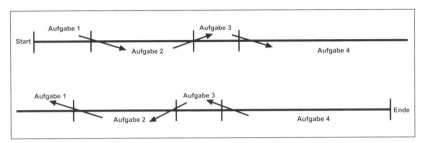

Abbildung 1: Projektplanung – vorwärts oder rückwärts

Finden Sie den kritischen Pfad

Selbstverständlich laufen bei Projekten die meisten Termine gleichzeitig auf mehreren Ebenen, so dass die Grafik entsprechend ergänzt werden müsste. Was sie trotz aller Vereinfachung deutlich macht, ist der so genannte Kritische Pfad des Projekts. Es gibt Teilaufgaben oder größere Blöcke von Aufgaben, die für das Gelingen eines Projekts absolut unerlässlich sind. Diese sollten Sie sich nach Abschluss der Detailplanung verdeutlichen, etwa indem Sie sie farbig markieren. Im obigen Beispiel stehen die Pfeile für diesen Weg.

Übung: Kritische Aufgaben

Auch wenn Sie nicht gerade ein spannendes, großes Projekt betreuen, können Sie sich darin üben, die wirklich entscheidenden Aufgaben Ihres Alltags zu finden. Kriterium ist, dass entweder Sie selbst oder jemand anderes ohne das Ergebnis Ihrer Arbeit nicht weiter kommt. Benennen Sie diese Aufgaben und denken Sie darüber nach, ob sich daraus eine neue Priorisierung Ihrer Aufgaben ergibt:

_____

_____

_____

Der Messeauftritt eines Unternehmens kann zum Beispiel auch dann stattfinden, wenn die Kunden nicht noch einmal explizit eingeladen worden sind, zum Beispiel weil es die alljährlich stattfindende Branchenmesse ist und ohnehin jeder Kunde dort sein wird. Also fiele die komplette Planung des Marketings nicht in den kritischen Pfad, wenn dies der Projektleiter so sieht. Wenn Sie auf der anderen Seite ein Kundenmagazin zu einem bestimmten Termin beim Kunden haben wollen, gehören unter anderem der Drucktermin, der Satztermin und der Redaktionsschluss zu diesem kritischen Pfad.

Einige Geheimnisse des guten Projektmanagements

Über die vielen Anregungen, die Sie in diesem Buch finden, hinaus, gibt es noch einige Hinweise, die sich vor allem auf die größeren Projekte beziehen:

- Behalten Sie die Planung ständig im Auge und kommunizieren Sie mit allen Beteiligten regelmäßig selbst.
- Machen Sie die Konsequenzen klar, wenn ein Termin nicht eingehalten wird.
- Planen Sie die einzelnen Schritte immer mit einem zeitlichen Puffer, aber reden Sie mit niemandem darüber.
- Halten Sie sich selbst strikt an Ihre eigene Planung, sonst werden Sie bei den am Projekt beteiligten Kollegen unglaubwürdig.
- Sichern Sie wichtige Aufgaben möglichst mit zwei Personen ab, falls jemand krank wird oder aus anderen Gründen verhindert ist.
- Entscheidend ist, dass Sie in einem Projekt das Terminmanagement für alle Beteiligten ein Stück weit übernehmen, je nachdem wie sehr diese einbezogen sind.

Weitere Hinweise zu diesem Thema finden Sie in der Literaturliste im Anhang.

Maßvolle Planung – notfalls mit System

Es gibt eine Reihe von Regeln für die professionelle Verplanung Ihres Alltags. Zum Beispiel lassen sich Aufgaben sehr gut in ein Muster zwischen dringend und wichtig einteilen.

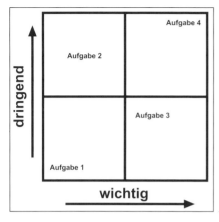

Abbildung 2: Dringend oder wichtig?

Dringende Aufgaben sind solche, die einen Endtermin haben, der nicht verschiebbar ist, auch wenn die strategische Bedeutung der Aufgabe im Unternehmenskontext oder auch Zuhause nur gering ist. So kann es dringend sein, den Müll hinunterzubringen, der sich in der Küche stapelt. Wichtig wird es deswegen noch lange nicht, selbst wenn gerade die Müllabfuhr vorfährt. Als wichtige Aufgabe kann ein Familienvater dagegen die gemeinsame Zeit mit seinem zweijährigen Sohn empfinden, auch wenn sein Chef eine dringende Aufgabe für ihn hat. Die grundsätzliche Abwägung zwischen dringend und wichtig kann entscheidend für eine sinnvolle Termin- und Aufgabenplanung sein. Viele Zeitmanagement-Trainer gehen davon aus, dass alle unwichtigen und nicht dringenden Angelegenheiten delegiert werden sollten, wenn dies möglich ist. Die Erfahrung zeigt, dass genau diese Aufgaben wie Steine in einer ToDo-Liste liegen bleiben können und das viele Monate lang. Auch Aufgaben, die nicht wichtig, dafür aber dringend sind, haben diese Tendenz.

Beispiel

Reserviert statt nur wichtig

Carlo Manzini betreibt ein kleines Bistro. Er kann sich noch kaum Personal erlauben, weil er sein Geschäft erst vor vier Monaten gegründet hat. Darum hat er viel zu tun. Um den vielen Aufgaben Herr zu werden, schreibt Carlo an jedem Abend schon seine Aufgabenliste für den nächsten Tag. Doch er ärgert sich regelmäßig darüber, dass er die dringenden Aufgaben erneut verschoben hat. Die Veränderung ergibt sich, als er über die reine Aufgabenliste hinaus eine andere Tageseinteilung wählt. Er reserviert ab sofort zwei Stunden für die wichtigen Aufgaben, die mehr oder weniger dringend sind, und weitere zwei Stunden nutzt er dann nur für dringende Aufgaben. So kann er innerhalb von zwei Wochen die aufgestauten Aufgaben abarbeiten.

Beachten Sie, dass es bei der Einteilung in dringend und wichtig oft nicht nur nach Ihren persönlichen Kriterien gehen kann, sondern dass auch die Interessen anderer Menschen berücksichtigt werden müssen. Wenn Ihre Tochter Sie bittet, das neue Regal endlich aufzubauen, mag das für Sie bestenfalls eine mittelmäßig dringende, unwichtige Aufgabe sein. Für Ihre Tochter ist es nicht nur äußerst dringend, sondern auch äußerst wichtig, weil sie endlich ihre Bücher und die Stereoanlage unterbringen möchte. Hier gilt es, eine grundsätzliche Abwägung zu treffen darüber, ob die Gesamtsituation eine andere Einschätzung einer Aufgabe notwendig macht. Wenn ein sehr wichtiger Kunde Sie bittet, eine unwichtige und wenig drängende Aufgabe zu übernehmen, kann es strategisch sehr sinnvoll sein, diese schnellstens zu erledigen. Denn Ihr Kunde lernt daraus, dass Sie bereits mit unwichtigen Aufgaben so umgehen, dass sie schnellstens erledigt werden. Was werden Sie dann wohl mit dem großen neuen Auftrag machen, den er Ihnen in der kommenden Woche geben wird?

A, B oder C

Daran angelehnt ist die Einteilung Ihrer Aufgaben in die Kategorien A, B und C. A wäre demnach dringend und wichtig, B wichtig und nicht ganz so dringend und C dringend, aber nicht ganz so wichtig. Die D-Aufgaben fallen in diesem Modell unter den Tisch, weil sie eben delegiert oder vernachlässigt werden. Ob das in Ihrem Alltag realisierbar ist, finden Sie am besten selbst heraus. Zweifelsohne hilft eine kritische Untersuchung der Aufgaben nach der Methode, weil es ja sein mag, dass Sie die Verantwortung für Dinge übernehmen, die schlicht überflüssig sind. Und diese ToDos sollten Sie tatsächlich einfach von Ihrem Plan streichen. Dazu gehören auch solche Aufgaben, die nur der Kontrolle dienen oder dazu angetan sind, dass andere Menschen Ihnen unnötige Arbeit aufhalsen. Als Beispiel sei die Sekretärin genannt, die jedes Blatt Papier aus dem Schrank holt und einem Mitarbeiter übergibt, der es gerade benötigt.

Die empfohlene prozentuale Aufteilung zwischen A-, B- und C-Aufgaben sieht wie folgt aus:

A: 30 bis 40 Prozent der verfügbaren Zeit

B: 15 bis 20 Prozent der verfügbaren Zeit

C: 40 bis 50 Prozent der verfügbaren Zeit

Sie mögen sich fragen, warum so viel Zeit für C-Aufgaben vorgesehen ist, denn immerhin entspricht dies bis zur Hälfte Ihres Arbeitstages. Das liegt daran, dass viele Aufgaben bei ernsthafter Aufteilung in die Kategorie C fallen. Denn was ist schon wirklich eine Typ-A-Aufgabe an einem „normalen" Arbeitstag? Hinzu kommt, dass die genannten Werte nur grobe Richtwerte sind. Die tatsächlichen Werte orientieren sich täglich einzig und allein an Ihren realen Aufgaben. Im Alltag hat sich diese Einteilung nach ABC-Kategorien bei vielen Seminarteilnehmern noch besser bewährt als die Unterscheidung zwischen dringend und wichtig, die allerdings in der Teamarbeit für die Abstimmung eine bedeutende Rolle einnimmt.

Übung: Ordnen Sie Ihre typischen Aufgaben zu:

Typische Aufgabe   Kategorie

_____   _____

_____   _____

_____   _____

_____   _____

_____   _____

_____   _____

_____   _____

_____   _____

Bei der Einteilung von Aufgaben sollten Sie recht kritisch zu Werke gehen, so dass Sie kein inflationäres Aufkommen an Typ-A-Aufgaben bekommen. Alles als dringend und wichtig einzustufen mag zwar eine Möglichkeit sein, dass Sie sich am Ende des Tages für Ihre Leistung noch besser loben können. Es hat aber auf der anderen Seite den Nachteil, dass die unterschiedliche Bedeutung einzelner Aufgaben nicht mehr richtig wahrgenommen wird. Das kann wiederum zu Hektik und Stress führen. Tatsächlich haben die meisten Menschen, die in Zeitmanagement-Seminaren diese Methode der Einteilung kennen lernen und kritisch anwenden, höchstens zwei bis drei Typ-A-Aufgaben. Alle anderen sind schlicht zu hoch bewertet.

Tipp: Die schon vorher erwähnten, optional orientierten Menschen mögen diese Einteilung nur allzu gern erweitern, um mehr Farbe in ihr Leben zu bringen. Da mag es dann plötzlich AA-, BC- und CA-Aufgaben geben, die eine herkömmliche ToDo-Liste schnell in einen Schlachtplan verwandeln, der sehr viele Optionen bietet, doch wenig übersichtlich und damit nicht praktikabel ist. Vielleicht sollten Sie Ihre Kreativität an dieser einen Stelle einschränken, nur um sie bei einer anderen Gelegenheit noch besser einsetzen zu können.

Das Ergebnis einer sinnvoll geführten Liste mit A, B- und C-Prioritäten ist eine verbesserte Übersicht. Falls Sie mit der Haftnotizen-Methode arbeiten, können Sie für die jeweilige Priorität eine eigene Farbe verwenden. Diese Methode hat sich bei vielen Menschen als äußerst erfolgreich erwiesen, weil sie schnell überblickt werden kann und gleichzeitig auf dem Schreibtisch einen guten Eindruck macht.

Die richtige Tageseinteilung

Auf dem Weg zu einer effizienten Tagesplanung ist es wichtig, freie Zeiten mit Terminen zu mischen. Denn nur dann bleiben Sie flexibel genug für kurzfristige Anforderungen und haben auf der anderen Seite einen Rahmen für den Ablauf Ihrer Tage. Im Alltag mag es Ihnen bald schon komisch vorkommen, wenn Sie mit jemandem einen kurzen Termin vereinbaren möchten und dieser Mensch ist dann angeblich über drei Monate hinweg oder sogar länger ausgebucht. Das mag ja sein, wenn er die ganze Zeit über im Ausland weilt oder an einem Intensivtraining teilnimmt. Im Business-Alltag ist es hingegen schlicht unglaubwürdig beziehungsweise ein guter Hinweis darauf, dass dieser Geschäftspartner seine Zeitplanung nicht im Griff hat. Denn kompetente Planung heißt auch, den Kalender nicht vollzustopfen mit Terminen. Wie das genau funktioniert, erklärt die folgende Regel. Zunächst machen Sie sich bewusst, wie Sie heute Ihre Tage einteilen.

> **Übung: Planung im richtigen Maß**
>
> Bleiben Sie für diese Übung einmal auf den beruflichen Bereich bezogen. Wie viel Ihrer Arbeitszeit ist im Moment fest im Voraus verplant? _____ Prozent.
> Wie viel Prozent dieser Termine verwalten Sie in einem Kalender gleich welchen Systems und wie viel Prozent verwalten Sie nur im Kopf?
> _____ Prozent per Kalender, _____ Prozent ohne Kalender.
> Über welchen Anteil Ihres Tagesablaufs entscheiden Sie typischerweise spontan je nach Anforderung?
> _____ Prozent.

Einmal mehr gibt es nun für die Auswertung keine starre Regel, denn jede Einteilung erfolgt ja individuell und ist sehr abhängig davon, welche Aufgaben Sie in Ihrem Unternehmen übernommen haben.

Die 60:40-Regel

In der Zeitmanagement-Theorie sollten Sie nicht mehr als 60 Prozent Ihrer Zeit vorher verplanen, damit Sie flexibel auf die aktuellen Anforderungen reagieren können. In den Seminaren wird dann oft von Managern erzählt, die diese 60:40-Regel zwar kennen, aber selbst ihre Tage bis zu 120 Prozent verplanen, weil es angeblich nicht anders geht. Solche Manager sind nicht nur schlechte Vorbilder. Es darf auch bezweifelt werden, dass sie bei dieser Überlastung gute Entscheidungen fällen. Schließlich sind sie ja Manager geworden, um Aufgaben in sinnvoller Weise an andere Mitarbeiter so zu delegieren, dass am Ende ein optimales Ergebnis mit minimalem Kraftaufwand erreicht wird. Also sollten sie in der Lage sein, das auch mit ihrem eigenen Terminkalender hinzubekommen.

Tipp: Wenn Ihnen die 60:40-Regel zu starr ist, dann sollten Sie eine Einteilung Ihrer Arbeitstage finden, die Ihren Ansprüchen gerecht wird. Schließlich hängt es ja durchaus davon ab, welche Stelle Sie im Unternehmen übernommen haben.

IT-Adminstratoren zum Beispiel können in manchen Unternehmen nur 10 bis 20 Prozent fest einplanen, wenn sie für den Support der Mitarbeiter zuständig sind. Hier ist die Unterbrechung die Regel, denn irgendwo im Unternehmen gibt es ja fast immer ein Problem, das dringend und sofort erledigt werden muss. Andere Mitarbeiter mögen da viel mehr feste Anteile in ihrem Alltag haben, so beispielsweise viele Sachbearbeiter, die einen Vorgang nach dem anderen abarbeiten. Für sie wäre es unsinnig, nur 60 Prozent der Zeit zu verplanen, vielleicht können sie sogar bis zu 90 Prozent vorher festlegen.

Übung: Spontan oder gesetzt?

Welche Ihrer Termine und Aufgaben fallen spontan an, so dass Sie sie nicht vorher planen können:

_____

_____

_____

Welche Aufgaben wissen Sie immer schon vorher, so dass Sie zum Beispiel die 60 Prozent Ihres Tagesablaufs mit diesen Aufgaben und Terminen belegen können:

_____

_____

_____

Beachten Sie bitte, wie sich die Termine und Aufgaben voneinander unterscheiden. Wie legen Sie individuell fest, ob eine Aufgabe planbar war oder nicht? Bedenken Sie dabei, dass viele Menschen terminlich unter Druck geraten, weil sie von scheinbar plötzlich auftauchenden Aufgaben überfordert werden, die sie bei ehrlicher Planung doch hätten vorhersehen können.

Überschätzung kann Qualität mindern

Die 60:40-Regel hilft Ihnen vor allem dann, wenn Sie bisher einen übervollen Kalender und gleichzeitig prall gefüllte Aufgabenlisten haben, die Sie kaum abarbeiten können. Nur dadurch, dass Sie sich in Bezug auf Ihre Leistungsfähigkeit ständig überschätzen, werden die Qualität und die Quantität Ihrer Arbeit nicht zunehmen. Im Gegenteil liegt ja in der Ruhe die Kraft und das bedeutet in diesem Fall konkret, dass Sie mehr freie Zeiten einplanen sollten.

Im Alltag benötigen Sie für die Umsetzung der 60:40-Regel zunächst ein passendes Kalendersystem (siehe auch Lektion 4, Outlook, Time-System & Co.). Hier kommen Sie um Schriftlichkeit (oder elektronische Erfassung) auf keinen Fall herum, weil die Planung im Kopf nicht genügend Überblick gibt. Mag ja sein, dass Sie im obigen Beispiel angegeben haben, dass Sie die meisten Termine schlicht im Kopf verwalten. Das ist wunderbar, so lange keine Engpässe auftreten und Sie Ihre Aufgaben erledigt bekommen. Falls nicht, versuchen Sie es einfach mal mit einem Blatt Papier und einem Stift ...

Tipp: Gehen Sie beim Ansetzen der 60:40-Regel von einem Arbeitstag mit acht Stunden aus. Falls Sie regelmäßig mehr arbeiten, haben Sie in Zukunft mehr Luft, die Sie für das Abarbeiten von Aufgaben und für ungeplante Aktivitäten einsetzen können. Oder Sie nehmen sich doch mehr Zeit für Ihre Familie oder melden sich im Fitness-Studio an.

Sobald Sie einen Tag zu 60 Prozent, das heißt genau mit knapp fünf Arbeitsstunden gefüllt haben, ist er ausgebucht. Vielleicht denken Sie jetzt, dass Sie Ihren Anforderungen oder denen Ihres Chefs mit einer solchen Planung auf keinen Fall genügen können. Zumal diese Planung ja auch bedeutet, dass Sie bereits Zeit für die Abarbeitung der ToDo-Listen einplanen! Doch tatsächlich werden Sie bei genauer Kontrolle Ihres Kalenders in der Retrospektive höchstwahrscheinlich feststellen, dass Sie bisher gar nicht mehr geschafft haben. Die 40 Prozent wurden vermutlich in den meisten Fällen von den anderen, kurzfristig auftauchenden Aufgaben, Telefonaten, Meetings und Problemen aufgezehrt.

Für die Zukunft geht es nun genau darum, in diese Planung eine gewisse feste Ordnung zu bringen. Das mag Ihnen etwas zu starr erscheinen, doch gerade am Anfang, wenn Sie jetzt in Ihrer Terminplanung einen neuen Weg einschlagen, sind ein wenig starrere Regeln durchaus nützlich. Halten Sie sich also daran, nur fünf Stunden zu verplanen und bleiben Sie eisern dabei, mindestens für die kommenden 21 Tage.

Auf die Formulierung kommt es an

Die einzige Hürde, die dann noch auftauchen könnte, ist die Frage des Umgangs mit kurzfristig auftauchenden Terminen, die nicht superwichtig sind, aber trotzdem auch erledigt sein wollen. Hier schließt sich auch der Kreis zu dem Gesprächspartner, der in den kommenden Monaten bereits ausgebucht ist. Er stuft den Termin mit Ihnen in der Priorität so zurück, dass er seine 60:40-Einteilung beibehalten kann. Das ist aus meiner Sicht in Ordnung, vielleicht kommt es auf die Formulierung an. Bedenken Sie für Ihre eigene Planung, dass aus einem luftigen Terminkalender sehr viel Arbeitsqualität entsteht, Sie werden einfach gelassener sein. Und von dieser Gelassenheit profitieren Sie selbst und jeder Mensch in Ihrer Umgebung gleich mit.

Tipp: Beginnen Sie zu verändern, wie Sie innerhalb Ihres Unternehmens über Ihre Termine sprechen. Es ist ein deutlicher Unterschied zwischen der Aussage „Dafür habe ich keine Zeit" und „Dafür nehme ich mir keine Zeit". Fühlen Sie den Unterschied und hören Sie sich an, wie Sie sich dabei fühlen.

Es mag sein, dass Sie sich mit der Aussage „Ich nehme mir keine Zeit" unwohl fühlen, weil sie unhöflich klingen mag. Entscheidend ist hier allerdings an erster Stelle, dass Sie auch verbal die Verantwortung für Ihre Zeitplanung übernommen haben. „Ich habe keine Zeit" beinhaltet die Vorannahme, dass Zeit sich etwa so verwalten ließe wie Geld, das in theoretisch unbegrenzten Mengen zur Verfügung steht. Das stimmt bei der Zeit definitiv nicht, denn Sie haben ja immer nur so viel Zeit, wie Sie sich selbst geben. Erst im zweiten Schritt können Sie nun darüber nachdenken, ob Sie eine für Sie abgemilderte Formulierung finden, die Ihnen mehr zusagt.

Übung: Selbstverantwortliche Kommunikation

Finden Sie Formulierungen, die Ihre Eigenverantwortung widerspiegeln und gleichzeitig „sanft" genug sind, so dass Sie sie in Ihrem Alltag auch anwenden möchten.

Einige Ideen:

„Ich bin schon recht ausgebucht in dieser Woche, wie wäre es am Mittwoch der kommenden Woche um 11:00 Uhr?"

„Ich habe in dieser und der nächsten Woche schon eine Reihe von Terminen. Passt es Ihnen auch in der übernächsten Woche?"

„Ich schätze dieses Meeting als nicht ganz so dringend ein, lassen Sie uns doch dazu in 14 Tagen treffen."

Ihre Formulierungen:

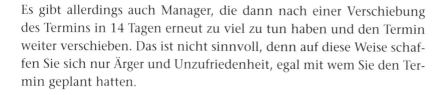

Es gibt allerdings auch Manager, die dann nach einer Verschiebung des Termins in 14 Tagen erneut zu viel zu tun haben und den Termin weiter verschieben. Das ist nicht sinnvoll, denn auf diese Weise schaffen Sie sich nur Ärger und Unzufriedenheit, egal mit wem Sie den Termin geplant hatten.

Das Pareto-Prinzip

Eine weitere „Prozentregel" ist das Pareto-Prinzip, dessen Bedeutung Sie ebenfalls für sich in aller Ruhe prüfen sollten. Diese Regel besagt, dass 20 Prozent Ihrer Termine und Aufgaben 80 Prozent Ihres Erfolges bringen. Umgekehrt gilt dann, dass Sie sich zu 80 Prozent mit Aufgaben beschäftigen, die nur 20 Prozent des Erfolges bringen. Wenn Sie mehr Erfolg erreichen wollen, müssen Sie demnach einfach nur mehr

Kraft auf die Tätigkeiten verwenden, die den meisten Erfolg versprechen.

> ### *Übung: Erfolgskritische Aufgaben*
>
> Welche Ihrer Termine und Aufgaben sind besonders erfolgskritisch?
> Schreiben Sie sie in Stichwörtern auf:
>
> _____
>
> _____
>
> _____
>
> Und welche Termine und Aufgaben sind eher lästiges Beiwerk, das viel-
> leicht im Moment noch zu viel Zeit verschlingt?
>
> _____
>
> _____
>
> _____

Das Pareto-Prinzip unterstützt Sie dabei, Ihre Arbeitsabläufe zu ratio-
nalisieren und Ihren Perfektionismus einzudämmen. Denn diesem
Prinzip fallen all jene Tätigkeiten zum Opfer, die dringend verändert,
verlagert oder weggelassen werden müssen. Sicher geht es nicht darum, jede einzelne Kleinigkeit auf den Prüfstand zu stellen, sondern
dafür zu sorgen, dass Sie sich genügend Zeit für die wirklich wichtigen
Dinge nehmen. Und genau da setzt diese Technik an.

Wie definieren Sie Erfolg?

Zunächst stellt sich allerdings die Frage, was Erfolg für Sie bedeutet.
Hier lohnt es sich, wenn Sie sich auch regelmäßig wiederkehrend ein
paar Gedanken machen. Schließlich ist die Definition von Erfolg
ebenso individuell wie viele andere Werte auch. So kann zum Beispiel
ein Manager unter Erfolg verstehen, dass sein Einkommen in jedem
Jahr um 25 Prozent steigt. Dann wird er vielleicht nach dem Pareto-
Prinzip einen großen Teil seiner Zeit dafür einsetzen, sich nach einem

neuen Job innerhalb oder außerhalb seines Unternehmens umzusehen.

Oder ein Verkäufer misst seinen Erfolg daran, wie viele Kunden er von seinen Produkten überzeugen kann. Ein anderer Verkäufer sieht die Messlatte anders, er möchte möglichst viel Provision erhalten. Und ein dritter achtet vor allem darauf, dass seine Kunden das optimal zu ihnen passende Produkt erhalten, notfalls auch von der Konkurrenz. Hier geht es nicht darum, diese Erfolgsdefinitionen gegeneinander antreten zu lassen und zu bewerten. Ziel der Gegenüberstellung ist, dass Sie sich Ihrer eigenen Erfolgsdefinition bewusst sind.

Falls Sie als Hausmann auf Ihre heranwachsenden Kinder aufpassen, den Haushalt bewältigen und viele andere Dinge erledigen, können Sie ebenfalls definieren, was Erfolg für Sie bedeutet. Manche Menschen sehen diese Leistungen nicht als Erfolg an. Das führt dazu, dass viele Mütter und Väter unzufrieden damit sind, sich „nur" um die Kinder und den Haushalt zu kümmern. Hier ist es also ganz wichtig, dass Sie Ihre Maßstäbe zugrunde legen und gegebenenfalls neue Werte anerkennen, auch wenn diese nicht gesellschaftskonform scheinen. Gegen Ende des Buches wird dieses Thema noch einmal ausführlich behandelt.

Ziele anderer einbeziehen

Sobald Sie Ihre Erfolgsfaktoren geklärt haben, können Sie einschätzen, welche Ihrer Tätigkeiten zu Erfolg führen und welche Sie eher vernachlässigen können. Allerdings ist es in einem Unternehmensumfeld oft so, dass die Erfolgsdefinition anderer Menschen, etwa der Vorgesetzten, eine andere Gewichtung der Tätigkeiten erforderlich machen. Das Pareto-Prinzip hilft Ihnen dabei, gezielt Gespräche über die geeignete Gewichtung zu führen. Je mehr sich ein Unternehmen darauf ausrichtet, vor allem die erfolgversprechenden Tätigkeiten zu unterstützen, desto erfolgreicher wird es schließlich sein.

Beispiel

Freigabe aus dem Topmanagement
Die vier Mitarbeiter der Marketing-Abteilung eines mittelständischen Chemieunternehmens arbeiten ständig an der Belastungsgrenze. Grund dafür sind nicht nur die Routineaufgaben einer solchen Abteilung, sondern vor allem die ständigen Eingriffe des Ma-

nagements in die Arbeit. Jeder Flyer, jeder Text für eine Pressemitteilung, ja sogar die Weihnachtskarten werden kontrolliert, bevor Ralf Domberg, der Marketingchef, sie rausschicken darf. Dabei wird nicht nur Zeit vergeudet, die Aufgaben des Marketingchefs werden falsch eingeschätzt. Schließlich sollte Ralf die Arbeitsergebnisse seiner Abteilung selbst beurteilen können, sonst hätte er den falschen Beruf ergriffen. Und das Management setzt seine Kraft völlig falsch ein, weil hier durch zusätzliche Korrekturschleifen keineswegs ein größerer Unternehmenserfolg erreicht werden kann.

Das Pareto-Prinzip kann in solchen Unternehmen auf mehr oder weniger sanfte Weise dabei helfen, dass sich alle Beteiligten auf ihre Aufgaben konzentrieren. Dabei werden letztlich nur die Folgen abgeklärt, die eine aktuelle im Vergleich zu einer veränderten Planung hat. Mag sein, dass es dafür zunächst hilfreich ist, in einem Worst-case-Szenario die Folgen durchzuspielen, die ein Mailing von Ralf mit einem Tippfehler auf den Unternehmenserfolg hat. „Das ist doch lächerlich", mögen Sie jetzt denken. Doch der Alltag in deutschen Unternehmen zeigt noch deutlich krassere Beispiele als das von Ralf.

Ausprobieren bleibt wichtig

Bei aller Begeisterung für dieses Prinzip sei hier darauf hingewiesen, dass neue Ideen trotz aller Konzentration auf den Erfolg unbedingt einen gewissen Teil Ihrer Aktivitäten ausmachen sollten. Nehmen Sie als Beispiel die Werbung: Wenn ein Unternehmen seine Werbemittel bisher auf fünf Kanäle verteilt und in einem Kanal, zum Beispiel bei Direktmailing-Aktionen, besonders gute Erfolge verzeichnet, würde es nach dem Pareto-Prinzip in Zukunft die anderen vier Werbekanäle deutlich zurückfahren und mehr Geld für Mailings ausgeben. Doch dieses Prinzip ist nur in gewissen Grenzen sinnvoll. Wenn Sie es übertreiben, bleibt der Erfolg womöglich nach einiger Zeit aus. Deshalb sollten Sie auch bei Ihren Aktivitäten immer passend zu Ihrer Aufgabe im Unternehmen genug Zeit für kreative neue Schöpfungen und Ideen einplanen.

EKS – Konzentration auf die Limitierung

In einem scheinbaren Gegensatz zu dem Pareto-Prinzip steht die Engpasskonzentrierte Strategie (EKS). Diese basiert auf biologischen Erkenntnissen und wurde für den Businessbereich vor über 20 Jahren entdeckt. Das Modell geht von einer Pflanze aus, die zum Beispiel vier verschiedene Stoffe benötigt, um optimal zu wachsen. Wenn nur drei der Stoffe in ausreichender Menge vorhanden sind, wächst sie nicht. Selbst wenn Sie die drei Stoffe in überreichlicher Menge bereitstellen, geht es der Pflanze nicht besser. Erst wenn auch der vierte Stoff wieder zur Verfügung steht, ist weiteres Wachstum möglich.

Übung: Was fehlt Ihnen im Alltag?

Denken Sie darüber nach, was genau in Ihrem Arbeitsalltag oder auch im privaten Umfeld fehlt. Beschreiben Sie den Mangel möglichst konkret:

_____

_____

_____

Was können Sie heute noch oder in den kommenden Tagen tun, um diesen Mangel zu beseitigen?

_____

_____

_____

Sie mögen bisher Zeit als den limitierenden Faktor Ihres Lebens angesehen haben. Und dann können Sie im Sinne von EKS eben genau dafür sorgen, dass Sie mehr Zeit haben für all das, was Ihnen wichtig ist. Da Sie allerdings Zeit nicht wie einen Sack Dünger hinzukaufen können, werden Sie andere Methoden für den Umgang mit der Zeit entwickeln müssen, um diesen Engpass zu beseitigen. Und auch dann hat die Konzentration auf den limitierenden Faktor eine entscheidende Veränderung gebracht.

Nichts für Nörgler

Falsch verstanden kann die EK-Strategie in die Irre führen, nämlich dann, wenn sie in die Hände eines Nörglers gerät. Das Missverständnis kann sein, dass der Fokus nicht auf die Beseitigung der Engpässe, sondern auf die Fehler und den Mangel selbst gerichtet ist. Doch das wäre in keinem Umfeld sinnvoll, weil Sie dann Ihre Energie und Aufmerksamkeit darauf richten, was nicht vorhanden ist oder nicht vorhanden sein sollte. Damit werden Sie nur dafür sorgen, dass der Missstand sich verschlimmert.

Beispiel

Endlich mehr Zeit miteinander

Andrea Schnabel wollte mehr Zeit mit ihrem Freund Peter verbringen, doch der arbeitet sehr viel und hat auch noch zwei zeitraubende Hobbys, Motorradfahren und Segeln. Also blieb aus Sicht von Andrea einfach zu wenig Zeit für die gemeinsame Beziehung und das ärgerte sie zunehmend. Sie nutzte EKS, um sich diesen Mangel bewusst zu machen. Dann fing sie an, sich alternative Lösungen zur Behebung des Mangels einfallen zu lassen. Und mit Hilfe eines Mind-Maps kam sie auf 16 verschiedene Ideen, die sie dann mit Peter diskutierte. Inzwischen haben die beiden einen festen gemeinsamen Abend unter der Woche und an jedem zweiten Wochenende verbringen sie mindestens einen gemeinsamen Tag. Außerdem fahren Sie alle paar Monate ein Wochenende lang gemeinsam weg und genießen die Zeit in einer Stadt, die sie beide noch nicht kennen. Und Andrea hat begonnen, auch einen Segelschein zu machen, so dass sie bald gemeinsam segeln gehen. Sie hat also ihren Fokus so verändert, dass sie die Lösungen gesehen hat, die den Engpass beseitigt haben.

Wenn Sie die Idee des EKS ausprobieren möchten, finden Sie passende Literaturhinweise im Anhang. Die Empfehlung zur Anwendung dieser Methode im Alltag lautet, von den hohen Abstraktionsebenen zu den kleineren zu gelangen. Anstatt sich also auf die Zeit als generelles Thema zu konzentrieren, wäre es hilfreicher, dass Sie sich im jeweiligen Kontext überlegen, wo genau der zeitliche Engpass entsteht und wie Sie ihn beseitigen können. Dann haben Sie auch mehr Freiheiten, die einzelnen Methoden, die in diesem Buch erwähnt werden, umzusetzen und zu Ihrem Vorteil zu nutzen.

Termine und Aufgaben mischen

Um Ihre Termine und Aufgaben gemeinsam so zu verwalten, dass Sie etwa in den Pausen zwischen zwei Terminen schon die eine oder andere Aufgabe erledigen können, benötigen Sie eine gute Planung. Es spielt nicht die entscheidende Rolle, ob Sie die Termine elektronisch oder in einem papierbasierten Planer koordinieren. Wichtiger ist bei der täglichen Arbeit die aus Ihrer persönlichen Sicht optimale Verfügbarkeit und Übersichtlichkeit des Systems. Wenn Sie gerade nur zehn Minuten Zeit haben, ist es prima, wenn Sie sofort die Aufgaben im Blick haben, die genau diese Lücke füllen können. Sie werden für sich selbst entscheiden müssen, mit welchem System Sie dieses Ziel am besten erreichen, in Lektion 4, Outlook, TimeSystem & Co., werden Sie zudem eine Auswahl verschiedener Systeme kennen lernen.

Die Verwaltung von Aufgaben und Terminen in einem System hat zunächst viel mit Selbstmanagement und Selbstdisziplin zu tun, also letztlich damit, wie sehr Sie es schon gewöhnt sind, sich an Absprachen mit sich selbst zu halten. Tatsächlich liegt genau da einer der wichtigsten Störfaktoren für Ihren Erfolg verborgen. Es genügt zum Beispiel nicht, den Schreibtisch ein Mal in der Woche aufzuräumen und dann den Rest der Woche alle Vorgänge wieder darauf zu stapeln, bis der Aufräumtag wieder gekommen ist.

Beispiel

Jeder auf seine Weise
Deborah Wander lebt mit ihrem Mann Paul in einer netten Drei-Zimmer-Wohnung. Beide sind berufstätig und teilen sich die Aufgaben im Haushalt. Allerdings ist Deborah unzufrieden mit der Art und Weise, wie Paul seine Aufgaben erledigt. Er sammelt sie die ganze Woche lang und nimmt sich dann am Samstag Zeit, um alles abzuarbeiten. Deborah erledigt ihre Aufgaben stattdessen ständig, an jedem Abend arbeitet sie ein wenig davon ab. So könnte sie samstags gut den ganzen Tag mit Paul verbringen, doch der putzt dann. Außerdem ist es für Deborah nervig, die ganze Woche ein relativ schmutziges Badezimmer zu haben, weil er den Schmutz nur samstags zu sehen scheint.

Ob Ihr Verhalten mit Aufschieben zu tun hat, oder mit einer Rationalisierung von Aufgaben, werden Sie selbst entscheiden müssen. Bleiben Sie dabei ehrlich zu sich selbst, auch wenn die Antworten, die Sie in sich selbst finden, Ihnen nicht gefallen mögen. Um besser zu werden, lohnt es sich auch, die Kritik von anderen Menschen anzunehmen, anstatt ständig nur in einer Abwehrhaltung durch die Welt zu gehen und dabei die Flexibilität einer Bahnschwelle zu entwickeln.

Das Beispiel von Deborah und Paul hat auch mit Rücksichtnahme zu tun, denn ohne ein Gespräch über die unterschiedlichen Strategien wird die ständige Anspannung vielleicht auf Dauer der Beziehung schaden. Vielleicht kann Paul seine Arbeitsweise anpassen oder die beiden verteilen die Aufgaben neu. Tatsächlich beschweren sich in den Seminaren vor allem Frauen darüber, dass ihre Männer zu penibel sind beim Putzen oder Bügeln und deshalb erst nach Stunden fertig werden. Doch diese Fähigkeit zur beharrlichen Sorgfalt lässt sich nutzen: Einen besseren Frühjahrsputz werden Sie von keiner Putzfrau bekommen, liebe Leserinnen. Setzen Sie also auf die Stärken ihres Partners oder Mitarbeiters. Dann kann der andere an den „normalen" Tagen sicherlich gerne seine Arbeitsweise anpassen.

Schreibtischorganisation

Dass ein Schreibtisch aufgeräumt sein sollte, wenn Sie optimale Arbeitsergebnisse erreichen möchten, ist sicher nicht neu für Sie. Im Sinne einer guten Terminplanung und effizienten Abarbeitung von Aufgaben ist es hilfreich, ein Ablagesystem zu nutzen, dass Sie bei Ihrer Arbeit gut unterstützt. Wenn es in Ihrem Büro genügend Platz gibt, ist es besser, dieses Ablagesystem in einem separaten Regal oder Schrank unterzubringen, damit Sie die Vorgänge wirklich vom Tisch haben, wenn sie im Moment nicht benötigt werden.

Tipp: Ein Vorgang zu einer Zeit – mit dieser Regel können Sie ganz leicht Ordnung halten und gleichzeitig den Überblick haben. Abhängig von Ihrer Aufgabe im Unternehmen helfen Ihnen Projektmappen oder Klarsichthüllen, anderenfalls auch komplette Ordner, um die Vorgänge zu sortieren.

Falls Sie selbst den Einkauf des Büromaterials verantworten, lohnt es sich, einmal in eine gute Grundausstattung zu investieren. Denn je wohler Sie sich in Ihrem Büroumfeld fühlen, desto besser wird Ihre Arbeitsleistung sein. Hier kommt es nicht darauf an, möglichst teuer einzukaufen, sondern ausschließlich darauf, dass es Ihnen gefällt.

Die Psychologie der Farben kann Sie im Übrigen dabei unterstützen, hier die richtigen Entscheidungen zu fällen, so dass auch die farbliche Gestaltung Ihres Büros und Ihrer Arbeitsmaterialien Sie in Ihren Zielen unterstützt. Es gibt zum Beispiel anregende Farben für kreativ arbeitende Menschen und es gibt beruhigende Farbtöne, die etwa in einer Zahnarztpraxis angebracht sein könnten. Das maßgebliche Kriterium ist Ihr Wohlgefühl und das Ihrer Kunden.

Wegwerfen schafft Freiheit

Wenn Sie Ihren Schreibtisch etwa durch die Anregungen in diesem Buch zum ersten Mal frei räumen möchten, dann beachten Sie bitte, dass Wegwerfen eine der wichtigsten Maßnahmen ist. Viele Menschen, die über zu viel Chaos auf ihrem Schreibtisch klagen, werfen schlicht zu wenig weg. Das mag eine Sammlung von Artikeln sein, die Sie irgendwann bestimmt lesen werden. Oder Magazine der Mitbewerber, die Sie noch gut gebrauchen können. Die Erfahrung lehrt, dass Sie lieber etwas zu viel wegwerfen sollten, als dass Sie alles in Ordnern, Mappen und Kisten sammeln. Und wenn Sie das erste Mal diesen Befreiungsschlag hinter sich gebracht haben, werden Sie merken, wie viel neue Energie Sie für neue Aufgaben zur Verfügung haben.

Tipp: Entrümpeln Sie auch regelmäßig Ihr E-Mail-Postfach. Für größere Unternehmen gibt es Archivierungslösungen, die Sie davon entlasten, alles ständig verfügbar zu haben. Falls Sie alleine oder in einem kleinen Unternehmen arbeiten, können Sie die Postfächer selbst sichern, bevor Sie löschen. So haben Sie im Zweifel immer noch Zugriff auf die eine Mail, die Sie zu viel gelöscht haben.

Organisation im Team

Sobald Sie Termine in einem Team organisieren wollen, ist in der heutigen Zeit eine Server-basierte Anwendung zu empfehlen. Passende Softwarelösungen sind etwa Microsoft Exchange oder IBM Notes, es mag auch im Linux-Bereich leistungsfähige Angebote geben. Ihr IT-Systemhaus unterstützt Sie sicher gerne beim Aussuchen einer geeigneten Lösung. Die wohl wichtigste Funktion ist der Terminabgleich innerhalb des Teams, beispielsweise für eine gemeinsame Besprechung.

Damit lässt sich viel Zeit sparen, weil das System selbst freie Termine vorschlägt, bei denen alle Beteiligten Zeit haben. Das setzt selbstverständlich ein akribisches Führen des eigenen Kalenders voraus. Übrigens lassen sich auch Tagungsräume in diese Terminplanungen als Ressourcen einbeziehen, so dass auch der passende Raum sofort mit gebucht werden kann.

Auch bei teamübergreifenden Aufgaben ist ein elektronisches System wohl jeder anderen Lösung überlegen. Mit so genannten Workflow-Systemen lassen sich etwa für Freigaben feste Prozesse definieren, bei denen jeder Mitarbeiter in eine Kette einbezogen werden kann. Oder es lassen sich Aufgaben an einen Kollegen delegieren beziehungsweise weiterreichen und die Erledigung kann dann am eigenen Rechner verfolgt werden. Gerade wenn es um Aufgaben geht, die für einen Kunden erbracht werden, ist diese Funktion sehr hilfreich.

Disziplin und Kommunikation

Damit die enge Zusammenarbeit in einem Team oder zwischen Teams funktioniert, müssen vor allem zwei Faktoren erfüllt sein: Jeder Mitarbeiter des Teams muss diszipliniert und bereit sein, sich selbst und seine Termine professionell zu verwalten. Und es ist sehr hilfreich, wenn die Beteiligten offen und regelmäßig miteinander kommunizieren. Vor allem, wenn Fehler ausgemerzt oder gemeinsame Projekte gestemmt werden sollen, kommt der Kommunikation die wichtigste Bedeutung zu. Hier genügt es dann meist nicht mehr, mit Hilfe eines leistungsfähigen Computersystems Termine und Aufgaben wunderbar zu verwalten, sondern alle Mitarbeiter sollten nach Möglichkeit auch einen regelmäßigen persönlichen Austausch miteinander pflegen. Teambildungsprozesse, geeignete Seminare und eventuell sogar Freizeitangebote des Unternehmens können ein Schlüssel zu einer besseren Zusammenarbeit sein.

Tipp: Manager sind gut beraten, Ihr Team mit gezielten Maßnahmen zusammenzuschweißen. Entscheidend ist hierfür die Zielsetzung, eine angenehme Kommunikationsatmosphäre zu schaffen, in der sich alle Beteiligten wohl fühlen.

Zusammenfassung

- Wenn Sie Ihre Notizen, Termine und Aufgaben handschriftlich verwalten, profitieren Sie von vielen Vorteilen.
- Aufgaben-Notizzettel sind eine gute Methode, die Übersicht zu behalten.
- Mind-Maps sind ein ideales Werkzeug im kreativen Umfeld, beim Planen von Projekten und dann, wenn Sie sich an das Geschriebene besonders gut erinnern wollen.
- Reservieren Sie genügend Zeit für dringende Aufgaben, die nicht so wichtig erscheinen.
- Die Einteilung in A-, B- und C-Aufgaben hilft Ihnen im Alltag, den Überblick zu behalten.
- Verplanen Sie maximal 60 Prozent Ihres Arbeitstages, damit genügend Zeit für neue Aufgaben und spontane Anforderungen bleibt.
- Das Pareto-Prinzip sorgt dafür, dass Sie die Aufgaben und Termine mit höchster Priorität behandeln, die am meisten zu Ihrem Erfolg beitragen.
- Die EK-Strategie hat sich in vielen Unternehmen bestens bewährt. Nutzen Sie dieses Wissen und finden Sie die Engpässe, die Ihren Erfolg behindern.
- Prüfen Sie auch alternative Möglichkeiten wie Feng Shui oder die Farbenlehre, um Ihre Leistungsfähigkeit zu steigern und effektiver zu arbeiten.

Lektion 4:
Outlook, TimeSystem & Co.

Die richtigen Hilfsmittel für die effektive Zeitplanung

Damit Sie Ihre Zeit ab sofort noch besser in den Griff bekommen, können Sie sich entweder ein geeignetes Kalendersystem oder einen elektronischen Organizer zulegen. Alternativ können Sie die Aufgaben und Termine auch ausschließlich an Ihrem PC verwalten, doch das hat den Nachteil, dass Sie unterwegs ohne aktuellen Kalender dastehen. Ob Sie sich für eine papierbasierte oder eine elektronische Version entscheiden, ist eine Frage Ihrer Vorlieben und Ihres Arbeitsumfeldes. Gerade in größeren Unternehmen ist der elektronische Kalender inzwischen aus der Arbeitsorganisation kaum mehr wegzudenken. Doch auch die bewährte Papierversion hat zu Recht ihre Fans.

Sie wissen, was hinter den Begriffen PDA, Smartphone, Bluetooth oder VPN steckt? Gut, dann lesen Sie einfach weiter. Wenn nicht – auch gut, dann können Sie, wenn Sie möchten, kurz im Anhang nachschlagen, wo diese Fachbegriffe erklärt werden.

Weiter geht's: Was ist das beste System? Das beste System gibt es nicht, daran werden auch alle Argumente, die in diesem Kapitel angeführt werden, nichts ändern. Ich empfehle Ihnen daher, dass Sie ein wenig Zeit investieren, sich ausführlich informieren und die verschiedenen Systeme testen, bevor Sie sich entscheiden. Dieser Weg ist auch dann empfehlenswert, wenn Sie von dem Unternehmen, für das Sie arbeiten, ein Planungssystem oder einen Organizer bekommen haben. Wenn Sie sich zum Beispiel mit diesem System nicht wohl fühlen, weil es zwar technisch ausgreift ist, aber Ihren persönlichen Vorlieben zuwider läuft, dann mag Ihre Terminplanung auch unter dieser Aversion leiden. Für die Auswahl des für Sie passenden Systems gibt es in diesem Kapitel zahlreiche Hinweise. So finden Sie dann zusammen mit den persönlichen Tests Ihre Kriterien heraus.

Das richtige Kalendersystem für Sie

Ihre Aufgaben/Anforderungen	Das passende System
Sie arbeiten etwa als Sachbearbeiter täglich Aufgaben ab, die Ihnen von anderen Mitarbeitern vorgegeben werden. Einen Kalender nutzen Sie beruflich und privat gleichermaßen, um den Überblick zu behalten.	Für Sie kann ein handelsüblicher Papierkalender ausreichen, den Sie jährlich wechseln. Für Adressen und wiederkehrende Termine wie Jahrestage und Geburtstage gibt es Einleger, die Sie am Ende des Jahres einfach in den neuen Kalender übernehmen.
Aufgaben sind in Ihrem Beruf wichtiger als Termine. Sie planen jeweils neu, was heute oder in dieser Woche zu erledigen ist und arbeiten diese Listen dann ab.	Für Sie mag es hilfreicher sein, anstelle eines aufwändigen Kalendersystems oder Organizers ein sinnvolles Aufgabenmanagement-System auszuwählen. Nutzen Sie auch die Tipps aus Lektion 3, Effektive Methoden, denn vielleicht kommen Sie zum Beispiel mit den Notizzetteln bestens klar.
Wichtiger noch als Termine zu notieren ist für Sie, die Kontaktdaten Ihrer Kunden ständig aktuell zu halten und immer bei sich zu haben. Termine haben dann in aller Regel mit Kundendaten zu tun, denn darauf liegt Ihr Fokus.	Prüfen Sie, ob Sie mit einem handgeschriebenen Adressbuch, einer PC-Softwarelösung oder einem Organizer mit guter Adressdatenbank am besten zurechtkommen. Es gibt auch spezielle CRM-Lösungen, die für Sie eventuell am besten geeignet sind, weil sie auch eine Kalenderfunktion bieten, in der die Datensätze der Kunden mit den Terminen verknüpft sind. Als Kalender genügt für Sie vermutlich eine günstige Papierversion oder Sie nutzen das Kalendarium der Softwarelösung beziehungsweise des Organizers.
Sie arbeiten vor allem an größeren Projekten mit ständig wechselnden Anforderungen und vielen Terminen, die Sie selbst vereinbaren.	Sie profitieren von einem komplexeren Kalendersystem oder einem elektronischen Organizer.
Sie sind viel unterwegs und wollen Ihre Termine und Aufgaben auch auf Reisen immer im Blick haben.	
Sie stimmen sich in einem Team ab.	Prüfen Sie vor allem die PC-Software und gegebenenfalls einen passenden Organizer.
Ihre Aufgabe ist es, etwa als Manager oder Projektleiter, viele Termine unter Kontrolle zu haben und Ihre Mitarbeiter zu steuern.	Für Sie kommt eine komplexeres Kalendersystem oder ein elektronischer Organizer in Frage. Nutzen Sie für die Arbeit an Projekten auch die Möglichkeiten einer entsprechenden Software, die Sie beispielsweise auf Ihrem Notebook immer bei sich haben können.
Ihre wichtigsten Kriterien:	_____ _____ _____

Ein herkömmliches Terminbuch, das Sie für wenige Euro in jedem Kaufhaus oder Schreibwarenladen erhalten, kann in den meisten Fällen ausreichend sein. Denn wichtiger als ein möglichst teures, aufwändiges System ist Ihre Bereitschaft, die Termine und Aufgaben ab sofort gewissenhaft zu planen. Hier kann ein preiswertes System schon deshalb die bessere Lösung sein, weil es wenige Optionen bietet, die Sie von Anfang an voll ausnutzen. Eventuell wollen Sie dann erst später auf ein aufwändigeres und teureres System umsteigen, das Ihnen noch mehr Möglichkeiten bietet.

Übung: Was unternehmen Sie?

Welche nächsten Schritte unternehmen Sie, um das von Ihnen bevorzugte System näher kennen zu lernen:

_____

_____

_____

Bei den Softwaresystemen nehme ich in diesem Kapitel weitgehend Bezug auf Microsoft Outlook, weil es die wohl am weitesten verbreitete Lösung dieser Art ist. Damit soll die Leistungsfähigkeit anderer Systeme keineswegs in Abrede gestellt werden. Da die Abläufe und Optionen der allgemein verfügbaren Groupware-Lösungen denen von Outlook sehr ähnlich sind, dürften die Hinweise für jeden Anwender leicht auf sein System übertragbar sein. Auch bei den PDAs habe ich eine subjektive Auswahl getroffen, um wesentliche Systemunterschiede und -möglichkeiten herausstellen zu können. Ziel ist auch hier nicht, einen umfassenden Katalog aller verfügbaren Produkte vorzustellen.

Komplexe Kalendersysteme

Der Markt der Kalendersysteme ist nahezu unüberschaubar, auch wenn es nur wenige Lösungen an die Spitze geschafft haben. Darunter sind die Angebote von TimeSystems, Tempus und Filofax, um nur einige zu nennen. Es sei hier erwähnt, dass jedes dieser und der anderen Systeme seine Fangemeinde hat, die der Positionierung im Markt folgt.

Viele Hersteller haben sich darüber hinaus auf Systeme für einzelne Branchen spezialisiert und es würde den Rahmen dieses Buches bei Weitem sprengen, diese hier aufzulisten. Stattdessen geht es hier darum, die grundsätzliche Arbeitsweise mit einem solchen System zu erklären und die Vor- und Nachteile zu schildern. So haben Sie für Ihre persönlichen Tests in einem Schreibwarenladen bereits die ersten Kriterien an der Hand.

Tipp: Halten Sie also vor allem in den nächsten Wochen Ihre Augen und Ohren offen, fragen Sie Kunden und Kollegen nach ihren Erfahrungen mit ihrem Kalendersystem. Dann werden Sie weitere Kriterien kennen lernen sowie weitere Vor- und Nachteile.

Es sollte Ihnen richtig gut gefallen

Die Preise der bekannten Zeitmanagement-Systeme erreichen schnell mehrere hundert Euro. Stoff oder Leder, persönliche Namensprägung, Größe, Farbe, Mechanik und Hersteller sind einige Faktoren, die bei der Wahl eine Rolle spielen. Pro Jahr kostet Sie der Einleger mit Informationsseiten je nach Anbieter zwischen 15 und 50 Euro, der Folgeaufwand ist also überschaubar. Die Empfehlung kann nur lauten, dass Sie bei der Entscheidung für ein solches System die Version wählen, die Ihnen wirklich gut gefällt. Schließlich wollen Sie ja Spaß und gute Gefühle mit dem (neuen) besseren Terminmanagement verbinden. Und da kann es durchaus gerechtfertigt sein, die Variante mit dem etwas weicheren Leder oder einer speziellen Färbung zu wählen, die eben auch etwas teurer ist. Das neue System wird Sie einige Jahre begleiten, drei bis fünf sind wohl der untere Durchschnitt. Vielleicht rechnen Sie einfach den Aufwand auf die Nutzungsjahre um, das erleichtert die Entscheidung und die Investition. Noch sind auch die deutschen Finanzämter nicht so weit gegangen, einen Privatanteil bei der Anschaffung eines Kalenders abzuziehen, weil etwa nach dem Eintrag „16:00, Abschluss-Meeting Projektgruppe" noch „18:00, Tennis mit Christiane" drinstehen könnte.

Vom Mini zum Komplettbüro für unterwegs

Das Format liegt meist bei DIN A6, A5 oder A4, es gibt allerdings auch kleinere Versionen und deutlich größere, die fast ein komplettes Büro zum Mitnehmen enthalten. Erneut ist dies eine Frage Ihrer persönlichen Vorlieben. Angeklemmte oder sogar integrierte Handytaschen, Platz für einen elektronischen Organizer, einen Taschenrechner sowie Fächer für Visiten- und Kreditkarten sind eine Selbstverständlichkeit oder zumindest gegen Aufpreis erhältlich. Es gibt Anbieter, die den modebewussten Käufer mit allen denkbaren Accessoires aus einem Guss ausstatten. Je nach Geldbeutel und persönlichem Geschmack gibt es in diesem Bereich großartige Lösungen, die auch unter den Weihnachtsbaum passen.

Tipp: Grundsätzlich empfehlen die meisten Anbieter das Arbeiten mit einem Bleistift anstelle eines Füllers oder Kugelschreibers. Denn einen so eingetragenen Termin können Sie ausradieren und dann leichter den Überblick behalten, als wenn Ihr Kalender aus vielen durchgestrichenen Eintragungen besteht.

Am einfachsten ist zweifelsohne das Führen des Terminkalenders, wobei je nach System verschiedene Einteilungen vorhanden sind: Die meisten Menschen benutzen eine Wochenübersicht oder eine Tageseinteilung. Dabei kommt es wohl vor allem darauf an, wieviele Termine Sie zu verwalten haben und ob die Aufgaben ebenfalls im Kalenderteil verwaltet werden sollen. Viele Anbieter unterscheiden bei dieser Einteilung zwischen Telefonaten und anderen Aufgaben.

Wie bereits erwähnt können Sie die Tages- oder Wochenübersicht auch mit Ihrer Softwarelösung auf normales Kopierpapier ausdrucken. Das ist auch eine Lösung, um zum Beispiel Ihr Firmenlogo auf die Kalenderseiten aufzubringen, was schließlich bei Kunden und Partnern einen professionellen Eindruck hinterlassen kann. Leider ist das Ausdrucken aufwändig, vor allem dann, wenn Sie die Blätter in einem DIN A6 oder DIN A5 großen Kalender einsetzen und dafür passend beschneiden müssen. Einige Anbieter haben Formulare im Angebot, die mit Microsoft Word ausgedruckt und in den eigenen Kalender übernommen werden können.

Tipp: Das Ausdrucken der Formulare und Kalender ist eine gute Alternative dazu, in einem Unternehmen mit einer Lösung wie Outlook oder Notes die Termine zu verwalten und unterwegs keinen elektronischen Taschenkalender einsetzen zu müssen.

Eine Frage bleibt beim gemischten Arbeiten, in welchem System Sie vor allem die neuen Termine erfassen. Die Konsistenz der Daten auch dann zu erhalten, wenn Sie zwischendurch in ein Meeting mit einem Kunden gerufen werden und nur noch schnell nach Ihrem Terminkalender greifen können, ist für eine professionelle Planung entscheidend.

Beispiel

Feste Freiräume einplanen

Klaus Helm hat als Vertreter eines Internetproviders sein Kalendersystem immer auf dem aktuellen Stand, dafür plant er mit Outlook am PC nur seine Inhouse-Besprechungen. Das hat den Nachteil, dass seine Kollegen nicht automatisch Besprechungstermine mit ihm oder für ihn planen können, wenn er unterwegs ist. Dafür weiß Klaus jederzeit genau, ob er verfügbar ist oder nicht, denn er hat die Terminhoheit. Um den Kollegen trotzdem eine gewisse Planungsfreiheit zu geben, plant Klaus zwei feste Bürovormittage ein. Das genügt in seinem Umfeld, um allen Anforderungen gerecht zu werden. Und wenn dann doch keine Besprechung oder kein Kundentermin stattfindet, arbeitet Klaus in aller Ruhe seine weiteren Aufgaben ab. So kann er sein System auch nutzen, um für sich selbst Freiräume zu schaffen.

Aufgabenverwaltung leicht gemacht

Basierend auf den Hinweisen der Lektion 3, Effektive Methoden, haben Sie bei dem Papierkalender die Wahl, ob Sie die Aufgaben jeweils für den kommenden Tag eintragen oder einer gesonderte Aufgabenliste führen, die selbstverständlich immer wieder überarbeitet und dann auch neu geschrieben werden muss. Ein Kriterium dafür, welche Version Sie wählen, ist Ihre Zuverlässigkeit. Wenn Sie die Aufgaben tageweise einteilen und nur im Kalender führen, können diese leichter übersehen werden, sobald der Tag vorbei ist und das entsprechende Kalenderblatt nicht mehr obenauf liegt.

Übung: Vergessen, verschoben oder anders falsch verwaltet

Machen Sie sich einmal bewusst, auf welche Weise Sie in den vergangenen Wochen vielleicht wichtige Aufgaben nicht erledigt haben:

☐ Ich habe sie gar nicht notiert.

☐ Ich habe sie an der falschen Stelle (im Kalender) eingetragen.

☐ Die Aufgabe stand auf einem Notizzettel, den ich verlegt habe.

☐ Ich habe die Aufgabe delegiert und dann nicht nachverfolgt.

☐ Ich führe noch keine Aufgabenliste.

Je nach Ergebnis können Sie nun das passende System, mit dem Sie bestens zurecht kommen, leichter finden.

Auch hier können Sie Aufgabenlisten von der PC-Software im passenden Format ausdrucken und einheften. Die Software erlaubt es zudem, das aktuelle Tageskalenderblatt mit den geplanten Aufgaben auszudrucken. Das bedeutet nur, dass Sie jeden Tag das aktuelle Blatt ausdrucken müssen, wenn Sie Ihre Termine und Aufgaben überarbeitet haben. Deshalb mag diese Lösung in den meisten Fällen nicht praxistauglich zu sein. Besser ist es, die Aufgaben dann getrennt von den Terminen zu verwalten und auszudrucken.

Tipp: Jeder Papierkalender hat den Vorteil gegenüber elektronischen Systemen, dass er sofort verfügbar ist, wenn Sie ihn benötigen. Auf dem Schreibtisch kann es sinnvoll sein, den Kalender ständig offen liegen zu haben. So bleiben die Aufgaben und Termine im Blick und neue Informationen können schnell aufgenommen werden. Dies gilt auch für Notizen und die Hersteller haben sogar kleine Haftnotizen mit Speziallochung im Angebot. Die Möglichkeit, sich schnell etwas zu notieren und dann auch bei sich zu haben, ist sicher ein großer Vorteil gegenüber elektronischen Systemen, bei denen dies zwar auch möglich, aber deutlich weniger komfortabel ist.

Gemeinsamkeiten der Angebote

Alle Systeme, die heute angeboten werden, haben gemeinsame Vorteile, von denen Sie bei richtiger Nutzung profitieren können. Der wichtigste ist, dass Sie Ihre Aufgaben und Termine an einer Stelle gesammelt haben und so den Überblick behalten. Die Wahl der Methode für die Erfassung und Verwaltung tritt demgegenüber in den Hintergrund.

Kampf der Welten

Seit Jahren jagen die elektronischen Systeme den Papierkalendern Marktanteile ab. Diese Entwicklung war absehbar, denn die Integration von Kalendern und Aufgabenlisten in Programme wie Outlook oder Notes ist höchst attraktiv. Bis heute hat es noch kein Anbieter eines Papierkalenders verstanden, sein papierbasiertes System auf die speziellen Erfordernisse und Limitierungen dieser Softwarelösungen so abzustimmen, dass eine reibungslose Zusammenarbeit möglich ist. Immerhin lassen sich softwareseitig diverse Formate den individuellen Vorlieben entsprechend anpassen, so dass etwa eine Adressenliste, die Aufgabenübersicht oder der Terminkalender dann nach einigem Ausprobieren einigermaßen ansprechend zu Papier gebracht werden können.

Die einzige Alternative zu der Arbeit mit diesen Systemen, die einige Kompromisse erfordern, sind Komplettlösungen aus Software und Terminplanungssystem, wie sie etwa von TimeSystems bereitgestellt werden. Inzwischen ist ein solches System wiederum dazu verdammt, eine Insellösung zu sein. Denn bei Outlook, Notes und anderen Groupware-Programmen sind ja E-Mails, Serienmails, Journale und zahlreiche weitere Funktionen integriert, bei denen eine Insellösung nicht mithalten kann. Bevor Sie sich also für eine separat laufende Softwarelösung entscheiden, prüfen Sie, ob Sie dadurch wichtige Funktionen umständlich in verschiedenen Programmen bearbeiten müssen.

Umgekehrt sind auch die Anbieter von Kalendersystemen nur begrenzt bereit oder in der Lage, sich an die aktuellen Bedürfnisse der Anwender anzupassen. Schließlich sind Outlook & Co. zu den entscheidenden Büroanwendungen geworden, die das Termin- und Aufgabenmanagement mit einschließen. Da wäre es aus Sicht der

Anwender wünschenswert, wenn enge Schnittstellen zum eigenen Papier-Kalendersystem geschaffen wären. Zu solchen einfacheren Übergängen gehören spezielle Layouts für Formulare, intelligente Druckeranpassungen, Locher, mit denen mehr als zehn Blätter für den Kalender verarbeitet werden können und zahlreiche andere Optionen.

Der Anwender muss sich noch anpassen

Ob es in den kommenden Jahren zu einer besseren Zusammenarbeit der Lösungen kommen wird, oder ob die papierbasierten Systeme weiter verdrängt werden, wird sich zeigen. Für Sie bleibt für heute die Erkenntnis, dass hier noch einiges im Argen liegt und die Hersteller aus Nachlässigkeit oder aus taktischen Erwägungen im Rahmen des Verdrängungswettbewerbs kaum Schritte aufeinander zugehen.

Ich wiederhole es gerne nochmal: Es spielt keine Rolle, mit welchem System Sie arbeiten – das Wichtigste ist die ständige Aktualisierung. Sie mögen der Meinung sein, dass dies bei einem elektronischen System erheblich einfacher sei. Doch dem widersprechen die Erfahrungen vieler Anwender aus dem Alltag: Es geht schließlich nicht nur um die Verwaltung der diversen Daten – da ist ein elektronisches System meist überlegen. Wichtiger ist bei Aufgaben und Terminen jedoch, dass Sie in Ihrer Flexibilität und in Ihrer Fähigkeit unterstützt werden, den Überblick über alles zu behalten. Genau in dieser Disziplin ist ein elektronisches System trotz aller Unterstützungsfunktionen und Einstellungsmöglichkeiten eben nicht per se überlegen. Nur wenn Sie den Überblick haben, was zu tun ist und wann Sie es erledigen, ist die gewählte Lösung für Sie die richtige. Das mag der Grund dafür sein, dass manche Anwender nach einem mehrmonatigen oder mehrjährigen Ausflug in die Welt der elektronischen Systeme wieder zu den Papierkalendern zurückkehren.

Termin- und Aufgabenverwaltung am PC

Wie bereits erwähnt ist die Aufgaben- und Terminverwaltung am Computer vor allem dann empfehlenswert, wenn Sie vorwiegend an Ihrem Schreibtisch arbeiten. Der wichtigste Nachteil dieser Lösung ist aus meiner Sicht, dass Sie den Kalender sofort aus den Augen verlieren, sobald Sie ein neues Programm öffnen. Pop-up-Fenster, bei denen eine Aufgabe im laufenden Betrieb angezeigt wird, sind auch nur sehr bedingt geeignet. Sie müssen ja an Ihrem Rechner sein, um dieses Fenster wahrzunehmen und sobald Sie fünf oder mehr Aufgaben auf diese Weise verwalten, wird es leicht unübersichtlich. Für Termine gilt dies in ähnlicher Weise, wobei Sie sich einige Zeit vor einem Termin mit Hilfe einer Erinnerung vorwarnen lassen können. Auch hier gilt, dass es leicht chaotisch wird, sobald Sie mehr als nur einen oder zwei Termine pro Tag haben.

Abbildung 3: Outlook bietet viele Optionen für die Terminverwaltung.

Beispiel

Angepasste Lösungen helfen bei der Planung

Sandra Quamm ist Sekretärin und arbeitet für das Vorstandsmitglied eines großen Chemiekonzerns. Da sie viele Termine für ihren Chef koordiniert, hat sie ständig ein Outlook-Fenster mit dem Kalender des Chefs geöffnet. Der hat ihr den Zugriff auf alle dienstlichen Termine gewährt, so dass die privaten Termine grau unterlegt aber ohne Details erscheinen. Dieses System ist für Sandra und auch für den Vorstand optimal, zumal es ständig auf beiden PCs aktuell ist.

Programme wie Outlook sind sehr vielseitig, so dass sich viele Anwender von dem Übermaß an Funktionen und Optionen überfordert fühlen. Sie nutzen vielleicht gerade mal die E-Mail und die Aufgabenfunktion und verwalten ein paar Adressen sowie Termine mit diesem Programm. So lange das für Ihre Aufgaben genügt, ist es gut. Wenn das nicht ausreicht, ist der Besuch einer Softwareschulung sehr zu empfehlen. Viele Arbeitgeber gehen davon aus, dass ihre Mitarbeiter ein Programm wie Outlook schon irgendwie bedienen können, Schulungen gibt es nur für die Textverarbeitung oder das Tabellenkalkulationsprogramm. Das berücksichtigt nicht die Erfahrung aus den Zeitmanagement-Seminaren, bei denen die meisten Teilnehmer deutliche Informationslücken haben. Sie wissen nicht einmal, wie viel Arbeit sie sich durch bessere Kenntnisse sparen könnten.

Luxusausstattung selbstverständlich

Die Verwaltung eines Termins in Outlook ist recht komfortabel und bietet auch für die Arbeit in einem Team große Vorteile, sogar einige Aspekte des Projektmanagements wurden berücksichtigt. Die wichtigsten Funktionen sind die Betreff-Zeile, die Einordnung des Termins und die Einladung weiterer Teilnehmer. Die meisten Anwender nutzen wohl vor allem die Betreff-Zeile, um den Termin zu beschreiben. Rechts daneben erfolgt die sinnvolle Einordnung, die dann auch farblich gekennzeichnet werden kann. Ob Sie den Ort des Termins in der Betreffzeile mit eintragen oder aus der Liste wählen, hängt von Ihren Terminen ab. Wenn Sie etwa wiederkehrend verschiedene Filialen Ihres Unternehmens besuchen, ist die Auswahl aus der Liste vermutlich schneller.

Beachten Sie die Registerkarte zur Terminplanung, die viele weitere Optionen vor allem für die Arbeit im Team bereitstellt. Hier können Sie auch weitere Teilnehmer einladen.

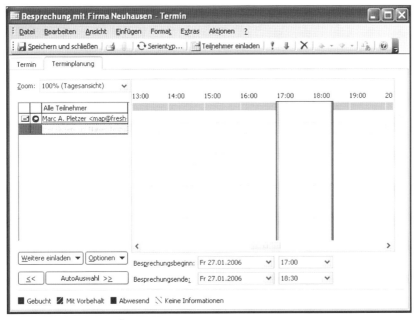

Abbildung 4: Auf den Überblick kommt es an.

Tipp: Die Team-Funktion sollten Sie im Umgang mit Kunden nicht ohne Weiteres einsetzen, weil die entsprechenden E-Mail-Anfragen recht nüchtern wirken und auch nicht auf allen Systemen funktionieren. Schreiben Sie einem Kunden oder einem externen Dienstleister lieber eine gesonderte E-Mail mit der Besprechungsanfrage.

Geburtstage und Jahrestage

Die Verwaltung von Geburtstagen und Jahrestagen ist mit Hilfe von Outlook sehr einfach möglich. Ein Weg ist es, einen sich wiederholenden Termin anzulegen. Dazu klicken Sie einfach auf die Schaltfläche Serientyp und können nun alle Details festlegen. Besonders für Geburtstage und andere personenbezogene Termine eignet sich das zweite Register der Kontaktformulare, das Sie unter Details finden. Hier können ein Geburtstag und ein Jahrestag eingeben werden. Dann werden Sie zuverlässig an den entsprechenden Termin erinnert, wenn auch erst am Tag selbst. Falls Sie ein Geschenk kaufen wollen, müssten Sie sich also gegebenenfalls ein paar Tage vor dem Termin einen Reminder setzen oder eine Aufgabe planen.

119

Tipp: Tastaturkürzel erleichtern und beschleunigen die Arbeit. Hier eine Übersicht der wichtigsten Kürzel unter Outlook:

| Strg | + | ⇧ | + | A | Aufruf eines leeren Terminfensters |

| Strg | + | ⇧ | + | T | Aufruf einer Aufgabe |

| Strg | + | ⇧ | + | C | Aufruf eines neuen Kontaktformulars |

| Strg | + | ⇧ | + | M | Aufruf einer neuen E-Mail |

| Strg | + | F | Antworten auf eine E-Mail |

| Strg | + | ⇧ | + | N | Aufruf einer Notiz |

| Strg | + | N | Aufruf eines neues Dokuments (je nach aktueller Anwendung) |

| Strg | + | P | Drucken (je nach aktueller Anwendung) |

Weitere Tastaturkürzel finden Sie im Internet oder in jedem guten Buch über Outlook, das Office-Paket beziehungsweise das entsprechende Programm Ihrer Wahl.

Übung: Beweisen Sie sich Ihre Kenntnisse

Wenn Sie bereits mit Outlook oder einer anderen Softwarelösung in diesem Bereich arbeiten, kennen Sie vielleicht auch schon solche Tastaturkürzel. Oder Sie haben Lust, diese jetzt einfach mal auszuprobieren. Ein Tipp dazu lautet, dass meist die [Strg]-Taste oder die [Strg]-Taste in Kombination mit der [⇧]-Taste und beziehungsweise oder der [Alt]-Taste zum Erfolg führt. Notieren Sie hier Ihre neuen oder bereits vorhandenen Erkenntnisse:

_____

_____

_____

Individuell angepasst

Nutzen Sie für alle Ausdrucke aus Outlook die Möglichkeiten, Schriftarten und Formate an Ihre eigenen Bedürfnisse anzupassen. Die Standardausdrucke sind nicht so gelungen und gerade dann, wenn Sie die Ausdrucke in Ihrem Kalendersystem mitnehmen möchten, ist die Anpassung sehr sinnvoll. Das Menü für diese Einstellungen finden Sie in Outlook unter Datei > Seite einrichten > Druckformate definieren. Beachten Sie, dass Sie dafür den Kalender gewählt haben müssen beziehungsweise die Aufgabenübersicht, wenn Sie diese drucken möchten.

Weniger ist viel mehr

Die IT-Abteilungen mancher Unternehmen erschweren den Mitarbeitern die Arbeit dadurch, dass verschiedene Programme für die Adressverwaltung, das Aufgabenmanagement, die Termine und die E-Mails eingesetzt werden. Der kleine Ausflug in Outlook genügt Ihnen vielleicht schon, um zu erkennen, wie effektiv sich mit einer integrierten Lösung arbeiten lässt. Auch dies ist ein Beitrag dazu, Zeit zu sparen und schneller die Aufgaben abzuarbeiten.

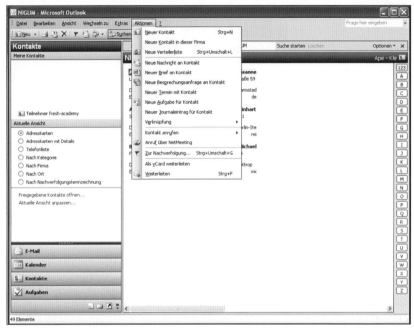

Abbildung 5: Sparen Sie Zeit durch die Nutzung der richtigen Funktionen.

Diese Funktionen sparen Zeit auf eine sinnvolle Weise und sie sorgen dafür, dass Sie Ihre Arbeit schneller und besser erledigen können. Besondere Vorteile bietet dies bei der Arbeit in einem Team, das heute längst nicht mehr in einem Büro zusammensitzen muss. Zum Beispiel können Sie an eine Besprechungsanfrage, die Sie an ausgewählte Kollegen schicken, die dazugehörigen Dokumente per Mausklick anhängen. Oder Sie verknüpfen eine Aufgabe mit diversen Internetseiten, auf denen der Empfänger weiter recherchieren kann.

Auf der anderen Seite hat dieses Programm bestimmte Beschränkungen, die im Alltag sehr ärgerlich sein können. So bietet es etwa keine brauchbare Serienmail-Funktion und die Adressverwaltung ist aus meiner Sicht zu unflexibel und gleichzeitig mit vielen unwichtigen Funktionen versehen. Bei der Erweiterung der Funktionalität hilft ein Blick ins Internet, um passende Ergänzungen zu finden. So gibt es beispielsweise Anbieter, die nur einzelne Tools für Outlook und andere Office-Programme anbieten. Und bei den unpassenden Formularen gibt es immer die Alternative, sich selbst passende Formulare zu entwerfen oder diese von einem Spezialisten entwerfen zu lassen. Zudem bietet sich an, je nach Branche, in der Sie arbeiten, passende Branchenlösungen zu prüfen, die ebenfalls in das Office-Paket oder andere Groupware-Lösungen integriert sind.

Tipp: Wenn Sie als Manager oder Selbstständiger nicht über ausreichende EDV-Erfahrung verfügen, sollten Sie die Beschäftigung eines Dienstleisters erwägen. Obwohl Profis recht teuer sind, versetzt Sie die Lösung dann sicher besser in die Lage, effektiv zu arbeiten. Und damit rechnet sich die Investition schnell.

Integrierte Dienste sparen Zeit

Wünschenswert und leider gerade für kleinere Unternehmen noch nicht so leicht verfügbar ist die Verknüpfung des Programms mit der Telefonanlage. Dann kann der Kunde zum Beispiel direkt aus der Datenbank angewählt werden. Oder bei einem Anruf öffnet sich automatisch das Fenster mit dem Datensatz des Anrufers, falls dieser seine Rufnummer übermittelt.

Doch in diesen Bereichen versprechen die Veränderungen auf dem Telefoniesektor, die vor allem mit der Umstellungen auf das Internet-Protokoll, das so genannte Voice over IP, zusammenhängen, deutliche Verbesserungen. Der PC oder das Notebook wird bei diesen Diensten noch mehr zum zentralen Arbeitsmittel, das sämtliche Prozesse überwacht und ermöglicht.

Tipp: Damit Sie effizient arbeiten können, kann es also sinnvoll sein, dass Sie sich bei den technischen Neuerungen immer mal wieder auf den Stand der Dinge bringen, damit Sie wichtige neue Trends zu Ihrem Vorteil nutzen können.

Zeit sparen bei der Kundenbetreuung

Wenn Sie noch keine Lösung für eine effiziente Kundenbetreuung gefunden haben oder mit der Lösung, die Sie heute in Ihrem Unternehmen einsetzen, nicht zufrieden sind, sollten Sie auch ein CRM-Programm prüfen. Das Customer Relationship Management – eben CRM – bietet hier zahlreiche Vorteile, weil es Aufgaben, Termine, Reminder und sämtliche Daten verfügbar hält. Wenn Ihre Kunden zum Beispiel zum Geburtstag eine Mail bekommen und zwei Wochen nach einer Anfrage angerufen werden, dann lässt sich das mit einer solchen Software automatisieren. Sie erhalten an jedem Morgen einen kompletten Überblick, was heute an Terminen und Aufgaben im Bereich der Kundenbetreuung zu erledigen ist. Und Sie können die Daten aller Interessenten, Kunden und ehemaligen Kunden einfach und schnell verwalten.

Je mehr Kunden Sie betreuen und je besser Ihr Service sein soll, desto wichtiger ist der Einsatz einer solchen Lösung. Zwar lässt sich mit Outlook oder Notes auch einiges erreichen, doch einige Aspekte sind bei einem CRM-Programm einfach besser berücksichtigt, wie zum Beispiel die integrierte Adressenverwaltung, die Nachverfolgung, die Erinnerungsfunktion und der Datenaustausch mit anderen Programmen. Ein weiterer Aspekt ist für immer mehr Menschen eine vernünftig funktionierende Serien-E-Mail-Funktion, wie sie etwa bei Outlook ausgespart wurde. Hier kann die richtige CRM-Software Wunder vollbringen und sehr viel Zeit sparen, denn schon bei nur zehn Empfängern einer identischen E-Mail ist die automatische Versandfunktion sehr komfortabel.

Selbstverständlich kann die CRM-Software nur so gut sein, wie Sie sie pflegen und sich mit den Funktionen auskennen. Automatische Reminder etwa sind eine große Hilfe im Alltag, wenn Kunden etwa nach einer Werbeaktion noch einmal angerufen werden sollen. Größere Systeme, die allerdings oft nur mit einem Server betrieben werden können, integrieren auch sämtliche Serienmail-, Telefonie- und Telefaxdienste in die Anwendung. Prüfen Sie den Markt und finden Sie die Lösung, die am besten zu Ihnen passt. Achten Sie dabei darauf, das System etwas größer zu wählen, so dass es auch in ein ein oder zwei Jahren noch Ihren Anforderungen gerecht wird. Ein Umstieg auf eine andere Lösung ist in diesem Bereich meist mit erheblichen Umstellungskosten verbunden, die sich durch geeignete Planung leicht vermeiden lassen.

Die Online-Alternativen

Falls Sie in einem größeren Unternehmen arbeiten, können Sie mit Hilfe von VPN-Netzen auf Wunsch von unterwegs direkt auf sämtliche Unternehmensdaten und selbstverständlich auch auf Ihren Terminkalender und Ihre Aufgabenplanung zugreifen. Diese Vorgänge sind in Bezug auf die benötigte Bandbreite und Leistungsfähigkeit der Systeme recht anspruchsvoll, vor allem dann, wenn die Daten sicher verschlüsselt werden sollen. In der Regel sind UMTS, WLAN oder DSL die besten Wege, um von außen auf die Daten in angemessener Geschwindigkeit zugreifen zu können.

Bislang noch nicht so weit verbreitet ist die Lösung, das komplette Outlook mit allen Daten an den Internet-Provider auszulagern. Diese Lösung ist vor allem für Menschen geeignet, die viel unterwegs sind oder in einem kleineren Unternehmen arbeiten. Bei einer solchen Lösung greifen Sie auch von Ihrem Arbeitsplatz aus auf die Daten zu, die bei Ihrem Provider gespeichert sind. Lokal gibt es dann bestenfalls ein Backup oder eine andere Kopie. Derartige Lösungen, bei denen Sie eine Anwendung nutzen, die auf einem anderen Computer abläuft – meist auf einem Server irgendeines Anbieters, der dafür Geld bekommt – werden in den kommenden Jahren an Bedeutung gewinnen. Selbst Microsoft bringt in Kürze eine Version seines Office-Pakets auf den Markt, die nur über das Internet benutzt wird. Ob eine solche Online-Variante für Sie in der einen oder anderen Form attraktiv ist, können Sie wie immer am besten durch Ausprobieren herausfinden.

Gemeinsames Arbeiten im Internet

Über die im Internet laufenden und weltweit verfügbaren Programmpakete hinaus gibt es einen weiteren Online-Trend, der in den kommenden Jahren auch das Termin- und Aufgabenmanagement verändern wird: die Zusammenarbeit bei Projekten. Alle Hersteller in diesem Segment arbeiten daran, den Austausch von Dokumenten aufgrund einheitlicher Standards zu vereinfachen. Dazu gehören heute .html- und .xml-Daten, weitere Standards mögen in den kommenden Jahren folgen. Programme wie Outlook, Notes und andere Groupware-Lösungen weisen bereits heute zahlreiche Möglichkeiten auf, gemeinsame Daten etwa im Intranet, also dem firmeneigenen Netzwerk, zu nutzen. Auf dieses Intranet können alle Mitarbeiter mit verschiedenen Berechtigungen zugreifen, so dass jeder genau die Informationen abrufen kann, die ihn am besten unterstützen.

Diese Art der Arbeit beginnt beispielsweise damit, dass Sie Ihren Outlook-Terminkalender mit einem Mausklick als Webseite veröffentlichen können. Den entsprechenden Befehl finden Sie im Menü Datei > Als Webseite speichern. Beachten Sie, dass dies nur eine einmalige Kopie Ihres Kalenders ist, die sich allerdings sehr gut in einem Intranet zugänglich machen lässt. Leider haben Sie recht wenig Einfluss auf die Gestaltung und die Freigabe der Termine. Und doch zeigt dieses Beispiel, in welche Richtung sich die Technik entwickelt. Auch bei der Bearbeitung einer Aufgabe im Team spielt die Internet-Technologie eine zunehmende Rolle. Jeder Mitarbeiter kann dann auf Wunsch detaillierte Einblicke über den Stand des Projekts und die Arbeit der anderen Mitglieder erhalten. Diese Transparenz kann die Zusammenarbeit erleichtern und beschleunigen, weil Abstimmungen untereinander leichter ablaufen und über das Internet oder Intranet abgewickelt werden.

Termine und Aufgaben unterwegs

Um auch unterwegs Ihre Termine verwalten zu können, ist ein Notebook hilfreich. Lange Zeit benötigten Sie eine serverbasierte Anwendung, um einen Kalender auf dem Arbeitsplatz-PC und dem Notebook synchron zu halten. Inzwischen gibt es Zusatzsoftware, mit der sich das auch in kleineren Computernetzwerken realisieren lässt; Tipps dazu finden Sie auch im Anhang des Buches. Außerdem können dank der schnellen Übertragungsgeschwindigkeiten heute meist auch einfach alle Daten auf das Notebook überspielt und dort genutzt werden. Diese Entwicklung trägt dem Trend zu mehr Mobilität und dem Wunsch Rechnung, überall und immer den vollen Zugriff auf möglichst viele Informationen zu haben. Notebooks sind weiterhin die leistungsfähigsten Begleiter unterwegs, weil sie dieselbe Funktionalität und Arbeitsgeschwindigkeit erreichen wie ein ausgewachsener Desktop-PC. Lösungen, bei denen das Notebook den Arbeitsplatz-PC ersetzt, haben sich trotz entsprechender Bemühungen von Herstellern wie Toshiba und IBM in den vergangenen Jahren in den Büros nicht durchsetzen können. Dafür gibt es immer mehr Manager in den Unternehmen, die gar keinen festen Arbeitsplatz mehr haben und deshalb ausschließlich mit dem Notebook arbeiten.

Beispiel

Der optimale Begleiter

Friedrich Heisenberg ist Versicherungsvertreter und arbeitet für einen der ganz großen Anbieter. Er hat für seine Kundenbesuche ein Notebook zur Verfügung gestellt bekommen, das er lange Zeit nur leidlich gut bedienen konnte. Vor allem die Versicherungsanwendungen waren ihm durch Schulungen vertraut, andere Möglichkeiten wie die Terminplanung, E-Mail-Funktionen und das Aufgabenmanagement nutzte er nicht. Das änderte sich schlagartig, als er einen VHS-Kurs besuchte und lernte, diese Aufgaben mit Outlook zu lösen. Inzwischen verwaltet er seine Termine und auch die Kundendaten mit diesem Programm. Damit kann er viele Aufgaben viel schneller erledigen als früher. Und wenn ein Kunde heute eine E-Mail von ihm haben möchte, ist er froh darüber, denn das spart viel Zeit im Vergleich zum Faxen oder dem Versand auf dem Postweg.

Bei der Wahl des richtigen Notebooks für Ihre Zwecke kommt es vor allem darauf an, wie intensiv Sie unterwegs arbeiten wollen und welche Medien und Austauschmöglichkeiten Sie nutzen. So kann etwa Wireless LAN für Sie richtig sein, damit Sie ohne Stöpselei und Kabelsalat online gehen können. Ein Modem ist ebenfalls in den meisten Notebooks bereits eingebaut, was so gut wie überall einen Onlinezugang ermöglicht. Entscheidender als Selbstverständlichkeiten wie die Arbeit mit einem E-Mail-Programm oder einer Textverarbeitung ist der Zugriff auf DVDs und CDs, während Sie unterwegs sind. Subnotebooks, die besonders leicht und damit gut zu transportieren sind, haben nicht alle ein solches Laufwerk. Zudem verfügen sie nur über die kleineren Displays, die allerdings für das Arbeiten unterwegs in den meisten Fällen absolut ausreichend sind. Für die meisten Aufgaben, die in diesem Buch im Mittelpunkt stehen, reichen alle handelsüblichen Notebooks aus, eventuell genügt Ihnen bei der einfachen Termin- und Aufgabenverwaltung auch ein gebrauchtes Gerät. Leasingrückläufer und andere Gebrauchtgeräte gibt es im Internet zu attraktiven Preisen.

Tragbare Systeme: PDA, Smartphone und andere

Da die Leistung der Prozessoren, Flüssigkristallbildschirme und Speicher ständig weiter steigt und gleichzeitig alles kleiner wird, ist die Armbanduhr mit einer Terminverwaltung und Handyfunktion wohl nicht mehr weit entfernt. Die Trends scheinen derweil allerdings gegenläufig zu sein: Die Geräte bieten immer mehr Funktionen und die Kunden scheinen trotzdem jedes Gerät nur für bestimmte Aufgaben einzusetzen. Längst gibt es etwa Handys oder die multifunktionalen Smartphones, mit denen sich auch die Termine und Aufgaben verwalten lassen. Schnurlos oder via USB mit dem PC verbunden werden die Daten ausgetauscht und selbst die neusten Musikstücke lassen sich so aus dem Internet herunterladen und unterwegs anhören. Doch wenn die meisten Anwender trotzdem noch einen Kalender oder PDA bei sich tragen und zum Musikgenuss einen MP3-Player verwenden, sind dann die Smartphones, die viele Funktionen vereinen, überflüssig und reine technische Spielerei?

Die Antwort ist vielschichtig und individuell: Technikfreaks werden als so genannte Early Adaptors jedem neuen Trend nur allzu bereitwillig folgen. Und die Industrie wird sicher noch auf Jahre mit immer neuen Funktionen verblüffen, wenn auch nicht jeden potenziellen Käufer überzeugen. Für die Termin- und Aufgabenverwaltung gibt es trotz aller technischer Finesse nur wenige Innovationen und die betreffen meist entweder den Datenaustausch von unterwegs oder die Zusammenarbeit in Gruppen. Beim einzelnen Anwender kann schließlich auch das modernste elektronische Supergerät mit Kamera, Bluetooth, schnurlosem Headset und Datenspeicher für 10.000 Bücher nichts daran ändern, dass er seine Termine und Aufgaben selbst verwalten und erledigen muss.

Überwinden Sie Ihren Frust

Wer zum ersten Mal mit einem PDA oder dem neuen Smartphone arbeitet, sollte sich auf eine Einarbeitungszeit gefasst machen. So wie Sie vielleicht schon vor einigen Jahren die ersten Schritte mit dem PC gemacht haben, mag auch die Umstellung auf das neue Gerät Ihnen je nach Erfahrung einigen Aufwand abverlangen. Bleiben Sie hartnäckig dabei, sich die Welt des neuen elektronischen Assistenten zu erschließen. Er kann Ihnen eine deutliche Unterstützung bieten, wenn

Sie sich erst einmal mit den Funktionen und dem dahinter liegenden Bedienkonzept vertraut gemacht haben.

Beispiel

Warten Sie bitte bis zum nächsten Kontakt
Anton Meißner freut sich auf die erste Dienstreise mit seinem neuen Windows Mobile PDA. Er hat alle E-Mails, Termine, Aufgaben und Kontakte überspielt und ist nun voller Erwartung der neuen Möglichkeiten. Doch sein Entsetzen ist groß, als er am nächsten Tag in der Bahn nur sehr wenige seiner E-Mails lesen kann. Nach wenigen Zeilen zeigt der PDA den Hinweis, dass auf Wunsch der Rest der E-Mail nachträglich herunter geladen werden kann. Klar denkt sich Anton, nur hilft ihm das nicht, weil er dafür eben erst an seinen Arbeitsplatz zurückkehren muss.

So wie Anton geht es vielen Menschen, die sich mit einem neuen System anfreunden. Der Frust lauert quasi an jeder Ecke und die Enttäuschung über das Fehlen einer vermeintlichen Selbstverständlichkeit ist groß.

Handys können auch schon fast alles

Haben Sie mit Ihrem Handy schon einmal die Geburtstage verwaltet oder gar Ihre aktuellen Termine? Das funktioniert bei den meisten Modellen, die heute auf dem Markt sind, und sogar schon bei vielen älteren. Sie können sich Ihre Termine sogar vorher anzeigen und sich entsprechend mit einem Warnruf auf das bevorstehende Meeting hinweisen lassen. Interessant ist, dass kaum ein Handynutzer überhaupt weiß, wie er diese Funktionen einsetzen kann. Bestenfalls spielt der eine oder andere mal damit, während er auf einen Zug oder ein Flugzeug wartet.

Es scheint also weiterhin so zu sein, dass spezialisierte Systeme den größten Zuspruch finden: ein Handy zum Telefonieren, einen PDA oder Papierkalender für die Terminverwaltung und ein Notebook für das „richtige" Arbeiten am Computer unterwegs. Zwischen diesen Positionen liegen aufgrund der zunehmenden Leistungsfähigkeit der Kommunikationszwerge Grauzonen, die Ihre Entscheidung beeinflussen können. Oder Sie gehören vielleicht zu den Menschen, die immer gerne das neueste Spielzeug bei sich tragen. Herzlichen Glückwunsch zu diesem Faible!

Einer für alles – alle für Windows

Windows Mobile heißt das Betriebssystem, das heute neben dem Palm-Betriebssystem und Sonderlösungen wie dem Blackberry wohl am weitesten verbreitet ist. Allerdings entwickelt sich dieser Markt schnell, so dass schon in einem oder zwei Jahren völlig neue Systeme nennenswerte Marktanteile erreichen können. Viele Anwender setzen Windows-basierte PDAs ein, weil sie diesen eine bessere Zusammenarbeit mit dem Windows zutrauen, das auf ihren PCs und Notebooks läuft. In den Tests, die ich mit verschiedenen Systemen für dieses Buch durchgeführt habe, konnte ich dieses Vorurteil nur in Teilen bestätigen. Auch die meisten anderen gängigen Systeme bieten eine weitgehende Kompatibilität zu Outlook, wenn auch nicht zu allen Anwendungen wie Word oder Excel. Es hängt also einmal mehr davon ab, ob Sie die Miniversionen dieser Programme unterwegs dringend benötigen.

So lange Sie sich auf Termine und Aufgaben beschränken, sollten Sie andere Kriterien in den Vordergrund stellen. Die wohl wichtigste Frage lautet: Wie viele Funktionen soll der PDA haben, den ich unterwegs nutze? Weniger kann hier deutlich mehr sein, denn was nützen die tollsten Funktionen, wenn Sie am Ende nur von wenigen dieser Möglichkeiten Gebrauch machen. Sobald Sie also die für Sie wichtigen Anwendungen identifiziert haben, sind Sie dem passenden Begleiter schon einen großen Schritt näher gekommen.

Prüfen Sie den tatsächlichen Nutzen

Es spielt keine Rolle, welches System Sie sich anschauen, das wichtigste Kriterium für die Auswahl ist der Nutzen, den es Ihnen bringt. Gerade Männer sind hier oft den Katalogsprüchen der Hersteller erlegen, denen zufolge das neue Gerät alles viel einfacher und besser und schneller erledigt. Bleiben Sie in Bezug auf diese Äußerungen skeptisch, fragen Sie andere Anwender und testen Sie soviel wie möglich.

*Übung: Wählen Sie die dringend benötigten Funktionen,
die Ihr neuer PDA haben sollte:*

☐ Kalender

☐ Aufgabenliste

☐ Adressverwaltung

☐ Internetzugang

☐ E-Mail-Austausch online via Handy (Bluetooth o.ä.)

☐ E-Mail-Austausch online direkt

☐ E-Mail-Austausch offline (etwa via Outlook nach PC-Datenaustausch)

☐ Pocket-Anwendungen wie Textverarbeitung, Tabellenkalkulation oder Präsentation

☐ Abspielmöglichkeit für Soundfiles (MP3, WMF etc.)

☐ Abspielmöglichkeit für Videos (MPEG 4)

Weitere Wunsch-Funktionen bitte hier eintragen:

_____

_____

_____

E-Mail oder nicht

Mit dem Trend zu gehen heißt heute für viele Menschen, die ankommenden E-Mails immer sofort lesen und möglichst auch beantworten zu können. Die wichtigsten kleinen Geräte, mit denen das heute zuverlässig funktioniert, sind nach meiner Einschätzung in Deutschland der Blackberry und der Nokia Communicator. Die anderen zeitgemäßen PDAs lassen sich meist via Bluetooth oder mit Hilfe eines Datenkabels mit dem Handy verbinden, so dass E-Mails abgerufen werden können. Das ist etwas lästiger, dafür sind die Geräte kleiner. Und sie bieten meist keine integrierte Tastatur, können jedoch auf Wunsch um eine klappbare, nahezu vollwertige Tastatur ergänzt werden.

Abbildung 6: Der Communicator von Nokia bietet eine kleine Tastatur, mit der das Schreiben nach einiger Eingewöhnung ganz gut funktioniert. Für Termine und kurze Notizen genügt das.

Wer unterwegs dringend seine E-Mails bearbeiten möchte, ist bei dem derzeitigen Stand der Technologie aus meiner Sicht immer noch am besten mit einem Notebook beraten. Insbesondere die Subnotebooks mit einem Gewicht von unter 1,5 Kilogramm und entsprechend geringen Abmessungen bieten hier den besten Komfort. Sie sind ebenso leistungsfähig wie ein ausgewachsener Desktop-Computer und bieten so viel mehr nützliche Funktionen als der leistungsfähigste PDA. Da es für jedes Notebook auch Bluetooth-Adapter gibt oder eine Wireless-LAN-Schnittstelle, kann auch unterwegs komfortabel gearbeitet werden. Selbst die Bahn, die Flughäfen und die Flugzeuge werden zunehmend mit Wireless-LAN-Technik ausgestattet, so dass uns diese recht günstige Technik in absehbarer Zeit beinahe flächendeckend zur Verfügung stehen wird.

Stift oder Tastatur

Ob Sie mit einer Tastatur arbeiten möchten oder nicht, ist eine der wichtigsten Entscheidungen bei der Frage, welcher mobile elektronische Helfer perfekt zu Ihnen passt. Immerhin haben die entsprechenden Systeme in den vergangenen Jahren einen deutlichen Entwicklungssprung gemacht. Während etwa auf dem ersten PalmPilot noch die Handschrifteingabe in Form vorgegebener und oft genug falsch interpretierter Zeichen erfolgte, kann bei den heutigen Systemen zwischen einer Bildschirmeingabe und einer flexiblen Buchstabeneingabe gewählt werden. Dafür verwenden Sie einfach einen Stift, der mit dem Gerät geliefert wird. Die Eingabe über den berührungsempfindlichen Bildschirm ist sehr präzise und nach einiger Einarbeitungszeit auch schnell zu erledigen.

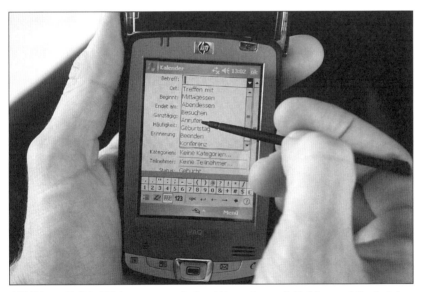

Abbildung 7: Die PDAs warten mit der Alternative auf, Zahlen und Buchstaben auf dem Bildschirm anzutippen oder die Buchstaben mit Hilfe einer standardisierten Handschrift einzugeben.

Speziallösungen

Im Bereich der mobilen Systeme gibt es zahlreiche Speziallösungen, die eventuell für Ihre Branche zusätzliche Funktionen anbieten. Außerdem können Sie sich für nahezu jeden aktuellen PDA beziehungsweise Ihr Smartphone zusätzliche Anwendungen aus dem Internet herunterladen und diese installieren. Auch für die Verwaltung von Terminen und Aufgaben lohnt sich ein Blick auf die entsprechenden Homepages. Das ist die Chance für Sie, sich auch Ihren Firmen-PDA an Ihre Bedürfnisse anzupassen. So erhöhen Sie Ihre Arbeitsleistung und es macht mehr Spaß. Außerdem werden inzwischen zahlreiche eBooks angeboten, die Ihnen auf Reisen nützliche Informationen auch zu allgemeinen Management-Themen oder Bücher aus allen Bereichen der Bellestristik liefern.

Größere Unternehmen können die PDAs an ihre individuellen Anforderungen anpassen und eigene Lösungen programmieren lassen. Diese Flexibilität ist ein wichtiger Grund für die schnelle Verbreitung der Systeme und die Beliebtheit, der sie sich auch im Unternehmensumfeld erfreuen.

Der Datenabgleich ist die Achillesferse

Alle PDAs sind darauf angewiesen, die Daten vom PC oder einem Notebook übertragen zu bekommen. Durch USB 2.0 und vielleicht in Kürze auch Firewire-Verbindungen ist die Bandbreite selbst dann ausreichend, wenn umfangreiche E-Mails sowie Kalender und Aufgabenlisten übertragen werden müssen. Bluetooth und Wireless LAN sind hier ebenfalls sehr geeignet, wobei Bluetooth deutlich langsamer ist. Je nach Speicherausstattung können auch MP3-Dateien, also etwa die Lieblingsmusik oder Podcasts mitgenommen werden.

Tipp: Manche PDAs haben die Eigenschaft, aus unerfindlichen Gründen bei einer Synchronisation alle Informationen zu verdoppeln. Das kann eine stundenlange Bereinigungsarbeit nach sich ziehen, wenn Sie die Prozedur von Hand durchführen. Weil das Problem offenbar häufiger auftritt, gibt es auch dafür inzwischen passende Softwarelösungen (siehe Anhang).

Entscheidend ist dabei, dass das von Ihnen bevorzugte System reibungslos mit Ihrem PC und der in Ihrem Unternehmen eingesetzten Softwarelösung zusammenarbeitet. Verlassen Sie sich dabei nicht auf Werbeaussagen der Hersteller, sondern testen Sie gründlich. Beachten Sie auch, dass Sie für die Übertragung diverse Parameter einstellen können, die das Ergebnis deutlich beeinflussen können. Vielleicht haben Sie beispielsweise nur einen Teil der Termine auf den PDA überspielt. Das ist ärgerlich, falls Sie das erst beim Kunden entdecken, der einen Termin in vier Monaten mit Ihnen schon heute vorbesprechen möchte.

Ein Wort zur Sicherheit

Die viel zitierte Datensicherheit ist ein wichtiges Thema, wenn es um die elektronische Verwaltung der Daten, Termine und Aufgaben geht. Der Verlust eines PDAs kann nicht nur Ihre Terminplanung ein wenig durcheinander bringen. Vielleicht ist Ihnen auch unwohl bei dem Gedanken, dass ein Fremder die letzten zwei Jahre zurückverfolgen und Ihre kompletten E-Mail-Ordner durchgehen kann. Es ist ein offenes Geheimnis, dass in Zeiten von Bluetooth und Wireless LAN nicht einmal ein direkter Zugriff auf das Gerät erfolgen muss. Und Sie wissen vielleicht auch, dass jeder Internet-Provider in Deutschland den Behörden einen offenen Zugang zu sämtlichen Daten gewähren muss, die Sie als E-Mail erreichen oder im Internet surfend sammeln. Das mag für den einen oder anderen Anwender ein weiteres Argument für einen Papierkalender sein.

Die Aspekte der Datensicherheit sollten also möglichst vor dem Kauf berücksichtigt und abgewogen werden, damit Sie später keine bösen Überraschungen erleben. Ein weiterer Punkt betrifft den Virenbefall. Es scheint, als seien die meisten heute verfügbaren mobilen Systeme wie Handys, Smartphones und PDAs weitgehend vor Viren geschützt. Das hängt vor allem damit zusammen, dass ihre Betriebssysteme recht speziell sind und zahlreiche Sicherheitsfeatures beinhalten.

Regelmäßige Sicherungen sparen Zeit

Zur Sicherheit gehört auch, dass Sie regelmäßig Backups erstellen. Ich weiß aus Erfahrung, dass viele Anwender das erste Backup erstellen, wenn sie zum ersten Mal viele oder sogar alle Daten verloren haben.

Das ist ein guter Effekt, weil Menschen aus Erfahrung klüger werden. Im Fall Ihres Computers, Smartphones und PDAs schützt Sie nur ein regelmäßiges Backup davor, die Arbeit vieler Monate oder gar Jahre für immer zu verlieren. Beispiele dafür gibt es zur Genüge. Auch für einen Virenbefall gilt diese Regel, denn Viren können den Datenbestand noch schlimmer gefährden als ein Hardwarefehler oder -verlust, da sie bereits vorhandene Daten verändern können. Dann hilft auch ein Backup nicht mehr, weil der Virus vielleicht die Dateien bereits vor einigen Wochen unbemerkt beschädigt oder verändert hat.

Wenn der Datenbestand verloren gegangen ist, dauert es in vielen Fällen recht lange, bis die Schäden ausgeglichen oder repariert sind. Selbst mit einem Backup, das vielleicht eine Woche alt ist, kann die Datenrestaurierung noch einige Stunden dauern. Doch das ist besser, als wenn Sie gar keine Sicherungskopien erstellen. In Bezug auf die Arbeit mit einem PDA ist es besonders wichtig, auch die Daten eines Programms wie Outlook, die in der Regel in anderen Verzeichnissen abgelegt werden, zu sichern.

Archivierung

In jedem Fall kann es wichtig sein, das Kalendersystem auch zu archivieren, so dass Sie auch nach Jahren noch Termine nachvollziehen können. Außerdem macht es Spaß, nach fünf oder zehn Jahren noch einmal in einem alten Kalender zu blättern und sich damit bewusst zu machen, wie es Ihnen damals erging und wie Sie sich gefühlt haben. Den Kalender dann auch als Erfolgstagebuch mit einem täglichen kurzen Eintrag zu nutzen, ist eine schöne Variante. Andererseits mag es für Sie aus beruflichen Gründen wichtig sein, später noch Termine nachvollziehen zu können. Bei einem elektronisch geführten Terminkalender können Sie beispielsweise einen Ausdruck nutzen, um die Termine dauerhaft verfügbar und leicht zugänglich zu haben. Allerdings haben sich einige Anbieter auf die Archivierung von Outlook- beziehungsweise Exchange-Datenbeständen spezialisiert. Das trägt den rechtlichen Anforderungen Rechnung, nach denen unter bestimmten Umständen die E-Mail-Daten zehn Jahre lang archiviert werden müssen.

> **Tipp:** Beraten Sie sich bei der Archivierung nicht nur mit Ihrem IT-Systemhaus, sondern auch mit einem Rechtsanwalt. E-Mails spielen in Gerichtsverhandlungen eine immer größere Rolle und der Richter kann diese als Beweise zulassen. Auch Ihr elektronisch geführter Kalender kann also ein wichtiges Beweisstück werden.

Elektronische Systeme sind eine erhebliche Hilfe, wenn sie umsichtig ausgewählt wurden und sinnvoll in die Unternehmensumgebung eingebunden sind. Ob Sie diese Helfer den Papierkalendern vorziehen, ist Ihre eigene Wahl. Treffen Sie diese nach ausführlichen Tests und mit der Überzeugung, das für Sie optimale System gefunden zu haben. Jeder spätere Wechsel kostet nicht nur Geld, sondern auch viel Zeit.

Zusammenfassung

- Finden Sie den für Sie passenden Kalender und das System, mit dem Sie am besten klar kommen.
- Wenn Sie mit zwei verschiedenen Systemen gleichzeitig arbeiten, planen Sie den Datenaustausch. Welches System wird wie aktuell gehalten?
- Nur ein aktueller Kalender unterstützt Sie in geeigneter Weise.
- Von Ihren Aufgaben und Zielen hängt es ab, welches System besser geeignet ist.
- Investieren Sie Zeit und eventuell auch Geld für die gezielte Schulung, um alle Funktionen Ihres Zeitplanungs-Systems kennen zu lernen.
- Die Einbindung des Internet und der anderen Kommunikationswege spart oft viel Zeit.
- Bei der Kundenbetreuung lässt sich viel Zeit durch eine spezielle CRM-Lösung sparen.
- Viele Funktionen eines PDAs oder Smartphones sind kein Garant für eine bessere Termin- und Aufgabenverwaltung.
- Denken Sie auch an Themen wie den Datenaustausch, Datenschutz, die Sicherheit, Backups und Archivierung.

Lektion 5:
Helfer in der Not

Tipps und Tricks für brenzlige Situationen

*Was tun, wenn der sorgfältig geplante Kalender zusammen-
bricht, weil eine Notsituation entsteht? Der kühle Kopf
hilft auch hier wie in den meisten anderen Situationen.
Es gilt, das entstandene Chaos zu beurteilen, um
dann schnell und sicher die geeigneten Gegenmaßnahmen
einzuleiten. Lernen Sie, wie Sie in den kritischen Situationen
des Alltags den Überblick behalten, um schnell wieder in
ein ruhiges Fahrwasser zu gelangen. Und falls Sie unter
Dauerstress leiden und ständig mit Notlösungen arbeiten,
lernen Sie Alternativen für eine neue Lebensgestaltung
kennen.*

Ein Notfallprogramm zu haben, das Sie schnell aus jeder chaotischen
oder überfordernden Situation herausbringt, ist sehr wichtig. Schließlich lässt sich nicht alles vorausplanen, und so können Situationen
entstehen, die Sie gewaltig ins Schwitzen bringen, weil die Zeit nicht
auszureichen scheint, um gelassen und voller Ruhe zu arbeiten. Dabei
wäre genau das die Eigenschaft, die ein Mensch in einer hektischen Situation am besten gebrauchen könnte! Zum Glück planen Sie ja in
diesem Moment alles für diesen Notfall, der dann vielleicht in der einen oder anderen Form tatsächlich eines Tages wahr wird. Und dann
haben Sie sämtliches Rüstzeug, um schnell zu handeln.

Übung: Wie reagieren Sie auf terminliche Notsituationen?

Stellen Sie sich vor, es ist Freitagnachmittag und Sie erhalten den Anruf eines Kunden. Der Kunde bittet Sie, noch heute einen Auftrag zu erledigen,
der etwa sechs bis sieben Stunden Zeit in Anspruch nimmt. Sie nehmen
den Auftrag an, merken aber schon, wie sehr Sie das unter Druck setzt,
denn eigentlich wollten Sie in einer Stunde Feierabend machen und sich
dann abends mit guten Freunden im Kino treffen. Wie reagieren Sie?

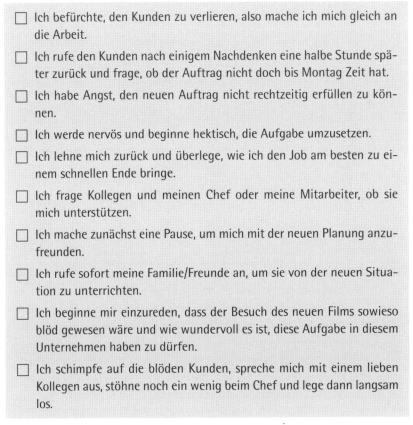

☐ Ich befürchte, den Kunden zu verlieren, also mache ich mich gleich an die Arbeit.

☐ Ich rufe den Kunden nach einigem Nachdenken eine halbe Stunde später zurück und frage, ob der Auftrag nicht doch bis Montag Zeit hat.

☐ Ich habe Angst, den neuen Auftrag nicht rechtzeitig erfüllen zu können.

☐ Ich werde nervös und beginne hektisch, die Aufgabe umzusetzen.

☐ Ich lehne mich zurück und überlege, wie ich den Job am besten zu einem schnellen Ende bringe.

☐ Ich frage Kollegen und meinen Chef oder meine Mitarbeiter, ob sie mich unterstützen.

☐ Ich mache zunächst eine Pause, um mich mit der neuen Planung anzufreunden.

☐ Ich rufe sofort meine Familie/Freunde an, um sie von der neuen Situation zu unterrichten.

☐ Ich beginne mir einzureden, dass der Besuch des neuen Films sowieso blöd gewesen wäre und wie wundervoll es ist, diese Aufgabe in diesem Unternehmen haben zu dürfen.

☐ Ich schimpfe auf die blöden Kunden, spreche mich mit einem lieben Kollegen aus, stöhne noch ein wenig beim Chef und lege dann langsam los.

Vielleicht fragen Sie sich gerade, ob es einen optimalen Weg gibt, mit der Situation umzugehen. Nein, den gibt es nicht. Denn hier geht es ja vor allem um Ihr Gefühl in Bezug auf diese Herausforderung. Sie können lernen, mit Ihren Gefühlen umzugehen, diese so zu verändern, dass es Ihnen jederzeit gut geht, wenn Sie dies möchten. Hier geht es vor allem darum, dass Sie Ihren Fokus auf die Aspekte des Lebens richten, die Sie bei der schnellen Erledigung der Aufgabe unterstützen. Da wird sofort klar, dass Panik und Angst Sie nur behindern. Und es ist wichtig, wie immer beim Thema Zeit, dass Sie die Verantwortung für Ihre Entscheidung übernehmen. Schließlich hätten Sie Nein sagen können. „Und dann den Kunden verloren", mögen Sie denken. Doch einerseits steigen tatsächlich nur wenige Kunden aus, weil Sie einen neuen Auftrag am Freitagnachmittag nicht mehr sofort erledigen. Und andererseits sind das vielleicht perspektivisch die falschen Kunden für Sie und Ihr Unternehmen.

Panik, Angst & Co.

Die größte Hürde ist die Angst, die manche Menschen in den Situationen überfällt, in denen es eng wird. Sie sind dann so panisch, so jenseits ihrer normalen Fähigkeiten, dass sie keinen klaren Gedanken mehr denken können, geschweige denn die vor ihnen liegenden Aufgaben angehen und bewältigen können. Dieses Verhalten wird nur noch verstärkt, wenn die Kollegen oder – schlimmer noch – der Chef panisch reagieren. Es soll Manager geben, die in Notsituationen nur noch herumbrüllen und nicht mehr normal ansprechbar sind. Diese sind meist nach einiger Zeit alleine in ihrem Unternehmen oder sie werden entlassen. Doch das ist ja für diese Menschen keine Lösung. Wichtiger wäre es auch für sie, eine neue Verhaltensweise zu erlernen, die ihnen in diesen Situationen wirklich hilft.

Beispiel

Flugangst kann auch ein Zeitfresser sein

Caroline Breuer hat seit ihrer Kindheit Angst vor dem Fliegen. Schon bei dem Gedanken daran, ein Flugzeug zu besteigen, bekommt sie feuchte Hände. Sie ist bei einem großen Chemieunternehmen beschäftigt und gerade befördert worden. Nun soll sie im Rahmen der neuen Tätigkeit auch fliegen, zunächst innereuropäisch, dann auch weltweit. Diese Aussicht macht sie panisch. Vielleicht könnte sie die Reisen mit der Bahn erledigen, auch wenn sie das viele Stunden mehr kosten würde?

Zum Glück lernt sie in einem Seminar, wie sie diese Ängste innerhalb weniger Minuten verliert. Sie soll sich vorstellen, so die Trainerin, wie sie sich auf einem Fernseher beobachtet, während sie ein Flugzeug besteigt. Da das für Caroline noch zu viel ist, entkoppelt die Trainerin die kritische Situation weiter. Jetzt sieht sich Caroline auf ihrer Couch im Wohnzimmer sitzen. Im Fernsehen schaut sie sich eine DVD an, die davon handelt, dass Caroline in einem Kino einen Film von einem Flug sieht. Sobald Caroline an eine Stelle kommt, an der es ihr früher mulmig geworden wäre, läuft der Film auf der Kinoleinwand rückwärts und sehr schnell bis zum Anfang zurück. Caroline konnte, wie die anderen Teilnehmer des Seminars, kaum glauben, dass diese kleine Übung ihre Flugangst für immer verschwinden ließ. Und dieses Staunen hielt auch bei den ersten Flügen an, die sie in den Wochen danach völlig angstfrei unternahm.

Die Geschwindigkeit dieser und anderer vergleichbarer Methoden ist deshalb nicht erstaunlich, weil wir Menschen die meisten Ängste sehr schnell erlernt haben. Ein Kind, das von seiner Mutter lernt, nicht alleine in den Keller des Hauses zu gehen, weil dort Gespenster sind, fragt meist auch nicht nach. Wenn die Mutter gut genug im Angst machen ist, sitzen solche Lektionen sofort und halten so lange, bis sie mit einfachen Übungen in Seminaren oder Therapien aufgelöst worden sind.

Angst als Motivation

Angst ist in unserer Gesellschaft bislang die wohl wichtigste Motivationsstrategie. Da sie allerdings nicht die beste Strategie ist, profitiert jeder Mensch von der Möglichkeit, seine überflüssige Angst abzulegen. Deshalb ist es auch in einem Zeitmanagement-Seminar entscheidend, den Teilnehmern die Angst zu nehmen, damit sie sich ab sofort freier entscheiden können, ihre Aufgaben zu erledigen.

Das gilt nicht nur für die Notsituationen, in denen sie bislang vielleicht panisch reagiert haben, doch in diesen gilt es ganz besonders. Wenn Sie spüren, wie alte Ängste ein letztes Mal in Ihnen aufsteigen, machen Sie sich bewusst, wovor genau Sie Angst hatten. Das ist deshalb so wichtig, weil auf diese Weise aus einer diffusen, undifferenzierten Angst eine konkrete Angst wird. In vielen Fällen genügt das schon, um die entsprechenden Gefühle zumindest deutlich schwächer werden zu lassen.

Tipp: Stellen Sie sich die Frage, was schlimmstenfalls passieren kann. Hier geht es nicht darum, ein Horrorszenario aufzubauen, sondern rational und ehrlich zu planen. Und dann prüfen Sie für sich, ob Sie bereit sind, dieses Risiko einzugehen. Wenn ja, wird das Gefühl der Angst Sie sofort verlassen und Sie haben mehr Energie für die Erledigung der Aufgabe.

Im Notfall: Das Wichtigste zuerst

Wenn es einmal zu eng geworden ist oder Sie eine zusätzliche Aufgabe übernommen haben, ist es das Wichtigste, sich sofort ganz dieser Tätigkeit zu widmen. Ziehen Sie Ihre Konzentration aus allen anderen Bereichen ab, denn jetzt benötigen Sie die volle Kraft für die eine Aufgabe. Schätzen Sie ab, wieviel Zeit Sie benötigen, um dieser Anforderung gerecht zu werden und planen Sie diese Luft ein. Wenn es darum geht, dass Sie jetzt sofort fünf Stunden benötigen, um den ersten Teil zu schaffen oder sogar die Aufgabe schon vollständig zu erledigen, dann legen Sie jetzt los und befreien Sie Ihren Kalender von allen anderen Terminen. Sagen Sie Besprechungen ab, verschieben Sie auch private Termine auf einen späteren Zeitpunkt und vergessen Sie den immer für diesen Tag eingeplanten Besuch der Sauna. Jetzt ist ein Notfall und der verlangt Ihre volle Aufmerksamkeit.

Beispiel

Ich schaffe das schon

Frank Hermanns ist leitender Angestellter in einer Bank. Er genießt meistens einen geregelten Tagesablauf, und seine Terminplanung hat er locker unter Kontrolle. Doch für morgen hat sich kurzfristig der Vorstand angekündigt und er muss deshalb noch eine Präsentation vorbereiten, von der noch nicht eine Zeile steht. Frank ist versucht, sich selbst zu beweisen, dass er diese zusätzliche Anforderung locker stemmen kann. Also behält er den Termin im Fitnesscenter bei, wo er sich immer dienstags mit seinem Freund Peter zum Body-Building-Kurs trifft. Schließlich tut doch der Sport so gut und die Präsentation kann er ja auch noch danach machen. Wofür hat er schließlich das Notebook bekommen? Als er nach dem Sport nach Hause kommt, sind erst einmal Duschen und Abendessen angesagt. Nur eine Kleinigkeit will er essen und dann wird er sofort die Präsentation machen, ganz bestimmt ...

Das Verhalten von Frank ist ziemlich typisch für Menschen, die unter Druck erst einmal mit einem ausweichenden Verhalten reagieren. Einmal mehr mögen dies Kindheitsmuster sein, die vor allem zur Zeit der Pubertät wiederholt werden. Manche Eltern leben Ihren Kindern dieses Verhalten beispielsweise konsequent vor. Oder die Kinder lernen, dass es viel mehr Spaß macht und Aufmerksamkeit der Eltern bringt, das zu tun, was ihnen nicht gefällt. Vielleicht machen sie später aus diesem Grund immer zuerst das, was dem Weg zum Ziel genau entgegenläuft. Das beeindruckende daran ist, dass sich der Betroffene in der Situation mit seinem Verhalten ausschließlich selbst schadet, denn niemand sonst leidet, wenn Frank nachts um drei Uhr noch seine Präsentation vorbereiten muss. Noch erstaunlicher an diesem Verhalten ist, dass manche Menschen es geradezu zwanghaft wiederholen, jedes Mal wenn eine vergleichbare Situation auftritt.

Entlarven Sie Ihre Muster

Gerade für die Wiederholungstäter ist es wichtig, sich dieses eigene Muster bewusst zu machen und beim nächsten Mal gegenzusteuern. Frank hätte den Fitnesstermin absagen und die Präsentation vorbereiten können. Dann wäre er vielleicht etwas später nach Hause gekommen, als sonst üblich, dafür aber mit fertiger Präsentation und der entsprechenden Zeit, sich in aller Ruhe auf die Anforderungen des kommenden Tages vorzubereiten. Termindruck und zu langes Arbeiten können allein schon deshalb entstehen, weil jemand die wichtigen beziehungsweise dringenden Aufgaben einfach immer noch ein bisschen nach hinten schiebt, anstatt sie direkt anzugehen.

Sie mögen sich fragen, warum Sie selbst in solchen Situationen immer wieder zum Ausweichen neigen. Die Erfahrung aus vielen Seminaren, Workshops und Coachings zeigt auch, dass es hier meist um den inneren Dialog der Menschen geht. Der innere Dialog ist sozusagen die Stimme, mit der wir zu uns selbst sprechen. Allerdings erleben viele Menschen diese Stimme in bestimmten Situationen auch als Stimme einer anderen Person, also etwa als die ihres Vaters oder ihrer Mutter. Wenn Sie diese Stimme bisher nicht wahrgenommen haben, achten Sie einfach darauf, wann sie sich bei Ihnen meldet. Es ist die Stimme, die Ihnen vor dem Klettern auf einen Baum sagt, ob Sie es schaffen oder nicht. Und es ist dieselbe Stimme, die Ihnen voraussagt, dass das nächste Meeting mit einem schwierigen Kunden eine unüberwindbare Hürde für Sie sein wird oder dass Ihr Partner bestimmt eine andere Frau beziehungsweise Ihre Partnerin einen anderen Mann hat. Da dieser innere Dialog nicht immer freundlich ist und Ihnen auch nicht immer die beste Motivation für den Alltag gibt, kann es sinnvoll sein, ihn unter Ihre Kontrolle zu bringen.

Einfach abschalten

Die einfachste Möglichkeit dies zu tun, ist sie abzuschalten. „Ich habe es schon probiert, aber es funktioniert nicht", sagen manche Teilnehmer nach den ersten Versuchen. Und es stimmt, dieser innere Dialog, der von rechts, von links, von vorne oder hinten ertönt, ist manches Mal ein wenig trickreich.

> ### Übung: Nur von rechts, links oder Dolby Digital?
>
> Interessant ist, dass die innere Stimme bei vielen Menschen von verschiedenen Richtungen kommt, je nachdem, ob die Botschaft negativ oder positiv ist. Achten Sie einfach darauf, von wo die Stimme, die Ihnen etwas Negatives eingibt, mit Ihnen spricht. Und jetzt können Sie sich an eine Situation erinnern, in der Sie sicher waren, dass Sie eine schwierige Aufgabe lösen oder ein Problem überwinden konnten. Wo sind die Unterschiede? Ist die Stimme verschieden? Ist die Tonhöhe unterschiedlich? Was ist genau wie anders?

Im Training lässt sich mit diesem inneren Dialog sehr gut spielen, denn er ist auf sehr enge Spielregeln beschränkt, die der jeweilige Teilnehmer meist nicht kennt. Und diese gezielte, spielerische Veränderung, die Sie auch ausprobieren können, führt zu erstaunlichen Resultaten.

Beispiel

Kleine Änderung, große Wirkung

Dieter Schott hat die Erfahrung gemacht, dass sein negativer innerer Dialog von der rechten Seite kommt, eine männliche Stimme. Er merkt dann, dass diese Stimme ihn mit „Du" anspricht. Sobald er diese Stimme mit „Sie" reden lässt, hat sie keine Wirkung mehr auf Dieter. Er kann sich nach dem Seminar viel leichter motivieren und selbst in Phasen, in denen sich früher über längere Zeit schlecht gefühlt hat, geht es ihm jetzt schnell besser.

Bei Menschen wie Frank kommt zu dem inneren Dialog oft noch eine zweite Komponente hinzu, die Fachleute als Arbeit mit Modaloperatoren bezeichnen.

Übung: Ein bisschen Sport tut jedem gut

Achten Sie beim Lesen der folgenden Sätze bitte darauf, welche Formulierung bei Ihnen den stärksten Impuls auslöst:

1. Ich versuche, nächsten Dienstag ins Fitnessstudio zu gehen.
2. Es wäre schön, nächsten Dienstag ins Fitnessstudio zu gehen.
3. Es täte mir gut, nächsten Dienstag ins Fitnessstudio zu gehen.
4. Man sollte nächsten Dienstag ins Fitnessstudio gehen.
5. Ich möchte nächsten Dienstag ins Fitnessstudio gehen.
6. Ich könnte nächsten Dienstag ins Fitnessstudio gehen.
7. Ich würde gerne nächsten Dienstag ins Fitnessstudio gehen.
8. Ich müsste nächsten Dienstag ins Fitnessstudio gehen.
9. Ich will nächsten Dienstag ins Fitnessstudio gehen.
10. Ich soll nächsten Dienstag ins Fitnessstudio gehen.
11. Ich sollte nächsten Dienstag nicht ins Fitnessstudio gehen.
12. Ich werde nächsten Dienstag ins Fitnessstudio gehen.
13. Ich gehe nächsten Dienstag ins Fitnessstudio.

Bei welchem dieser Sätze ist die Wahrscheinlichkeit am größten, dass Sie tatsächlich am kommenden Dienstag Sport machen? Finden Sie es heraus, denn mit der richtigen Formulierung werden Sie sich für den Rest Ihres Lebens in jeder Situation motivieren können.

Bei Frank sagte die innere Stimme übrigens: „Ich sollte das Fitnessstudio ausfallen lassen." Sobald er erkannt hatte, dass er sich in dringenden Situationen durch das Denken dieses Satzes selbst aushebelt, konnte er zunächst bewusst den inneren Dialog in kritischen Situationen ändern. Mit der Zeit lief das dann automatisch, so dass es ihm nach wenigen Wochen leichter viel, den Selbstboykott zu unterlassen.

Tipp: Auch für Paare ist die Arbeit mit dem inneren Dialog und den Modaloperatoren eine gute Möglichkeit, die Beziehung zu verbessern. Sobald Sie den „richtigen" Modaloperator verwenden, der für Ihren Partner oder Ihre Partnerin höchst motivierend ist, können Sie Themen wie „Könntest Du den Müll runter bringen?" oder „Du solltest mehr Zeit für mich haben" von der Problemliste streichen. Probieren Sie es aus, fragen Sie Ihren Partner, wie genau er sich motiviert.

Wenn Sie sich in einer hektischen Situation dabei erwischen, dass Sie Ihr innerer Dialog sabotiert und Sie mit negativen Meldungen á la „Das schaffen wir nicht rechtzeitig!" oder „Wie soll denn das noch funktionieren?" bombardiert, dürfen Sie diese Stimme gerne in eine Mickey-Mouse-Version verwandeln, wenn es Ihnen hilft. Der klare Kopf kommt dann schnell zurück und das befreiende Lachen sorgt dafür, dass wieder positive Hormone ausgeschüttet werden, die Sie dabei unterstützen, die schwierige Notsituation leichter zu meistern.

Die Gegenbeispielsortierer

Jeder Mensch hat bei den Modaloperatoren seine ganz eigene Wahl. Zum Beispiel gibt es eine Reihe von Menschen, die unter Übergewicht leiden. Sobald sie vor dem Kühlschrank stehen und sich selbst sagen, „ich sollte jetzt nicht mehr von der Torte essen," werden sie es umgehend tun. Das sind die so genannten Gegenbeispielsortierer, also Menschen, die irgendwann begonnnen haben, in vielen Situationen das Gegenteil von dem zu tun, was andere Menschen oder ihr eigenes schlechtes Gewissen ihnen einreden möchte. Diese Menschen sind bestens mit einem Paradoxon zu motivieren. Sagen Sie zu Ihrer pubertierenden Tochter, die sich wieder einmal unmöglich bei Tisch benimmt, in einem freundlichen Ton: „Ich möchte nicht, dass Du Dich jetzt gleich gerade hinsetzt und ordentlich isst." Ihre Tochter wird damit innerlich einiges zu tun haben und wenn Sie sie dann in Ruhe lassen, wird sie wenige Augenblicke später ihr Verhalten verändern.

Menschen, die gerne das Gegenteil tun, können sich selbst exzellent motivieren, indem sie sich limitierende Aussagen anderer ins Gedächtnis rufen.

Übung: Prüfen Sie die Wirkung

Stellen Sie fest, ob die folgenden Sätze Sie eher motivieren würden, oder ob Sie danach jede Lust verlieren, das Neue zu wagen. Bemerken Sie eine Veränderung, wenn Sie den Satz in Ihrer Vorstellung von verschiedenen Menschen, Ihrem Partner, einem Freund, dem Chef, einem Kollegen, Ihren Eltern und so weiter sprechen lassen?

- Es ist nicht unmöglich, sich innerhalb eines halben Jahres als Untrainierter auf einen Marathonlauf vorzubereiten.
- Es gibt Menschen, die können 80 Seiten eines Buches in einer Minute lesen und den Inhalt dabei erfassen.
- Niemand wird jemals ein Flugzeug bauen, das mit Wasserstoff fliegt.

- 30 Kilogramm innerhalb eines halben Jahres abzunehmen, das schaffen Sie nicht.
- Sie sind nun einmal nicht sportlich, daran wird sich nichts ändern.
- Glücklich können nur fleißige Menschen sein.

Bitte denken Sie daran, dass dies nur Übungssätze sind, und vergessen Sie jegliche negative Beschränkung, die diese Aussagen eventuell auf Sie gehabt haben könnten. Jeder Mensch wird jedes der genannten Ziele erreichen, wenn es ihm wichtig ist. Es geht hier nur darum, dass Sie die für sich selbst optimale Motivationsstrategie finden. Gerade in einer Notsituation ist es ja ganz entscheidend, dass Sie das von einem Kollegen beiläufig geäußerte „Das ist doch in der Zeit gar nicht zu schaffen – was erwarten die von uns" richtig motivierend finden oder es für sich so umformulieren können, dass es entsprechend wirkt.

Kurze Planung statt hektischer Betriebsamkeit

Die hektische Betriebsamkeit ist in terminlichen Notlagen wohl die zweitwichtigste Fähigkeit, die den Erfolg verhindert. Wie kopflos rennen, reden und arbeiten Menschen dann durcheinander. Doch diese Herangehensweise verschlimmert nur die Notlage, denn statt mit Ordnung und Struktur an die Aufgaben heranzugehen, wird nur noch hektisch weiter Chaos produziert. Beginnen Sie also am besten trotz des Drucks mit einer fundierten Planung der vor Ihnen liegenden Aufgaben und Termine. Dazu können Sie sämtliche in diesem Buch aufgeführten Methoden nutzen. Entscheidend ist, und das wissen Sie ja bereits, das Ziel klar vor Augen zu haben, das Sie mit jeder der eingesetzten Methoden erreichen möchten.

Tipp: Im Übrigen gehört auch das Stöhnen über die plötzlich hereingebrochene zusätzliche Aufgabe zu den Erfolgsverhinderern in der Not. Wer in dieser Situation stöhnt, vergeudet nur seine wertvolle Zeit und hält auch noch andere Menschen davon ab, produktiv zu sein.

Sobald Sie sich an die Planung der kurzfristig zu erledigenden Aufgaben begeben, sollten Sie dringend prüfen, welche Teile der Aufgabe Sie verschieben, delegieren oder auf andere Weise erledigen beziehungsweise abkürzen können, indem Sie etwa ungewöhnliche Methoden nutzen. Beim Delegieren von Teilaufgaben müssen Sie im Rahmen eines dringenden ToDos auf jeden Fall und eventuell noch akribischer als in anderen Zusammenhängen darauf achten, dass Ihr Gegenüber die Aufgabe und das Ziel gut verstanden hat. Fragen Sie lieber zwei Mal nach und lassen sich das von Ihnen Gesagte von Ihrem Mitarbeiter oder Kollegen mit seinen eigenen Worten wiederholen. Denn nichts ist ärgerlicher, als wenn in einer solch hektischen Situation eine Teilaufgabe falsch oder nur zum Teil so erledigt wird, wie Sie es sich vorgestellt haben.

Tipp: Das Delegieren der Aufgaben folgt auch in Notsituationen demselben Muster, von dem bereits die Rede war. Die wichtigsten Fragen, die Sie dabei begleiten:
- Wer erledigt die Aufgabe?
- Was genau ist die Aufgabe?
- Bis wann erledigt derjenige die Aufgabe?

Eventuell macht es in diesem Fall mehr Sinn als in anderen Situationen, den Mitarbeiter oder Kollegen auch nach dem Wie zu fragen. Schließlich kommt es darauf an, dass bei dem engen Zeitplan auch alle anderen Beteiligten mit höchster Effizienz zu Werke gehen.

Ebenso wichtig ist die Entscheidung, ob Sie überhaupt delegieren oder es doch lieber selbst machen wollen. Beides birgt Risiken, denn es gibt zum Beispiel viele Chefs, vor allem Selbstständige, die im Notfall nur noch alles selbst machen wollen anstatt gezielt zu delegieren. Frei nach dem Motto „Ohne mich läuft dieser Laden ja eh nicht" fühlen diese Menschen sich unersetzlich und sie sorgen auch dafür, dass sie es auf Dauer bleiben. Auf der anderen Seite ist es auch in einer gedrängten Situation wichtig, dass ein Manager selbst Hand anlegt und ein Problem eben notfalls selbst löst, anstatt die Aufgabe mühsam und zeitraubend zu delegieren. In den Zeitmanagement-Seminaren halten sich die Berichte von Managern, die alles an sich ziehen, und solchen, die zuviel weitergeben, etwa die Waage. Unternehmensbezogen scheint es allerdings Unterschiede zu geben. Hier überwiegt oft das eine oder das andere Verhalten.

Verschieben ist jetzt auch eine Lösung

Manchmal lassen sich auch trotz aller Dringlichkeit Teile der Lösung verschieben. Nicht, um sie dann ein für allemal aus dem Fokus zu verlieren, sondern eben um sich Luft zu verschaffen. In jedem Arbeitsumfeld gibt es Beispiele für solche Lösungen, die sehr gut funktionieren und eine Menge Zeit sparen. Anstatt in einer Notsituation, in der Ihre Planung ausgehebelt wurde, alles auf einmal erledigen zu wollen, zerlegen Sie die Aufgabe in Einzelschritte. Prüfen Sie dann erneut und sehr kritisch, ob wirklich jeder einzelne Schritt in kurzer Zeit erledigt sein muss. Wenn die Präsentation für den Vorstand morgen fertig sein muss, haben Sie keine Wahl, außer es gleich zu erledigen. Wenn der Chef nächste Woche eine Präsentation halten will, genügt es vielleicht, dass Sie ihm heute zunächst nur die wichtigen Überschriften und Bilder liefern und dann in Ruhe übers Wochenende die Ausarbeitung machen. So könnte ein Freitagabend mit den Freunden gerettet werden, wenn Sie sich dafür dann am Samstagmorgen entsprechend mehr Zeit nehmen. Nutzen Sie Ihre Flexibilität voll aus, um zu geeigneten Lösungen zu kommen, die Ihre Lebensqualität erhöhen und gleichzeitig die Qualität Ihrer Arbeit.

> **Tipp:** Gerade im Umgang mit Kunden mag es schwer sein, eine neue Aufgabe schon beim Anruf so zu überblicken, dass Sie alle Verschiebungsmöglichkeiten ausgelotet haben. Vereinbaren Sie dann, dass Sie sich das Material ansehen und sich eine halbe Stunde später noch einmal melden. Dann haben Sie die Möglichkeit, über Alternativen zu sprechen. Und das ist allemal der bessere Weg, als wenn Sie den Auftrag annehmen und sich dann ohne Ankündigung später melden, um über die Verschiebungsmöglichkeiten zu sprechen.

Manche Kunden nutzen das Verhältnis zu einem Dienstleister insofern aus, als sie aus jeder Aufgabe eine höchstdringende und höchstwichtige machen.

Beispiel

Überflüssiger Druck
Helmut Förster arbeitet als freier Software-Programmierer für einige Konzerne und mittelständische Unternehmen. Die meisten Kunden hat er seit vielen Jahren, es gibt enge Beziehungen und großes

Vertrauen. So ist es für Helmut selbstverständlich, dass er seinen Kunden in Engpässen sehr schnell hilft. Vor ein paar Tagen hat ihn der IT-Leiter eines Elektro-Zulieferbetriebs angerufen und gebeten, schnell eine kleine Software für die Umstellung von Dokumenten zu programmieren, die im Rahmen eines System-Updates benötigt wurde. Helmut verschiebt einige weitere Aufträge, um diese dringend benötigte Lösung schnell liefern zu können. Groß ist sein Erstaunen, als er nach drei Wochen erfährt, dass die ach so dringend benötigte Lösung noch gar nicht eingesetzt wurde, weil die Umstellung sich doch noch hingezogen hat.

Sicher ist das nicht in jedem Fall vorhersehbar und deshalb den Kunden nicht anzulasten. Falls Sie bei Ihrer Arbeit direkt mit Kunden zu tun haben, prüfen Sie solche Themen im Lauf der Zeit gründlich ab. Es gibt Unternehmen, die von einem Dienstleister immer schnellste Lieferung erwarten, sich dann aber beispielsweise auch mit der Zahlung der Rechnung viel Zeit lassen. Das sollten die Kunden sein, auf die Ihr Unternehmen am schnellsten verzichten sollte, weil hier offenbar das Management falsche Prioritäten setzt. Prüfen Sie kritisch, ob Sie einen solchen Kunden nicht lieber Ihrem Mitbewerb gönnen.

Auf der anderen Seite kann es auch bei noch so dringenden Aufgaben sein, dass eine Verschiebung hilfreich ist, beispielsweise weil eine Lösung dann noch besser werden kann.

Übung: Hätten Sie es besser machen können?

Viele Menschen verwenden den Zeitdruck gerade in Notsituationen als willkommene Ausrede, dass ihre Leistung nicht den Erwartungen entsprach, egal ob es die eigenen oder die fremden sind.
Bei welchen Aufgaben hätten Sie in letzter Zeit bessere Ergebnisse bringen können, wenn Sie sich mehr Zeit genommen hätten?

_____

_____

_____

Welche Aufgaben haben Sie mit entsprechend mehr Zeitaufwand besser gelöst, zum Beispiel weil Sie sich nachträglich mehr Zeit genommen haben?

_____

_____

_____

Es ist müßig, über das individuelle Empfinden von Leistung zu diskutieren. Wichtig ist, dass Sie Zeit auch in einer stressigen Situation nicht mehr als Ausrede verwenden. Achten Sie, wenn alles sehr schnell gehen musste, darauf, was Sie mit mehr Zeit besser gemacht hätten. Und fragen Sie sich dann, wie viel mehr Zeit Sie dafür benötigt hätten. Oft müssen Sie nämlich für eine bessere Lösung gar nicht so viel mehr Zeit einsetzen, es genügt vielleicht eine halbe Stunde mehr für ein exzellentes Ergebnis anstelle einer Notlösung, die Sie unzufrieden gemacht hat.

Finden Sie eine schnellere Lösung

Der Druck, den die anstehende Aufgabe auf Sie ausübt, mag Sie dabei unterstützen, neue Wege zu finden anstatt weiter die gut bekannten Pfade entlang zu stolpern. Schließlich macht die Not ja sprichwörtlich erfinderisch. Denken Sie also auch darüber nach, wie eine Aufgabe eventuell auf ganz andere Weise als bisher und dafür viel schneller erledigt werden kann. Damit ist allerdings nicht gemeint, dass Sie in einer Zeit der Not erst einmal einen halben Tag kreativ über andere Lösungen nachdenken. Beziehen Sie nur das bisher Undenkbare in Ihre Überlegungen mit ein. Vielleicht kann der Brief, den ein Mitarbeiter geschrieben hat, doch nach nur einem kurzen Check freigegeben werden, wenn es bisher mehrere Korrekturläufe gab. Gerade auch bei technischen Prozessen wie dem Druck von Broschüren lassen sich oft dadurch Leerläufe einsparen, indem alle Beteiligten sich an einen Tisch setzen und eine Lösung suchen. Vielleicht lernen Sie so auch, aus der Not eine Tugend zu entwickeln und endlich neue Wege zu gehen.

Beispiel

Software bietet oft verschiedene Wege
In vielen Softwareschulungen profitieren die Teilnehmer davon, wenn der Trainer Tastaturkürzel und verkürzte Prozeduren schult. Immer wieder passiert es dann, dass Teilnehmer erkennen, wie viel Zeit sie hätten sparen können, wenn Sie einen bestimmten Befehl vorher gekannt hätten. Die mangels früherer Schulung vergeudete Zeit beläuft sich auf einige Jahre gerechnet auf viele Stunden. Jedes Unternehmen kann wohl von dieser mangelnden Befähigung der eigenen Mitarbeiter ein trauriges Lied singen.

In Bezug auf das Krisen-Zeitmanagement tut ein jedes Unternehmen gut daran, seine Mitarbeiter ebenfalls optimal ausbilden zu lassen. Wer mit seinem Unternehmen auf Dauer erfolgreich sein möchte, kann hier präventiv die geeigneten Methoden lehren lassen, die zum Großteil in diesem Buch behandelt werden. Wichtig ist mittelfristig auf jeden Fall, so viele Stress-Situationen wie möglich zu vermeiden, damit das Arbeitsklima gut bleibt und die Mitarbeiter gerne für das Unternehmen arbeiten.

Guter Stress und schlechter Stress

Die Arbeitsmediziner weisen darauf hin, dass es auch einen positiven Stress gibt, sozusagen der leichte Druck, der dafür sorgt, dass die Arbeit voller Schwung und Elan angegangen wird. Sie werden für sich herausfinden müssen, ob Sie auf Dauer einen gewissen Druck benötigen, um erfolgreich zu sein. Letztlich ist das die Frage, aufgrund welcher Motivation Sie täglich Ihrer Arbeit nachgehen.

Übung: Wie motivieren Sie sich?

Klären Sie mit den folgenden Fragen, woher Ihre Motivation kommt:

☐ Haben Sie Angst, ansonsten die Miete nicht bezahlen zu können?

☐ Arbeiten Sie für Ihren Partner oder Ihre Partnerin beziehungsweise Ihre Familie?

☐ Benötigen Sie das Geld, um Ihr Haus, Boot, Auto oder den nächsten Urlaub zu bezahlen?

☐ Fürchten Sie gar den finanziellen Ruin ohne diese Tätigkeit?

☐ Wollen Sie finanziell erfolgreich sein, um ihre Schulden zu bezahlen?

☐ Arbeiten Sie, um gemeinsam mit anderen oder auch ganz alleine etwas Großes auf die Beine zu stellen?

☐ Wollen Sie Ziele erreichen, die Sie selbst, Ihr Chef oder Ihr Team entwickelt haben?

☐ Nutzen Sie die Arbeit, um sich selbst zu bestätigen, dass Sie einer der besten in Ihrer Firma oder Branche sind?

Hier ist Platz für die Anreize, die Ihnen noch wichtiger sind:

_____

_____

_____

Die Frage der Motivation entscheidet ganz wesentlich auch darüber, wie Sie mit Belastungsspitzen und den Notfällen umgehen, die im Alltag auftauchen. Denn wenn Sie arbeiten, um ein Dach über dem Kopf zu haben, kann jede zusätzliche Belastung unnötig erscheinen und so negativen Stress verursachen. Wenn Sie auf die Zielerreichung hin ausgerichtet sind, kommt Ihnen vielleicht jede weitere Hürde gerade recht, um Ihr Können unter Beweis zu stellen. Dann wird auch eine vorübergehende Zusatzbelastung Sie eher motivieren.

Eigen- oder fremdorientiert

Es gibt noch zahlreiche andere Motivationsstrategien, die Menschen im Alltag einbringen. So kann es zum Beispiel sein, dass ein Mitarbeiter nur dann richtig motiviert ist, wenn er das entsprechende Feedback seines Vorgesetzten bekommt. Ist dieser nicht verfügbar oder kümmert er sich über einen gewissen Zeitraum hinweg nicht genug um den Mitarbeiter, fällt dessen Leistung ab und er fühlt sich zunehmend demotiviert. Das kann in dem einen oder anderen Unternehmen auch dazu führen, dass die Mitarbeiter am besten in den Belastungsspitzen arbeiten, weil sich der zuständige Manager dann besonders gut um sein Team kümmert. So verständlich dieses Verhalten ist, so wenig hilfreich ist es. Viel besser wäre es, wenn dieser Manager die Bedürfnisse seiner Mitarbeiter rechtzeitig berücksichtigen und sich um sie kümmern würde. Denn dann kann er in Zeiten eines erhöhten Arbeitsaufkommens auf jeden Mitarbeiter zählen.

Übung: Welchen Maßstab wählen Sie?

Wenn Sie eine Aufgabe erledigen, ist es wichtig zu wissen, wann sie in geeigneter Weise beendet ist. Finden Sie heraus, wie Sie Ihren Maßstab bisher finden:

☐ Ich frage meinen Chef, ob das Ergebnis seinen Erwartungen genügt.

☐ Ich bitte einen Kollegen, sich mein Ergebnis anzusehen, und frage ihn dann um seine Meinung.

☐ Ich entscheide selbst, ob das Ergebnis meinen Anforderungen genügt.

☐ Wenn der Chef anschließend nörgelt, verteidige ich meine Entscheidung mit Zähnen und Klauen.

☐ Wenn der Chef nörgelt, gebe ich zu, dass ich mangelhaft gearbeitet habe.

☐ Wenn der Chef nörgelt, ist es mir egal. Ich tue danach das Minimum, um seinen Anforderungen zu genügen.

☐ Ich achte sehr darauf, dass ich das Ergebnis noch doppelt so gut hinbekomme, falls der Chef die erste Lösung kritisiert hat.

☐ Ich gehe in einen Fitnessclub, damit andere mich für schön halten.

☐ Ich treibe Sport vor allem, um mich gut zu fühlen.

☐ Wenn ich mich selbst schön fühle, ist mir die Meinung meiner Partnerin/meines Partners egal.

Ob Sie auf die Meinung anderer Menschen Wert legen oder nicht, ist nicht nur von dem Zusammenhang abhängig, in dem Sie sich bewegen. Wer hat nicht schon einmal einen Manager erlebt, der in der Firma der despotische Herrscher ist und Zuhause von seiner Frau herumkommandiert wird. Es hängt auch von Ihren Aufgaben ab, ob Sie sich sicher fühlen oder nicht. Das kann Ihr persönlicher Maßstab dafür werden, ob Sie andere fragen. Stoppen Sie auf der anderen Seite jeden automatischen Ablauf, der dem Versuch folgt, es allen Menschen in Ihrer Umgebung Recht machen zu wollen. Es ist ein zeitraubendes und sinnloses Unterfangen, denn es wird immer jemanden geben, der zu kurz kommt – im Zweifel sind Sie es selbst.

Beispiel

Neue Aufgaben verlangen neue Fähigkeiten

Xaver Morgenstern ist Prokurist in der Filiale eines großen Lebensmittelgeschäfts. Er hat sich innerhalb von zwölf Jahren in diese Position hochgearbeitet und ist nun seit drei Monaten als Manager für 68 Angestellte verantwortlich. Die größte Hürde für Xaver ist, dass er niemanden mehr um Rat fragen kann, da sein Chef nur alle paar Wochen mal vorbeikommt. Er mag sich auch nicht mit seinen ehemaligen Kollegen beratschlagen, denn schließlich ist er jetzt der Chef und da möchte er Distanz wahren. Doch wie kann er seine Entscheidungsstrategien so verändern, dass sie zu seiner neuen beruflichen Aufgabe passen?

Wenn Sie bei sich selbst entdecken, dass Sie zum Beispiel im beruflichen Zusammenhang sehr viel Wert auf die Meinung der Kollegen und Chefs legen, dann nutzen Sie diese Fähigkeit zu Ihrem Vorteil. Denn keine Fähigkeit ist gut oder schlecht, so lange Sie sie in dem Umfeld nutzen, in dem sie optimal eingesetzt werden kann. Die Meinung der anderen einzuholen kann zum Beispiel sehr wichtig sein, wenn es darum geht, in einem Team einen Konsens zu finden. Und es ist eine sehr gute Eigenschaft, um in einer Konfliktsituation offen zu bleiben für die Sichtweisen der Anderen.

Flexibel sein heißt, neue Strategien zu erlernen

Auf der anderen Seite gibt es Situationen, in denen es besser ist, wenn Sie sich an Ihrem eigenen Kompass ausrichten und andere Mitarbeiter, den Partner oder den Chef außen vor lassen. Gerade in Notsituationen, in denen zum Beispiel die ganze Abteilung mit voller Konzentration an einer passenden Lösung arbeitet, stört es eher, wenn jemand dauernd um Rat fragt und um eine Beurteilung bittet. Stellen Sie sich also Ihrer eigenen Unsicherheit in den Weg.

Tipp: Menschen, die in bestimmten Situationen unsicher sind, können dies oft mit einer sehr großen Sicherheit von sich sagen – ein Paradoxon. Hier stellt sich die Frage, wie Sie in bestimmten Situationen sicher sind und in anderen unsicher? Meist hat es mit inneren Bildern und damit verbundenen Geräuschen, Stimmen oder Gefühlen zu tun. Stellen Sie sich eine Situation vor, in der Sie unsicher waren. Wo ist das Bild zu dieser Situation, wenn Sie sich diese als Bild vorstellen. Merken Sie sich auch, ob das Bild farbig ist, ob es vielleicht ein Film ist und wie groß es ist. Jetzt erinnern Sie sich an eine Situation, in der Sie absolut sicher waren, dass Sie das Richtige tun. Wo ist dieses Bild, wie weit weg ist es, wie groß, wie farbig ... Für manche Menschen ist erstaunlich, dass Sie die Bilder an verschiedenen Stellen sehen. Und es mögen auch Stimmen und unterschiedliche Gefühle mit diesen Bildern verbunden sein. In der Tat sind die Lage, die Größe, die Farbigkeit und die anderen Attribute Ihrer inneren Bilder die einzige Möglichkeit für Sie, sich an den Unterschied zu erinnern.

Nehmen Sie zur Überprüfung dieser Aussage das Bild von der Szene, in der Sie unsicher waren und schieben Sie es an die Stelle des anderen Bildes. Jetzt passen Sie noch Farbe und Größe an und voilá. Wie verändern sich jetzt Ihre Gefühle in Bezug auf die erlebte Situation?

Es mag sein, dass Sie auch mit dieser neuen Technik ein wenig üben müssen, bevor Sie sie perfekt beherrschen. Es ist eine der einfachsten Möglichkeiten, Menschen in Seminaren zu verblüffen und gleichzeitig dafür zu sorgen, dass sie in Zukunft die freie Wahl haben, wie sie über eine Situation denken.

Wie bin ich da hinein geraten?

Sobald Sie die Notlage hinter sich gebracht und zum ruhigeren Arbeitsalltag zurückgekehrt sind, ist es sinnvoll, die überstandene Situation noch einmal Revue passieren zu lassen. Enttarnen Sie die versteckten und offensichtlichen Faktoren, die Sie in die entsprechende Situation gebracht haben. Wenn Sie in einem Team arbeiten und das Team als Ganzes die Notlage verursacht und behoben hat, ist es sinnvoll, ein gesondertes Meeting anzuberaumen. Doch statt den Blick in diesem Meeting auf das Vergangene zu konzentrieren, blicken Sie besser nach vorn.

Tipp: Wenn Sie in einer Gruppe von Menschen, etwa in einer Firma, einem Verein oder in Ihrer Familie sind, kann es auch im Alltag nützlich sein, alle Abläufe zu verbessern. Dazu hilft die Technik, sich immer auf die Lösungen der Probleme zu konzentrieren. Statt des typischen „Wenn Du da nicht dies oder jenes gesagt/getan hättest, dann ..." ist ein „Was können wir ab sofort bei der Lösung dieses Problems besser machen?" zu empfehlen.

Eine offene, gute und effiziente Kommunikation ist vor allem in stressigen Situationen, in denen ein Team große Leistungen bringen muss, entscheidend für den Erfolg. Nutzen Sie die ruhigen Zeiten, um diese Kommunikation zu üben und mit den Kollegen auch über Kritik zu sprechen.

Übung: Kommen Sie mit Kritik voran

Manche Menschen behaupten von sich, dass sie am besten durch Kritik lernen würden. Prüfen Sie das jetzt für sich nach. In welchen Situationen, bei welchen Themen und unter welchen Voraussetzungen sind Sie jemals mit Kritik zu Höchstleistungen motiviert worden? (Stichwörter genügen)

_____

_____

_____

Welches Verhalten haben Sie aufgrund einer Kritik grundlegend verändert?

_____

_____

_____

Welche Höchstleistungen haben Sie aufgrund von Motivation ohne Kritik erreicht?

Es ist ein offenes Geheimnis der Managementpraxis, dass die positive Motivation Menschen auf Dauer viel besser dazu antreibt, große Ziele zu erreichen. Das können Sie bestimmt an sich selbst nachvollziehen. Gerade in stressigen Situationen ist es also wichtig, Kritik zurückzunehmen und stattdessen den Blick nach vorn auf die Zukunft zu richten.

Die neuen Methoden unterstützen Sie

Auf der Suche nach den Ursachen dafür, warum Sie eventuell erneut in einen Engpass geraten sind und Ihre ursprüngliche Planung über den Haufen werfen mussten, hilft es Ihnen, sich für jede Verhaltensweise mindestens eine, besser jedoch zwei oder drei Alternativen zu überlegen. Was werden Sie also beim nächsten Mal anders machen, wenn Sie das Verhalten zeigen, das Sie beim letzten Mal in die Notsituation gebracht hat? Vielleicht haben Sie ja eine Aufgabe vergessen, um deren Erledigung Sie Ihr Chef gebeten hat. Wenn dies dann wie ein Bumerang zu Ihnen zurückgekommen ist, haben Sie sich ja selbst den Termindruck eingebrockt. Hier können Sie mit den in Lektion 3 beschriebenen Methoden dafür sorgen, dass Sie in Zukunft vor solchen Überraschungen sicher sind.

Oder es mangelt Ihnen an bestimmten Fähigkeiten, um eine Aufgabe schnell zu erledigen. Das ist nicht schlimm, so lange Sie sich jetzt darum bemühen, dieses Manko auszugleichen und sich etwa mit Hilfe eines Kollegen, durch das Besuchen eines Seminars oder durch das Lesen eines Buches die entsprechenden neuen Fähigkeiten anzutrainieren.

Übung: Steigern Sie Ihre Effizienz nachhaltig

Notieren Sie hier die Fähigkeiten, die Ihnen bei Ihrer aktuellen Aufgabe helfen würden, schneller zu werden. Und denken Sie dann darüber nach, auf welche Weise Sie sich diese neue Fähigkeit aneignen.

1. neue Fähigkeit: _____

Weg zu diesem Ziel: _____

2. neue Fähigkeit: _____

Weg zu diesem Ziel: _____

3. neue Fähigkeit: _____

Weg zu diesem Ziel: _____

Falls Sie in die Terminnot gekommen sind, weil Sie Aufgaben falsch delegiert oder falsch geplant haben, nutzen Sie die entsprechenden Methoden aus Lektion 3, um in diesem Bereich Fortschritte zu erzielen. Ein weiterer Aspekt, der hier hinzukommt, ist die fehlende Verantwortlichkeit. Gerade in Unternehmen, die ihre Meetings noch nicht nach geeigneten Spielregeln durchführen, kommt es immer wieder mal zu solchen Situationen. Meist wurde dann ein Beschluss zur Erledigung einer Aufgabe gefasst, aber es wurde niemand bestimmt, der die Aufgabe dann auch verantwortlich abarbeitet beziehungsweise die Abarbeitung überprüft. Wenn eine solche Ausgangslage in Ihrem Team schon mehrfach dazu geführt hat, dass terminliche Notlagen eingetreten sind, sollten Sie ein anderes Procedere für diese Meetings festlegen. Genauere Details dazu finden Sie in diesem Buch, und zwar in der Lektion 6, Treffpunkt Zeitfalte – Meetings zeiteffizient organisieren.

Wiederkehrende Belastungsspitzen

Je nach Branche, in der Sie arbeiten, kennen Sie die Belastungsspitzen, in denen es ohne Überstunden einfach nicht geht. Im Einzelhandel mag dies zum Beispiel die Vorweihnachtszeit sein, in einer Redaktion ist es der täglich, wöchentlich oder monatlich wiederkehrende Redaktionsschluss und bei einem Versicherungsunternehmen der Jahresabschluss. Manche dieser Belastungsspitzen lassen sich kaum entschärfen, weil sie einfach zu dem üblichen Geschäftsverlauf dazugehören und weil es sich nicht lohnt, wenn das Unternehmen für diese Zeiten zusätzliches Personal beschäftigt. Doch ob es in Ihrem Fall wirklich so ist, dass Sie nichts ändern können, sollten Sie doch ernsthaft prüfen. Gerade als Manager sind Sie in der Vorbereitung solcher Abläufe verpflichtet, Alternativen zu suchen. Schließlich rauben auch wiederkehrende Belastungsspitzen auf Dauer die Freude an der Arbeit und sie verlangen auch dem Umfeld des Mitarbeiters, seiner Familie und seinen Freunden, eventuell vermeidbare Zugeständnisse ab.

Wenn Sie diese Belastungsspitzen in Ihrer Arbeit feststellen und dem abhelfen wollen, dann achten Sie sorgfältig darauf, wie es zu dem ungewöhnlich großen Arbeitsanfall gekommen ist und immer wieder kommt. Viele Probleme, die Sie dabei beobachten, können Sie mit den in diesem Buch neu erlernten Methoden bereits spielend lösen. Allein schon eine vorausschauende Planung hilft Ihnen, die Spitzen besser zu verteilen und damit zumindest nur einen leichten Arbeitsanstieg zu bemerken.

Wenn die Belastung zur Regel wird

Viele Menschen empfinden den ständigen Termindruck als die schlimmste tägliche Einschränkung. Sie bleiben ständig hinter ihren eigenen Erwartungen an sich selbst zurück und haben oft das Gefühl, von anderen Menschen, Vorgesetzten, Kollegen und auch der eigenen Familie unter Druck gesetzt zu werden. Hier soll keine Statistik über stressbedingte Erkrankungen aufgeführt werden. Die hilft Ihnen im Zweifelsfall nämlich nicht. Falls Sie in einer Art Dauerstress leben, stellen Sie sich ein paar simple Fragen:

Übung: Brauchen Sie den Stress?

☐ Glauben Sie, dass Sie unter Stress am besten arbeiten können?

☐ Fällen Sie unter Druck bessere Entscheidungen als in einer gelassenen Situation?

☐ Benötigen Sie den Druck, um große oder drängende Aufgaben zu bearbeiten?

☐ Bemerken Sie den ständigen Stress schon gar nicht mehr?

- [ ] Macht Ihre Familie Sie darauf aufmerksam, dass Sie manchmal/oft gestresst sind?
- [ ] Verschieben Sie ein erfülltes schönes Leben auf einen späteren Zeitpunkt?
- [ ] Glauben Sie an ein Rentenalter, in dem alles besser sein wird?

Beerdigen Sie am besten zuerst den alten und verstaubten Glauben daran, dass Sie unter Stress am besten sind. Sie hören das vielleicht immer wieder von anderen, und Sie mögen sich das seit vielen Jahren eingeredet haben, besser sind Sie dadurch nicht geworden. Im Gegenteil, der Stress hat so viele negative Begleiterscheinungen, dass er als Medikament mit einem 20-seitigen Beipackzettel geliefert werden würde. Tatsächlich treffen Menschen dann gute Entscheidungen und verfügen über die ihnen eigenen besten Ressourcen, wenn sie möglichst entspannt sind. Damit ist nicht der Zustand nach dem Konsum von Drogen welcher Art auch immer gemeint. Sondern der Zustand, in dem sie sich frei von Sorgen und Ängsten Ihren Aufgaben widmen. Erfolgreiches Arbeiten bedeutet dann, viele alternative Möglichkeiten zu sehen und aus ihnen die beste auszuwählen.

Übung: Kommen Sie gut voran?

Finden Sie zum Beispiel für sich heraus, wie Sie den optimalen Zustand erreichen:

- [ ] Ich gestalte meine Umgebung nach meinen Plänen.
- [ ] Ich rauche Zigaretten/Pfeife/Zigarre.
- [ ] Ich brauche einen Kaffee, um gut arbeiten zu können.
- [ ] Ohne Kaugummis geht das Arbeiten nicht.
- [ ] Ich benötige Blumen auf meinem Tisch.
- [ ] Wenn ich morgens Sport mache, bin ich im Büro wacher.
- [ ] Wenn ich _____ Stunden schlafe, klappt das Arbeiten optimal.

Tragen Sie hier weitere Optimalfaktoren ein:

_____

_____

Eine dauernde Belastung an den Grenzen Ihrer eigenen Möglichkeiten oder darüber hinaus kann auch daraus resultieren, dass Sie sich begrenzende Glaubenssätze zugelegt haben. Die gerade ausgefüllte Liste zeigt Ihnen mindestens einen Teil dieser Selbstbeschränkungen auf, denn grundsätzlich können Sie auch ganz ohne äußere Zusätze Höchstleistungen bringen. Je mehr Sie sich und Ihre Arbeitsleistung von äußeren Faktoren abhängig machen, desto mehr engen Sie Ihre Möglichkeiten ein. Und je unabhängiger Sie von anderen Menschen und äußeren Faktoren werden, desto mehr Freiheit gewinnen Sie zurück.

Die oft als Workaholics bezeichneten Mitarbeiter, für die Arbeit zu einer Art Sucht geworden ist, haben diese Freiheit nicht mehr. Viele dieser Süchtigen, das zeigt die Erfahrung aus den Seminaren, haben trotz des vielen Arbeitens kein gutes Zeitmanagement, sie dehnen vielmehr ihre Arbeit ins Endlose. Das mag ein sinnvolles Verhalten sein, wenn sie sich in dieser Zeit nicht mit ihrer heimischen Misere auseinander setzen müssen. Nur: Die Arbeit ist dann zur Fluchtstätte geworden, der angebliche Dauerstress ist mehr eine Ausrede als ein tatsächlich vorhandener Berg von Arbeit.

Tipp: Wenn Sie dauernd arbeiten (müssen) und das in Zukunft nicht mehr wollen, fragen Sie sich in einer freien Minute: Wie profitiere ich von diesem Dauerstress? Welche Vorteile bringt es mir, täglich zehn oder mehr Stunden zu arbeiten?

Je ehrlicher Sie mit den Antworten sind, desto eher können Sie Alternativen finden. Denn jedes Ziel, das mit dem Arbeiten verfolgt wurde, können Sie auch anders erreichen. Und sobald Ihnen klar geworden ist, warum Sie zu viel arbeiten, ist es für Sie viel einfacher, Ihre Lebensumstände so zu verändern, dass Sie sich selbst nicht mehr schaden müssen.

Wenn der Genuss abhanden kommt

Viele Menschen, die unter Dauerstress stehen, haben weitgehend die Fähigkeit verloren zu genießen. Ja sie wissen nicht einmal mehr, was ihnen wirklich gut tut. Ein paar Fragen helfen, sich hier in eine neue Situation zu bringen.

Übung: Wissen Sie (noch), was Ihnen gut tut?

Wann haben Sie das letzte Mal Zeit nur für sich gehabt um genau das zu tun, was Sie tun wollten? Vor _____ Tagen/Wochen/Monaten.

Wie viel Zeit nehmen Sie sich am Tag nur für sich und Ihre Lieblingsbeschäftigungen? _____ Minuten.

Wie viel Zeit hätten Sie gerne für diese Lieblingsbeschäftigungen? _____ Minuten

Wenn Sie sich jetzt 15 Minuten Auszeit nehmen (könnten/wollten/dürften), was würden Sie tun, um sich selbst gut zu tun?

_____

_____

_____

Was werden Sie in den nächsten Tagen, am Abend oder am Wochenende für Ihr Wohlbefinden tun?

_____

_____

_____

Welche Tätigkeiten üben Sie gerne aus, so dass Sie manchmal sogar die Zeit völlig darüber aus den Augen verlieren?

_____

_____

_____

Sobald Sie dem Dauerstress entkommen wollen, werden Sie passende Lösungen finden. Der wichtigste Aspekt ist, dass Sie wieder einen engen Bezug zu sich selbst herstellen, zu Ihren eigenen Bedürfnissen. Niemand – weder Ihre Arbeit noch Ihre Familie noch Ihre Freunde – profitiert davon, wenn Sie nicht bei sich sind. Denn erst, wenn Sie

163

sich rundherum wohl fühlen, leisten Sie die beste Arbeit und dann sind Sie auch der angenehmste Partner, Freund und Elternteil.

Zusammenfassung

- Gerade bei einem Engpass gilt: In der Ruhe liegt die Kraft. Nutzen Sie jetzt Ihre volle Konzentrationsfähigkeit, um die beste Lösung zu finden.
- Konzentrieren Sie sich gerade in Zeiten eines prallvollen Kalenders immer ganz auf die Aufgabe, der Sie sich gerade widmen. Dadurch arbeiten Sie sie schneller ab und können so viel mehr erledigen, als wenn Sie alles auf einmal erledigen wollen.
- Setzen Sie Ihre Prioritäten in Zeiten eines Engpasses noch rigoroser. Jetzt kann alles liegen bleiben, so lange die wirklich wichtigen Aufgaben erledigt werden.
- Methoden wie die Veränderung der inneren Stimme oder die Arbeit mit den Modaloperatoren wie möchte, sollte und könnte helfen Ihnen, sich jederzeit perfekt zu motivieren.
- Flexibilität und die Suche nach neuen Lösungen können in einem Ernstfall die besten Alternativen sein.
- Die beste Motivation ist Spaß an der Arbeit, die Sie sich gesucht haben. Dann erscheint Ihnen Stress bestenfalls als eine vorübergehende Erscheinung.
- Neue Fähigkeiten können Ihnen helfen, mit zukünftigen Notsituationen besser umzugehen und schneller fertig zu werden.
- Finden Sie Ihren Weg aus dem Dauerstress, damit Sie mittel- und langfristig erfolgreicher, fröhlicher, gelassener und motivierter arbeiten.

Lektion 6:
Treffpunkt Zeitfalle

Teams und Meetings effizient organisieren

Zeitplanung im Team ist eine ganz besondere Heraus-
forderung, denn hier kann die Gruppe nur so stark sein, wie
das schwächste Mitglied. Es kommt also darauf an,
alle Mitarbeiter eines Teams für die effektive Planung und
Umsetzung von Aufgaben und Terminen fit zu machen.
Darüber hinaus gilt es, eine gute Kommunikation aufzu-
bauen und alle Informationen zeitsparend auszutauschen.
Dies ist die Basis aller weiteren Gruppenaktivitäten.
Die effektive Vorbereitung, Durchführung und Nachbereitung
von Meetings ist dann ein entscheidendes Thema.
Nutzen Sie Ihre neue Kompetenz im Umgang mit der Zeit,
um Ihr Team an die Spitze zu führen.

Es spielt keine Rolle, welche Aufgabe ein Team übernehmen soll, immer ist die Kommunikation der Teammitglieder untereinander die Basis des Erfolgs. Das gilt für jede Gruppe in einem Unternehmen, die an
einem bestimmten Projekt zusammen arbeitet ebenso wie für eine Familie. Ist die Kommunikation der Mitglieder untereinander oder nach
außen, zu den Kunden, Freunden oder anderen Teams, gestört, dann
geht es nicht mehr reibungslos weiter. Immer mehr Kraft muss dann
aufgewändet werden, um anstehende Aufgaben zu bewältigen.

Beispiel

Die innere Kündigung
Auch in Zeitmanagement-Seminaren ist es an der Tagesordnung,
dass Teilnehmer vor allem deshalb schlecht mit ihrer Termin- und
Aufgabenplanung umgehen, weil sie eine neue Aufgabe suchen. Sie
haben also innerlich bereits gekündigt und diese Blockadehaltung
ist deutlich bemerkbar. Gerade bei firmenintern durchgeführten Seminaren mag das erstaunlich sein, doch es ist einfach nur ein Hinweis darauf, dass in diesen Unternehmen das Management zu we-

nig mit den Mitarbeitern redet. Wie kann es sonst sein, dass ein Trainer nach wenigen Seminarminuten bereits das weiß, was der eigene Chef erst in einigen Wochen oder schlimmer noch in einigen Monaten durch die schriftliche Kündigung erfährt?

Die Lösung ist Kommunikation

Wenn Sie also in Ihrem Team einen Leistungsabfall beobachten, klären Sie zuerst, ob noch alle Teammitglieder bei der Sache sind. Wer innerlich gekündigt hat, trägt logischerweise nicht mehr in der gewohnten Weise zum Erfolg des Teams bei. Hier helfen ein klärendes Gespräch und eine gemeinsame Suche nach Lösungen. Vielleicht gibt es eine andere Aufgabe im Unternehmen, die für den Betroffenen viel reizvoller ist, damit er sich wieder voller Elan einsetzen kann.

Tipp: So genannte Exit-Gespräche, die einen Auflösungsvertrag oder eine Versetzung zur Folge haben, gehören für manche Manager zu den unangenehmen und gemiedenen Aufgaben. Doch haben Sie schon einmal darüber nachgedacht, wieviel besser es für den Anderen ist, dann wieder die Chance auf eine erfüllende Aufgabe zu haben?

Da beim Austausch untereinander in den meisten Unternehmen so viel im Argen liegt, kommt ein gutes Terminmanagement meist nicht ohne Kommunikationstraining aus. Schließlich will es erlernt sein, mit anderen Menschen effektiv und zielgerichtet zu kommunizieren.

Beispiel

Flucht ist (k)eine Lösung
Anette Bachmann ist verheiratet, Mutter von zwei Kindern und äußerst aktiv. Sie hat sich in den Vorstand des Kindergartens wählen lassen und ist für den älteren Sohn auch schon als Elternsprecherin in der Schule aktiv. Die Ehe mit ihrem Mann Steven ist in einem ruhigen Fahrwasser, doch Anette merkt, dass die Kommunikation gestört ist. Probleme werden umgangen und abends gehen sie meist beide unterschiedlichen Aktivitäten nach. Sie genießt es daher umso mehr, bei ihren ehrenamtlichen Aufgaben viel mit anderen Menschen reden zu können. Dann fühlt sie sich wieder lebendig und schafft es, viel mehr Aufgaben zu erledigen als noch vor zwei Jahren, als sie sich „nur" um die Kinder kümmerte.

Das Beispiel von Anette lässt sich leicht auf die Situation übertragen, die Menschen in ihrem Unternehmen erleben. Die Kommunikation funktioniert nicht mehr so gut wie früher und darunter leidet die Leistung des Teams. Flucht ist die schlechteste der möglichen Alternativen. Für diese Entwicklung gibt es viele Ursachen und vor allem eine Lösung: Alle Beteiligten müssen lernen, besser und oft auch mehr miteinander zu kommunizieren. Manchmal kann auch mehr Offenheit gefragt sein, mit der Hürden aus dem Weg geräumt werden können. Probleme beim Terminmanagement und bei der Aufgabenverteilung und -erledigung innerhalb des Teams sind oft erste deutliche Warnzeichen für mangelnde Kommunikation.

Tipp: Gerade für Manager und Mitarbeiter in technisch ausgerichteten Teams kann es entscheidend sein, den richtigen kommunikativen Umgang erst noch zu lernen. Hier helfen gezielte Schulungsmaßnahmen und regelmäßige Meetings, um ein angenehmeres Klima und einen besseren Austausch zu erreichen.

Es ist keine Frage, dass es beim Kommunizieren auch zu vielen Missverständnissen kommen kann. Wenn der Chef vergisst, mit Ihnen einen wichtigen Termin abzusprechen, muss das nicht bedeuten, dass Sie sich am besten gleich nach einem neuen Job umsehen sollten. Sobald allerdings Ihre Terminplanung betroffen ist oder Sie aufgrund mangelnder Kommunikation Ihre Aufgaben nicht erledigen können, sollten Sie mit den anderen Beteiligten reden. Gerade bei der Bewältigung von Aufgaben, die nur durch das Zusammenwirken von mehreren erledigt werden können, ist eine stressfreie, offene Gesprächssituation entscheidend.

Plaudertaschen aufgepasst

Auf der anderen Seite ist es wichtig, im Unternehmensumfeld möglichst gezielt miteinander Informationen auszutauschen. Vielleicht sind Ihre Kollegen davon genervt, dass Sie bei jeder kleinen Frage ein längeres persönliches Gespräch folgen lassen. Damit halten Sie nicht nur andere von der Arbeit ab, sondern auch sich selbst. Wenn Sie mit Ihren Terminen und Aufgaben nicht zu Rande kommen, kann auch hier ein Grund des Übels liegen. Noch wichtiger ist die entsprechende Verhaltensweise in jedem Teammeeting, denn hier kostet Plaudern am meisten Geld.

Übung: Checkliste Kommunikation

Kreuzen Sie die Aussagen an, die für Sie zutreffend sind:

☐ Reden finde ich überflüssig, wenn es nichts wirklich Wichtiges zu sagen gibt.

☐ Ich unterhalte mich gerne mit anderen Menschen.

☐ Ich mag vor allem tiefschürfende Gespräche.

☐ Im Beruf rede ich praktisch nur, wenn ich gefragt werde.

☐ Sich nur auf den Beruf zu konzentrieren, ist langweilig. Ich plausche gerne und oft mit meinen Kollegen.

☐ Schweigen ist Gold und ich denke, dass die Anderen schon merken, was ich auf dem Herzen habe.

☐ Ich spreche meine Bedürfnisse offen aus, auch wenn das andere Menschen in meinem Umfeld manchmal überfordert.

☐ Wenn zu wenig gesprochen wird, ist mein Chef/mein Partner/mein Gegenüber daran schuld.

☐ Wer etwas mit mir zu klären hat, kann mich ansprechen.

☐ Wenn ein Mitarbeiter/ein Kollege eine Frage hat, soll er sie doch einfach stellen.

☐ Ich spreche fast jeden Menschen auf seine Probleme an, so lässt sich schließlich für jeden eine Lösung finden.

☐ Ich gebe meine Tipps offen und ehrlich preis, schließlich können viele Menschen von mir lernen.

Die Fragen der Checkliste führen Sie an den Kern Ihres Wesens heran. Ihre Umwelt weiß schnell, ob Sie ein offener, kommunikativer oder eher ein zurückgezogener Typ sind. Fragen Sie doch mal andere Menschen, wie sie Sie einschätzen. Das ist eine gute Möglichkeit, das Selbstbild mit der Außenwirkung abzugleichen. Und gleichzeitig können Sie mit dieser Übung lernen, Ihre Kommunikationsfähigkeit zu steigern. Die Ausgewogenheit, die Flexibilität und Ihre Fähigkeit, sich schnell an die entsprechende Situation anpassen zu können, sind die entscheidenden Qualitäten bei der Arbeit in einem Team. Wenn Sie heute noch nicht richtig fit in dieser Disziplin sind, muss das nicht für immer so bleiben.

Übung: Verbessern Sie Ihre Kommunikation

Welche Maßnahmen ergreifen Sie ab heute, um Ihre Kommunikation zu verbessern?

☐ Ich besuche ein Kommunikationsseminar/ein Coaching.

☐ Ich kaufe ein passendes Buch zu diesem Thema.

☐ Ich übe mich jeden Tag darin, mehr beziehungsweise weniger und dafür gezielter mit anderen zu sprechen.

Ihre zusätzlichen Maßnahmen:

_____

_____

_____

Die Kommunikation ist die Basis des Erfolgs in nahezu jedem Beruf. Je besser Sie lernen, sich mit anderen Menschen auszutauschen, desto erfolgreicher werden Sie als Teamplayer und Manager sein. Da die meisten Aufgaben in den Unternehmen (und in den Familien) im Team gelöst werden, lohnt es sich, in diese Fähigkeit Zeit zu investieren.

Abstimmung im Team

Wenn die Basis für eine gute Kommunikation innerhalb des Teams geschaffen ist, können Sie sich um die nächste Ebene kümmern, die Abstimmung untereinander. Dabei geht es in aller Regel um die Weitergabe von Informationen, die Verteilung von Aufgaben und Terminen sowie die Beschlusskontrolle. Abstimmungsprozesse sind komplex, weil sie in Form eines Workflows aufgesetzt werden sollten, vor allem dann, wenn das Team die Größe weniger Mitarbeiter übersteigt.

Beispiel Telefonanruf

An den Rückrufen werden Sie erkennen ...
Stefan Kaisert arbeitet als Sachbearbeiter in einer großen Anwaltskanzlei. Da er auch als Stellvertreter der Office-Managerin fungiert, landen in den Pausen alle Anrufe der Kanzlei bei ihm. Meist nimmt er die Gespräche an, um einen Rückruf anzubieten, denn die Anwäl-

te nutzen die Pausen eben auch oder sind bei einem Außentermin und nicht erreichbar. Oft kommen Stefan dann auch Beschwerden der Kunden zu Ohren, weil ein am Vortag vereinbarter Rückruf nicht erfolgt ist und der Klient immer noch wartet. Auch wenn Stefan persönlich nichts daran ändern kann und auch nicht zuständig ist, ärgert ihn die schlechte Organisation seines Arbeitgebers.

Ein funktionierendes Rückrufsystem zeichnet jedes erfolgreiche Unternehmen aus. Es ist verständlich, dass nicht jeder Mitarbeiter ständig erreichbar ist und viele Kunden haben dafür durchaus Verständnis. Doch es kommt darauf an, wie zuverlässig Rückrufe erfolgen und bis wann sich der gewünschte Gesprächspartner tatsächlich meldet. Damit dies funktioniert, müssen alle Beteiligten ein funktionierendes Zeitmanagement haben. Und Sie müssen sich verpflichten, einer beschlossenen Rückruf-Prozedur zu folgen. Die kann daraus bestehen, dass ein Formular mit dem Rückrufwunsch ausgefüllt wird. Einen Durchschlag des Formulars behält derjenige, der den Anruf angenommen hat. Und der betroffene Mitarbeiter gibt entsprechend Rückmeldung, dass er den Kunden angerufen oder noch nicht erreicht hat.

Überwinden Sie die Hierarchie

Sollten Sie sich als Chef zu schade dafür sein, dass Ihr Mitarbeiter aufgrund dieses Systems Ihre Arbeitsleitung scheinbar kontrollieren kann, sollten Sie noch einmal grundsätzlich über die Arbeit in einem Team nachdenken. Dieses Team ist immer nur so gut, wie Sie es sein lassen. Nur wenn Sie sich auch bestimmten Abläufen anpassen, wird dies auch jeder Mitarbeiter tun, mit dem Sie zusammenarbeiten. Wenn Sie darüber hinaus die Kunden konsequent in den Mittelpunkt Ihrer Bemühungen stellen, ist ja jeder Rückruf ein Service am Kunden, den Sie gerne erbringen werden.

Tipp: Gerade für die Mitarbeiter eines Sekretariats oder einer Telefonzentrale kann es wichtig sein, die Rückrufprozedur selbst festzulegen. Eventuell können sie auch die entsprechenden (Online-)Formulare selbst entwickeln und gestalten. Hier kann also Verantwortung delegiert und Kreativität zum Nutzen des Unternehmens gefördert werden.

Intelligente Verteilung

Für eine gelungene Weitergabe der Information sollten Sie das Medium nutzen, das für diese Information am besten geeignet ist. Nur scheinbar ist für jeden beliebigen Zweck ein Meeting das Allheilmittel. Dabei gibt es erheblich mehr und bessere Möglichkeiten, Informationen weiterzugeben.

Nutzen Sie den besten Weg

Jeder Informationsweg hat seine eigenen Vor- und Nachteile. Prüfen Sie, auf welchem Weg eine Abstimmung, eine Informationsweitergabe oder eine Beschlussfindung in Ihrem Unternehmen am effektivsten stattfindet.

- *Schriftliche Nachricht/Notiz/Brief:* Eine (hand-)schriftliche Notiz ist vielen anderen Wegen überlegen, weil sie schnell erstellt ist und gut weiterverarbeitet werden kann. Für Rückrufe, Aufgaben und Terminhinweise einer der besten Wege. Die Kunden in einem monatlichen Brief persönlich anzusprechen und zu infomieren kann ebenfalls eine gute Lösung sein.
- *E-Mail-Information:* E-Mails sind aus den meisten Unternehmen als Informationsträger nicht mehr wegzudenken. Nutzen Sie E-Mails vor allem auch dann, wenn Sie mehrere Mitarbeiter und Kollegen über einen Sachverhalt informieren wollen.
- *Newsletter:* Dieses Medium erfreut sich zunehmender Beliebtheit, weil es intern und auch im Kundenkontakt sehr gute Möglichkeiten schafft, alle Beteiligten auf einem gleichen Wissenstand zu halten. Damit lassen sich zum Beispiel gezielt aktuelle Marktinformationen an die Mitarbeiter weitergeben. Oder Sie informieren Ihre Kunden über aktuelle Trends der Branche, in der Sie selbst aktiv sind.
- *Rede und Vortrag:* Auch bei diesem Weg der Informationsweitergabe lassen sich neue Wege finden: Zum Beispiel können Sie in einem kleineren Team die Zeit des Mittagessens nutzen, damit ein Mitarbeiter die anderen über den Stand eines Projekts informiert. Oder Sie bieten immer freitags ein kostenloses Frühstück zwischen sieben und acht Uhr morgens an, bei dem Informationen über Kundenaufträge eingestreut werden. Hier können auch jüngere Mitarbeiter das Präsentieren üben.

- *Podcast:* Hierbei handelt es sich meist um eine zentral (im Internet) gespeicherte Audiodatei (es gibt auch erste TV-Podcasts), die damit weltweit oder unternehmensweit verfügbar ist. Mit diesen MP3-Dateien lassen sich Informationen sehr angenehm als Audiodatei weitergeben, die auf dem PC oder mit einem MP3-Player abgehört werden kann. So kann etwa der Manager eines großen Unternehmens seine Mitarbeiter immer am Montag über die aktuell wichtigen Themen des Unternehmens informieren. Und die Mitarbeiter entscheiden selbst, wann Sie diese Informationen anhören.

- *Unternehmensradio/-TV:* Bei diesen Sendungen wird mehr Aufwand betrieben als bei einem Podcast. Vorteil der Fernsehversion ist, dass mehr Informationen übermittelt werden, wenn genügend Material vorhanden ist. Für die meisten Unternehmen ist dieser Weg schlicht zu teuer im Verhältnis zum Nutzen. Deshalb handelt es sich meist um Prestigeprojekte einzelner Großunternehmen.

- *Videokonferenz:* Diese Art, Meetings durchzuführen, hat sich vor allem bei Unternehmen mit verteilten Standorten bewährt. Es gibt dank moderner und preisgünstiger Webcams die Möglichkeit, diese Technik an jedem Arbeitsplatz verfügbar zu machen. Doch aus den Verkaufszahlen der vergangenen 15 Jahre lässt sich ableiten, dass manche Menschen eine Scheu vor der Videoübertragung haben, die sich so schnell nicht überwinden lässt.

- *ICQ, Messenger & Co.:* Rechnerbasierte Online-Kommunikationssysteme wie das von AOL angebotene ICQ oder der Messenger von Microsoft sind ebenfalls eine gute Alternative. Allerdings, das soll hier erwähnt werden, können diese Werkzeuge auch sehr viel Arbeitszeit kosten. Etwa dann, wenn ein Mitarbeiter mit seinen Freunden oder Kollegen chattet, anstatt sich auf seine Arbeit zu konzentrieren.

Technik nutzen spart Zeit

Moderne Technik kann Zeit sparen, vor allem wenn mehrere Mitarbeiter in eine Besprechung einbezogen werden sollen. Für jedes Unternehmen, das mehr als nur einige wenige Mitarbeiter hat, ist es deshalb entscheidend, sich über die jeweils aktuellen Möglichkeiten zu informieren. Im Umfeld der Planung und Durchführung eines Meetings ist es beispielsweise in vielen Unternehmen eine Selbstverständlichkeit geworden, eine automatische Besprechungsanfrage zu nutzen, um die gemeinsame Verfügbarkeit der gewünschten Teilnehmer zu überprüfen. Das spart lange Telefonate und endlose Rückfrageschleifen.

Auch das Telefon ist als modernes Kommunikationsgerät noch lange nicht vom Tisch, weil es eine sinnvolle Alternative zu einem persönlichen Meeting sein kann. Wenn Sie in Ihrem Unternehmen in Zukunft beispielsweise die Zahl der persönlichen Besprechungen reduzieren möchten, dann können Sie sicher in vielen Situationen auf schriftliche Memos zurückgreifen. Damit Sie sicher sein können, dass alle Beteiligten dieses Memo auch lesen und dass alle Fragen sofort geklärt werden, könnten Sie eine zehnminütige Telefonkonferenz einberufen. So lässt sich im Alltag dasselbe erreichen wie mit einem persönlichen Meeting, meist allerdings mit deutlich geringerem Zeitaufwand.

Tipp: Managern sei geraten, sich auch beim Einsatz neuer Techniken, die den Besprechungsaufwand reduzieren, als Vorbilder zu präsentieren. Nur wenn der Chef das neue Medium wie selbstverständlich und alltäglich nutzt, werden es auch die Mitarbeiter entsprechend gerne anwenden.

Eine neue Meetingkultur

Die meisten Unternehmen verlieren Geld und wertvolle Arbeitszeit durch uneffektive Meetings ihrer Mitarbeiter. In Zeitmanagement-Seminaren ist das neben dem Telefon, das als Störfaktor empfunden wird, der am häufigsten genannte Grund, warum Mitarbeiter weniger effizient sind als sie es gerne wären. Aus den Nachfragen ergibt sich, dass Fehler in allen Phasen eines Meetings gemacht werden, bei der Vorbereitung, der Durchführung und bei der Nachbereitung. Das Problembewusstsein geht selten über ein allgemeines Unwohlsein über die Dauer und die schlechte Vorbereitung der Teilnehmer hinaus. Auch Faktoren wie Unpünktlichkeit und unerledigte Aufgaben spielen bei schlechten Meetings eine große Rolle. Deshalb sollten sich alle Beteiligten zunächst fragen, ob wirklich ein Meeting benötigt wird, um die gewünschten Ziele zu erreichen.

Tipp: Viele Mitarbeiter gehen mit den Besprechungszeiten zu unkritisch um. Bedenken Sie, dass ein einstündiges Treffen mit vier Personen einen halben Manntag, also den halben Arbeitstag eines Mitarbeiters „kostet". Prüfen Sie Ihre Meetings ab sofort so oft wie möglich auch unter diesem Gesichtspunkt.

Für den einzelnen Mitarbeiter mag diese Aufrechnung der vertagten Mannstunden oder Tage uneffektiv scheinen. Schließlich benötigt er selbst ja nur eine Stunde für das Meeting. Wenn er stattdessen ein ausführliches Memo verfassen würde, könnte das schnell zwei Stunden seiner Arbeitszeit kosten. Doch wenn die anderen drei Kollegen je nur 15 Minuten zum Lesen benötigen, ist über eine Stunde Arbeitszeit gespart worden. Die gesparte Zeit ist auch der Grund, warum Sie für Ihre Besprechungen nicht nur einen Anfangs-, sondern auch einen Endtermin festsetzen sollten.

Richtige Planung macht es leicht

Bevor Sie sich einfach in eine Besprechung stürzen, ist es selbst bei kurzen Zusammenkünften wichtig, dass Sie Ihre Ziele geklärt haben. Und wie bei jedem anderen Termin und jeder Aufgabe auch, sollten Sie dieses Ziel zunächst für sich klären. Gerade dann, wenn es bei den Gesprächspartnern verschiedene Auffassungen und damit eventuell auch verschiedene Ziele für den bevorstehenden Termin gibt, ist es wichtig, dass Sie sich Ihr Ziel bewusst machen. Dazu gehört im Fall einer Verhandlung auch, die Grenzen Ihrer Kompromissbereitschaft auszuloten. Erst dann können Sie bei einem erwarteten Widerspruch planen, welche Ziele Ihr Gegenüber vermutlich verfolgt. Je flexibler Sie in Ihrem Verhalten werden, desto weniger wichtig mag dieser Aspekt sein, weil Sie sich ohnehin in der Besprechung selbst auf den anderen einstellen werden. Bei einem gelungenen, straff organisierten und ergebnisreichen Meeting macht die gute Vorbereitung einen Großteil des Erfolgs aus. Wenn Sie mögen, können Sie hier von 40 bis 50 Prozent Anteil ausgehen.

Die Tagesordnung schafft Präzision

Vor allem bei Besprechungen mit einer umfangreichen Aufgabenliste ist es hilfreich, eine gut strukturierte und zeitlich abgestimmte Tagesordnung zu erstellen. Geben Sie zu diesem Zweck für jeden Tagesordnungspunkt entweder schriftlich oder mündlich zu Beginn des jeweiligen Punktes das von Ihnen festgesetzte Ziel vor. Auch hier hat die Schriftlichkeit für die Beteiligten den Vorteil, dass sie das Ziel vor Augen behalten. Wenn Sie die Tagesordnung vorher herumgeschickt und die inhaltlichen Aspekte des Meetings durch Anlagen vorbereitet haben, kann die Zielfestlegung auch unter den Beteiligten im Vorfeld des Treffens ablaufen. Achten Sie auch bei einer Tagesordnung darauf, den Zeitrahmen einzuhalten.

Checkliste Meetingplanung
- Welchen Zweck verfolgt das Treffen?
- Wie lange nehmen Sie sich dafür Zeit?
- Welches Ergebnis streben Sie an?
- Welche Ergebnisse streben die anderen Teilnehmer (vermutlich) an?
- Wie können Sie das gewünschte Ergebnis eventuell schneller oder besser erreichen?
- Wen sollten Sie einladen?
- Wer sollte zusätzlich von dem Treffen informiert werden?
- Wer leitet das Meeting?
- Wer führt Protokoll?
- Wer gibt das Protokoll frei?
- An welchen Verteiler wird das Protokoll verschickt?
- Wer überprüft die Ergebnisse des Meetings?
- Wer kontrolliert die Umsetzung?

Seien Sie bei der Planung der Ziele Ihres Meetings so konkret wie möglich. Daraus leitet sich nämlich das weitere Vorgehen ab und es lassen sich eventuell auch Alternativen zu einem zeitaufwändigen persönlichen Treffen in Betracht ziehen. Aus den Zielen des Treffens ergeben sich auch die Rollen der Beteiligten: Sind Sie der Leiter des Treffens? Dann sollten Sie diese Rolle von Anfang an planen und an Ihrer Führung keinen Zweifel aufkommen lassen.

Tipp: Manager sind gut beraten, ihren Mitarbeitern in einem Meeting die Führung klar zu überlassen, wenn das zum Thema und Ziel passt. So entsteht Eigenverantwortlichkeit und die Bereitschaft, mehr Verantwortung für das Unternehmen zu übernehmen. Vermeiden Sie, als Manager ein Schlusswort zu sprechen oder sonst wie Ihre Rolle zu dokumentieren. Ihr Mitarbeiter wird es schon perfekt machen oder mit der Zeit lernen, es immer besser zu machen. Loben Sie alles, was in dem Meeting gut gelaufen ist!

Machen Sie für den anstehenden Termin die Rahmenbedingungen klar. Wenn Sie die Führung übernehmen, setzen Sie Anfang und Ende des Treffens fest und sind für die Einhaltung verantwortlich. Zögern Sie nicht, hier rigoros vorzugehen und nach Ihren Regeln zu spielen. Es geht nicht um Machtausübung, sondern schlicht darum, dass Sie ein erfolgreiches Meeting durchführen. Dies ist das Ziel, das Sie bei aller Begeisterung für die inhaltlichen Aspekte immer auch im Auge haben sollten.

Beispiel

You have it – Sie sind verantwortlich
Bei Kampfjetpiloten soll es dem Vernehmen nach eine feste Regel für den Umgang mit den teuren und sensiblen Maschinen geben: Die Übergabeprozedur an einen anderen lautet „You have it!" übersetzt also etwa „Sie haben jetzt die Verantwortung". Diese Regel ist im Businessbereich und auch in Ihrem privaten Umfeld für die Übergabe von Aufgaben sehr hilfreich.

Es mag hilfreich für Sie sein, jedes Treffen mit Kollegen, jede Zusammenkunft mit Ihrem Partner und jedes Gespräch mit einem Menschen als wertvoll anzusehen. Vielleicht sind Sie bisher etwas nachlässig mit diesen erfreulichen Möglichkeiten umgegangen, sich mit anderen Menschen auszutauschen. Und doch sind es kostbare Stunden. Wenn Sie dies auch für Ihr Businessmeeting ab sofort so sehen – und hier lassen sich die Minuten wirklich in Bargeld umrechnen, weil jeder Beteiligte Geld dafür bekommt – dann werden Sie effektive Planungen bevorzugen. Ein Unternehmen kann von dieser Entwicklung profitieren, indem es Treffen mit Hilfe der Kostenstellen einer bestimmten Abteilung in Rechnung stellt. Das mag auch die Meeting-Fetischisten überzeugen, sich kurz zu fassen.

Beispiel

Vom Konkurrenten zum Teampartner

Dirk Brandstätter ist Rektor eines Gymnasiums mit knapp 1.200 Schülern und 134 Lehrern. Er stimmt sich eng mit seinem Kollegium ab und hat für seine Aufgaben ein Team zusammengestellt, das ihn bei der Lösung unterstützen soll. Doch die Zusammenarbeit funktioniert noch nicht optimal, weil die Beteiligten sich zu wenig miteinander austauschen. Sie sehen sich eher als Konkurrenten, die um die Gunst des Chefs wetteifern, indem jeder versucht, ihm die beste Lösung zu präsentieren. Deshalb geht Dirk dazu über, eine zeitlang alle Probleme in Meetings zu besprechen und zu lösen. Das ist zwar aufwändig, aber dafür lernen seine Kollegen, wie sie gemeinsam schneller vorankommen.

Der Wechsel der Meetingkultur ist ein Prozess, der ein wenig Zeit in Anspruch nehmen kann. Doch gerade in diesem Bereich lohnt sich Beharrlichkeit, weil Sie sehr viel Zeit sparen, wenn alle gelernt haben, noch effektiver und besser zusammen zu arbeiten, oft auch ganz ohne lange Besprechungen.

Eine Frage des Typs

Nachdem Sie das Ziel und Ihren Weg zum Ziel der Besprechung festgelegt haben, können Sie die Alternativen prüfen. Im Businessumfeld lassen sich verschiedenen Typen von Meetings finden, zu denen es dann auch Alternativen gibt.

Welchen Zweck wollen Sie mit dem Meeting erreichen?

Informelles Meeting

Inhalt: Hier sollen andere Mitarbeiter über einen Informationsstand in Kenntnis gesetzt werden. Dabei kann es um sehr komplexe Sachverhalte gehen, bei denen der Vortragende sofort mitbekommen muss, ob er die Information ausreichend genau präsentiert hat. Die meisten Besprechungen dieser Art sind allerdings eher belanglos.

Vorteile: Alle Beteiligten sind auf einem Informationsstand, offene Fragen können direkt geklärt werden.

Nachteile: Die Erfahrung zeigt, dass diese Meetings oft überflüssig sind. Prüfen Sie ab sofort genau, ob ein geplantes informelles Meeting notwendig ist. Addieren Sie in jedem Fall auch die benötigten Mannstunden oder gar -tage. Nur weil ein Meeting für Sie einfacher ist, muss es nicht der beste Weg der Informationsweitergabe sein.

Alternative: Eine schriftliche Zusammenfassung der wichtigsten Informationen kann erheblich mehr leisten. Diese steht den Kollegen/Mitarbeitern zudem genau dann zur Verfügung, wenn sie Zeit dafür haben – also etwa bei einer Bahnfahrt oder abends, nachdem die anderen Mitarbeiter schon nach Hause gegangen sind.

Briefinggespräch

Inhalt: Über das informelle Gespräch hinaus werden solche Gespräche gerne mit externen Dienstleistern geführt. Diese sollen in den Gesprächen beispielsweise Einblicke in interne Abläufe oder in die Technologie eines Unternehmens bekommen, um dann mit diesen Informationen weiter arbeiten zu können. Bei solchen Gesprächen sind oft mehrere Experten zugegen, die nacheinander ihre Spezialinformationen beisteuern.

Vorteile: Kann wichtig sein, um den Dienstleister oder auch einen neuen Mitarbeiter fundiert zu informieren.

Nachteile: Oft sind zu viele Mitarbeiter beteiligt. Diese Besprechungen können darunter leiden, dass die Beteiligten zu weit ausschweifen – etwa, weil ein externer Dienstleister für diese Besprechung gesondert bezahlt wird oder weil der eigene Techniker endlich jemanden gefunden hat, der ihm aufmerksam zuhört.

Alternative: Prüfen Sie genau, ob nicht Einzelgespräche die bessere Alternative zu einem Treffen mit mehreren Mitarbeitern ist. Begrenzen Sie die Meetingdauer rigoros, wenn Sie schlechte Erfahrungen mit den Beteiligten gesammelt haben. Beschränken Sie den Einladungsverteiler.

Projektplanungsbesprechung

Inhalt: Ein Projekt wird im Rahmen dieses Gespräches geplant. Alle Beteiligten bringen ihre Ideen ein, damit möglichst alle Aspekte des Projekts erfasst werden können.

Vorteile: Alle Beteiligten haben einen gemeinsamen Wissenstand und konnten ihre Ideen einbringen.

Nachteile: Oft sind solche Planungen im Team nicht sinnvoll, vor allem dann nicht, wenn der Leiter des Meetings nicht vorgearbeitet hat (siehe auch Kreativmeeting).

Alternative: Besser ist es, wenn der Projektverantwortliche so weit wie möglich vorgearbeitet hat und alle Teilnehmer bereits durch eine schriftliche Vorlage informiert sind. Dann geht es bei der kurzen Besprechung nur noch darum, die zusätzlichen Ideen der Beteiligten zu sammeln und Fragen zu klären. Ideen und Fragen lassen sich ja auch per E-Mail oder via Telefon einbringen beziehungsweise klären.

Kreativmeeting

Inhalt: Hier setzen sich die Mitarbeiter eines Teams zusammen, um ein Brainstorming oder einen vergleichbaren Prozess zu durchlaufen. Solche Meetings sind auch geeignet, um neue Kundengruppen zu erschließen, neue Produktideen zu generieren oder Alternativen zu eingefahrenen Wegen zu finden.

Vorteile: Die kreative Arbeit in einer Gruppe kann bei entsprechend guter Führung und Einstimmung der Teilnehmer miteinander zu exzellenten und außergewöhnlichen Ergebnissen führen.

Nachteile: Für kreative Meetings kann meist kein Zeitrahmen im sonst üblichen Sinne angesetzt werden. Wer weiß schon vorher, wann die besten Ideen kommen.

Alternative: Planen Sie solche Meetings möglichst außerhalb des „normalen" Geschäftsbetriebs, eventuell sogar außerhalb Ihres Büros. Vielleicht treffen Sie sich zu einem gemeinsamen Frühstück am Samstagmorgen und lassen dort die Ideen fließen. Übrigens berichten viele Kreative, dass sie am besten alleine arbeiten, um wirklich gute Ideen zu entwickeln. Prüfen Sie es für sich und für Ihr Team.

Kritik- und Konfliktgespräch

Inhalt: In diesen Besprechungen sollen bestehende Konflikte beseitigt oder eine vorhandene Kritik angenommen beziehungsweise ausgeräumt werden. Oft kommen diese Meetings einer
Art persönlicher Aussprache gleich und sie erfordern die
Steuerung eines möglichst unbeteiligten Teilnehmers. Entscheidend für den Erfolg ist, dass alle Beteiligten ihre Kritik
auch aussprechen. Da dies in der Praxis so gut wie nicht realisierbar ist, prüfen Sie die Alternativen.

Vorteile: Die Kritik muss nur ein Mal geäußert werden, weil alle anderen Anwesenden sie ja gleich mitbekommen. In der Gruppe
lassen sich überschäumende oder gar wütende Reaktionen
meist besser in Bahnen lenken als im Einzelgespräch.

Nachteile: Oft werden Argumente wiederholt, weil sich mehrere Teilnehmer in ihrer Betroffenheit gewürdigt fühlen wollen. Es mag
auch passieren, dass sich die Nörgler zusammenschließen und
alles platt reden, was die anderen Teilnehmer vielleicht bis
zum Beginn des Meetings noch als positiv oder zumindest
neutral empfunden hatten.

Alternative: Führen Sie Einzelgespräche und erstellen Sie daraus eine Kri-
tikliste. Diese geben Sie dann schriftlich in die Teilnehmerrun-
de und bitten Sie darum, Lösungsvorschläge zu erarbeiten.
Diese können dann in einem gemeinsamen Meeting diskutiert
werden, nachdem Sie die schriftlichen Lösungen geprüft haben.
Damit ändert sich der Zweck des Meetings zum Positiven!

Auswertungsgespräch

Inhalt: Ein gemeinsam durchgeführtes Event oder ein Projekt wird in
der Gruppe ausgewertet. Basis ist ein positiver oder zumindest weitgehend positiver Verlauf des Events oder Projekts,
weil ansonsten ein Krisengespräch ansteht, das anderen Regeln folgt. Beim Auswertungsgespräch mag es das Ziel sein,
das gemeinsam Erreichte zu feiern. Dann ist ein Meeting eine
schlechte Alternative. Oder Sie wollen die positiven Aspekte
würdigen und für wenige negative Aspekte neue Lösungen
finden.

Vorteile: Die Gruppe mag mehr Aspekte berücksichtigen und sich an
mehr Details erinnern als ein Einzelner.

Nachteile: Dieser Termin kann zu viel Zeit im Verhältnis zum Ergebnis
kosten.

Alternative: Wenn Sie feiern wollen, dann feiern Sie. Wenn Sie loben wollen, dann verteilen Sie in der Gruppe Anerkennung. Und wenn Sie eine ernsthafte Auswertung machen wollen, prüfen Sie, ob eine schriftlich geführte und weitergereichte/gemalte Liste diesen Zweck nicht besser erfüllt. In einer kurzen Besprechung können Sie dann schnell die alternativen Vorgehensweisen für das nächste Projekt gleicher Art zusammentragen.

Beschlussmeeting

Inhalt: Sie möchten mit mehreren Kollegen oder Mitarbeitern einen oder mehrere Beschlüsse fassen. Alle wichtigen Argumente sollten den Beteiligten bekannt sein, so dass es bestenfalls darum geht, einige zusätzliche Aspekte in die Waagschale zu werfen.

Vorteile: Die Beschlüsse werden schnell gefasst und haben eine gemeinsame Basis. Das ist besser, als wichtige Entscheidungen in Einzelgesprächen herbeizuführen und das Ergebnis etwa per Mail allen mitzuteilen, auch wenn dies in vielen Unternehmen und in der Politik so gang und gäbe sein mag.

Nachteile: Oft fehlt den Beteiligten dieser Meetings der nötige Hintergrund, um die anstehende Entscheidung treffen zu können. Das führt dann dazu, dass entweder unausgegorene Beschlüsse getroffen werden oder das Meeting zu einem informellen Meeting umfunktioniert wird.

Alternative: Wenn einer oder mehrere (wichtige) Teilnehmer sich noch nicht informiert haben, vertagen Sie die Besprechung. Fragen Sie den oder die betreffenden Kollegen, bis wann sie sich vorbereitet haben werden. Widerstehen Sie der Versuchung, die Nachzügler zu informieren, weil Sie dadurch der Meetingkultur in Ihrem Unternehmen schaden.

Es mag sein, dass Sie nach diesem geordneten Katalog den Eindruck haben, die meisten Besprechungen in Ihrem Unternehmen seien Mischformen. Das stimmt und ist oft ein Zeichen dafür, dass die Beteiligten die Meetings noch nicht ernst genug nehmen und nicht sinnvoll genug planen. Je klarer Sie den Zweck eines Meetings benennen können, desto klarer wird sich zeigen, welche Art der Zusammenkunft Sie bevorzugen möchten.

Außerdem ist es entscheidend, eine neue Meetingkultur zu etablieren. Wenn Sie sich bisher beispielsweise bei der Abarbeitung von Aufgaben oft haben ablenken lassen und mit diesem Buch eine neue diszipli-nierte Vorgehensweise probieren, werden Sie eine zeitlang sehr konse-quent mit sich selbst umgehen müssen. Dasselbe Verfahren werden Sie auch für die Meetings in Ihrem Unternehmen anwenden müssen, wenn Sie erfolgreich sein wollen. Schließlich haben Sie alle bisher eine Kultur aufgebaut und miteinander geteilt, die nicht ganz optimal war. Nun wollen Sie besser werden, also profitieren Sie davon, die Dinge zunächst deutlich anders zu machen als bisher.

Übung: Finden Sie die entscheidenden Kriterien

Als übergeordnete Maßnahme sind Ihre Kriterien der entscheidende Maßstab dafür, ob Sie ein Meeting im Nachhinein als gelungene Veranstaltung oder als Schlag ins Wasser bewerten. Finden Sie Ihre wesentlichen Kriterien her-aus und verändern Sie diese, sobald sie nicht hilfreich für Ihren Erfolg sind: Ein Meeting sollte generell ...

- informativ sein.
- effizient und zügig durchgeführt werden.
- möglichst viele Informationen vermitteln.
- auch einen privaten Rahmen haben (Plausch zu Beginn oder am Ende).
- Zeit geben, damit alle Beteiligten sich in Ruhe auf das Thema einstimmen können.

Ihre Kriterien für erfolgreiche Meetings:

_____

_____

_____

Auch hier gilt, dass es kein generell gültiges Kriterium gibt. Selbstver-ständlich werden Sie als Verkäufer jedes Treffen mit einem Kunden mit einem persönlichen Plausch beginnen, wenn das der Stil des Kun-den ist. Doch wenn Sie in einem Unternehmen täglich immer mit ei-nem ähnlichen Kollegenkreis in einem Meeting nach dem anderen sitzen, mag die eine oder andere persönliche Konversation leicht auf die Mittagspause verlegt werden können. Probieren Sie es aus.

Werden Sie von Tag zu Tag besser

Fragen Sie sich nach einer Zusammenkunft stets, was das nächste Mal besser laufen sollte. Bleiben Sie dabei konsequent eigenverantwortlich, denn es hilft Ihnen nicht, die Schuld für ein missglücktes Treffen einem anderen Teilnehmer zu geben. Das würde ja nur bedeuten, dass Sie mal wieder nichts ändern können. Und selbst wenn es so wäre, etwa weil Ihr Chef eine einstündige Präsentation als Meeting angepriesen und dann auch durchgeführt hat, können Sie immer noch lernen, was Sie selbst an seiner Stelle besser machen würden.

Ein Meeting kann auch eine Vermeidungsstrategie sein, denn in dieser Zeit können Sie selbstverständlich Ihren anderen Aufgaben nicht nachgehen. Und trotzdem kann zum Beispiel der Chef nichts einwenden, denn Sie waren ja im Meeting ...

Tipp: Wenn Sie Meetings bisher als Ausrede benutzen, um Ihre Aufgaben nicht abzuarbeiten, dann sollten Sie Ihr Verhalten jetzt sofort ändern. Sparen Sie sich uneffektive Meetings, schicken Sie einen Kollegen hin oder fragen Sie einen anderen Teilnehmer nach den Ergebnissen. Erhöhen Sie einfach Ihre Effizienz, in dem Sie auf jede Minute Ihres Tages achten – auch und gerade in einem Meeting.

Wer auch noch teilnehmen möchte

Achten Sie bei jeder Einladung für eine Besprechung immer auch auf den Einladungsverteiler. Jede Person sollte dringend erforderlich sein, um entweder selbst etwas beizutragen oder informell von der Veranstaltung zu profitieren. In manchen Unternehmen müssen bestimmte Verteiler eingehalten werden, damit den hierarchischen Anforderungen Rechnung getragen wird. Das hängt oft schlicht damit zusammen, dass keine oder nur mangelhafte Protokolle erstellt werden. Wer also nicht beim Meeting dabei ist, hat dann keine Chance, richtig gut informiert zu bleiben. Hier kommt es also darauf an, den gesamten Prozess zu verändern, um dann auch bei den Einladungsverteilern rigoros zu streichen, so dass der Zeitaufwand weiter deutlich reduziert wird.

Nur mal schnell ...

Vermeiden Sie ab sofort auch so weit es geht kurzfristig einberufene, nicht fundiert vorbereitete Meetings. Diese haben noch stärker als alle oben aufgeführten Typen die Tendenz, aus dem Ruder zu laufen und sehr uneffektiv zu sein. Wenn es sich nicht vermeiden lässt, dann nutzen Sie die erste Minute des kurzfristig einberufenen Meetings, um das Ziel zu formulieren und schreiben Sie es auf, am besten an ein Flipchart oder eine Wandtafel. So haben alle Beteiligten das Ziel vor Augen und können bei Abweichungen sofort reagieren. Das setzt voraus, dass Sie sich auch dann an das Ziel des Treffens halten, wenn Sie mit dem Rücken zu dieser Tafel stehen.

> **Tipp:** Ein landläufiges Vorurteil sei hier ausgeräumt: Wer zu einem Meeting zu spät kommt, demonstriert dadurch keineswegs seine Professionalität und Wichtigkeit. Vielmehr zeigt dieser Mensch vor allem bei regelmäßiger Verspätung, dass er seinen Terminkalender nicht im Griff hat und von seinen Aufgaben überfordert ist. Ein schlechtes Vorbild!

Der Umgang mit unpünktlichen Teilnehmern ist Übungssache. Eine der wirksamsten Methoden, diesem Verhalten entgegenzuwirken, ist es, die Besprechung pünktlich zu beginnen. Sobald einer der Nachzügler den Raum betritt, verstummen Sie, warten Sie, bis er seinen Platz eingenommen hat, und setzen Sie dann die Besprechung an genau der Stelle fort, an der Sie vorher unterbrochen haben. Meist hat die Verspätung eines Teilnehmers eine simple Ursache: Er hat gelernt, dass er mit diesem Verhalten mehr Aufmerksamkeit bekommt. Da dies der Hauptantrieb für viele Menschen ist, nehmen Sie diese Motivation möglichst ernst, ohne dass die Ziele des Meetings darunter leiden. Je mehr Aufmerksamkeit Sie dem zu spät Kommenden geben, desto häufiger wird er sich bei den nächsten Meetings verspäten. Sie manifestieren damit ein Verhalten, das Sie nicht wünschen. Ignorieren ist folglich der beste Weg, um dem unerwünschten Verhalten die Energie zu entziehen.

Tipp: Genügt die Zeit nicht, sollten Sie nur in absoluten Ausnahmefällen die Besprechungsdauer verlängern. Beginnen Sie stattdessen fünf Minuten vor dem Ende, entweder einen neuen Termin zu planen oder – besser noch – Alternativen für ein erneutes Treffen zu finden.

Kurzfristige Anpassungen

Auch in einer Teambesprechung flexibel zu bleiben, kann für den Erfolg entscheidend sein. Das betrifft etwa kurzfristig eingereichte Wünsche zur Veränderung der Tagesordnung oder Diskussionen über das Ziel des Meetings. Wichtig ist, dass Sie umso konsequenter bei Ihren Vorgaben bleiben, je länger die anderen Teilnehmer vorher informiert waren und je öfter Sie miteinander tagen. Wer etwa das Ziel des Meetings in letzter Sekunde verändern möchte, hätte dies sicher auch schon am Vortag machen können. Flexibilität kann hier bedeuten, die Grundsatzdiskussion anzunehmen, das Meeting abzusagen und auf einen anderen Termin zu verschieben. Dann kann der betreffende Teilnehmer seine Argumente per E-Mail zunächst an Sie leiten. Und Sie können diese annehmen oder es lassen.

Schlachtfeld Meeting

Besprechungen aller Art verkommen in manchen Unternehmen auch zu Veranstaltungen, bei denen es nur noch darum geht, welcher Teilnehmer seine Muskeln am besten spielen lassen kann. Gerade die männlichen Teilnehmer können zu dieser zeitraubenden Methode des „Baggerfahrens" neigen. Baggerfahren heißt dies deshalb, weil viele Jungen bereits im Sandkasten des Kindergartens darauf gepocht haben, den größten, schönsten und teuersten Spielzeugbagger zu haben. Auch bei diesem Dominanzverhalten geht es nur darum, dass Sie gelassen bleiben und den anderen sprichwörtlich „unter dem ausgestreckten Arm durchlaufen lassen". Dafür gehen Sie schlicht nicht auf die Versuche ein, dass sich ein anderer Teilnehmer mit Ihnen messen will. Jedes andere Verhalten kostet nur noch mehr Zeit. Achten Sie darauf, dass Sie das Geltungsbedürfnis dieses Teilnehmers vor allem dann loben, wenn er sich konstruktiv beteiligt. So wird er mit der Zeit immer mehr zu den Meetings beitragen.

185

Raus aus der Zeitfalle

Während Meetings ist es Ihre wichtigste Aufgabe, das Ziel im Auge zu behalten und konsequent bei jedem Beitrag darauf zu achten, dass er auf dieses Ziel zusteuert. Selbstverständlich ist es eine Frage der persönlichen Auslegung, ob ein Redebeitrag noch zum Thema gehört oder nicht. Falls Ihre Besprechungen bislang oft zu unkonkret und zu unproduktiv waren, ist es wichtig, dass Sie die Zügel gerade am Anfang des neuen Konzepts stärker anziehen. Fokussieren Sie die Redebeiträge und beschränken Sie notfalls auch die Zeit rigoros, die jeder Einzelne sprechen darf. Wenn Ihnen das Treffen trotzdem aus dem Ruder läuft, prüfen Sie im Nachhinein unbedingt, welche andere Art der Vorbereitung dies hätte vermeiden können.

Beispiel

So tun als ob ist auch ein Ziel

In einem großen deutschen Softwareunternehmen wurde eine Mitarbeiterbefragung durchgeführt. In dieser konnten die Befragten ihre Wünsche äußern und ihre Kritik anbringen. Die Auswertung der Befragung wurde einem großen Managementteam präsentiert. Der zuständige Mitarbeiter, der die Präsentation vorbereitet hatte, war völlig verblüfft, als er merkte, dass die Manager die Wünsche und Anregungen der Mitarbeiter gar nicht Ernst nahmen. Das Meeting war also nur ein Vorwand gewesen, die vom Topmanagement angesetzte Mitarbeiterbefragung zu würdigen. Hätte der Mitarbeiter vorher gewusst, dass dies der einzige Zweck des Meetings war, wäre seine Vorbereitung deutlich anders und weniger arbeitsaufwändig ausgefallen.

Besprechungen werden immer wieder auch zweckentfremdet, etwa indem ein Beteiligter ein ganz anderes Thema anspricht und sich dann eine Diskussion dazu entwickelt. Ob Sie an dieser Stelle nachgiebig sind oder nicht, hängt wesentlicher von der hierarchischen Position und weniger vom Inhalt der Diskussion ab. Fokussiert zu bleiben sichert Ihnen und dem Team den Erfolg. Das dringende zusätzliche Thema kann entweder in einem gesonderten Meeting, beim Mittagessen oder nach Abstimmung sofort behandelt werden. Wählen Sie die von Ihnen bevorzugte Variante in Abhängigkeit aller Faktoren, die für Sie entscheidend sind.

Tipp: Sollte Ihr Chef sich in Besprechungen häufiger als Störenfried in der gerade genannten oder einer vergleichbaren Weise betätigen, können Sie ihm ja zum Geburtstag ein Exemplar dieses Buches schenken. Markieren Sie doch vorsichtshalber die passenden Textstellen ...

Auf die Beschlüsse kommt es an

Ob ein Meeting erfolgreich war, können Sie in den meisten Fällen an den gefassten Beschlüssen und deren Umsetzung ablesen. Während des Treffens ist es daher wichtig, die Beschlüsse genau zu fassen und auch zu protokollieren. Wer macht was, bis wann und eventuell noch wie? Ihre Besprechung kann noch so fruchtbar gewesen sein, wenn diese Aufgaben nicht verteilt wurden, wird es keine dauerhafte Bedeutung haben und Ihr Unternehmen nicht so voranbringen, wie es wünschenswert wäre. Diese Regel gilt sogar für ein gutes Verkaufsgespräch, denn ein guter Verkäufer fragt ja den Kunden nach seinen Erwartungen und Wünschen. Sobald diese nicht sofort erfüllt werden können, entstehen Aufgaben, die in der Zeit nach dem Treffen gewissenhaft abgearbeitet werden. Falls Sie selbst als Verkäufer aktiv sind, achten Sie unbedingt darauf, die Vereinbarungen zu notieren und so schnell wie möglich abzuarbeiten. Nichts ist für Ihren Kunden ärgerlicher, als wenn er noch einmal nachfragen muss, wann zum Beispiel der gewünschte Katalog ankommt.

Beispiel

Rückendeckung für den Erfolg

Sabine Nussbaum arbeitet in einer Werbe- und PR-Agentur. Sie ist ständig aktiv, um neue Kunden zu finden und tritt dort häufig in Wettbewerb mit anderen Agenturen. Sobald Sie sich vorstellen darf, nimmt Sie sich viel Zeit, den Kunden auszufragen und seine Bedürfnisse herauszubekommen. Daraus ergeben sich oft Aufgaben, die Sabine nur im Team lösen kann, weil sie nicht über alle nötigen Fähigkeiten verfügt. Die Schwierigkeit ist dann oft, dass der Auftrag für den potenziellen Kunden erst erledigt wird, wenn die Aufträge für die Bestandskunden erledigt sind. Erst als Sabine den Agenturchef mit zu zwei Kundengesprächen nimmt, versteht dieser, wie wichtig die Aufträge aus diesem Bereich für den zukünftigen Erfolg seiner Agentur sind. Er sorgt durch Umstellungen im Team dafür, dass genügend freie Ressourcen für diese Aufträge vorhanden sind.

Das leidige Protokoll

Wann haben Sie das letzte Mal gemault, als Sie das Protokoll einer Besprechung führen sollten? Noch nie? Dann sind Sie eine Ausnahme. Die meisten Menschen stöhnen schon bei dem Gedanken daran, diese Aufgabe zu übernehmen. Dabei scheint es nur um ein Missverständnis zu gehen. Bedenken Sie: Wer das Protokoll führt, hat nicht nur eine große Verantwortung, er führt auch die Ergebnisse eines Treffens zusammen. Und er listet die Beschlüsse auf, aus denen sich ergibt, wer im Anschluss wieviel zu tun haben wird. Vielleicht haben Sie jetzt bereits viel mehr Lust bekommen, diese Aufgabe das nächste Mal zu übernehmen. Bei der Form des Protokolls können Sie sich in aller Regel auf die Beschlüsse beschränken, wenn der Termin gut vorbereitet wurde. Denn dann lagen ja die Informationen bereits weitgehend schriftlich vor, als das Treffen begonnen hat. Explizit ist es zu empfehlen, diese Vorgehensweise selbst dann zu wählen, wenn in dem Protokoll weitere Informationen mitgeliefert werden.

Beispiel

Die Aufgabe steht im Mittelpunkt

Die Aufgabe, die in der Besprechung des Immobilienmaklers vereinbart wurde, lautet: „Exposé 1523 an Kunden Familie Peter Meier schicken". Doch dazu fehlen dem Mitarbeiter, der nicht bei dem Meeting dabei war, die Hintergründe. Also könnte der Protokollauszug lauten:

Thema	zuständig
Exposé 1523 an Kunden Familie Peter Meier schicken (Feedback über Versand an Klaus Förster)	*Nicola Weiß*

Zur Info: Familie Meier hat sich an uns gewendet, weil sie ein ebenerdiges Haus sucht, das mit einem Rollstuhl befahrbar ist. Wir werden zunächst Exposé 1523 schicken und dann in einem Telefonat klären, ob dieses Haus in Frage kommt. Ansonsten schalten wir eine Suchanzeige in der Tagespresse.

Telefonisch nachfassen am ...	*Klaus Förster*
Entscheidung Anzeigenschaltung am	*Klaus Förster*

So kann mit zwei Sätzen der Hintergrund erläutert werden und trotzdem bleibt die Aufgabe für Herrn Förster im Protokoll klar und übersichtlich. Wenn Sie es umdrehen, steht die Information im Mittelpunkt und dann gehen die verschiedenen Aufgaben leicht unter. Daher sollte das Beschlussprotokoll die bevorzugte Form sein.

In der Besprechung selbst sollten Sie als Protokollant nachfragen, sobald ein Beschluss unklar ist oder niemand benannt wurde, der verantwortlich ist. Je nach Organisation muss eine Aufgabe aufgefächert werden. Also könnte die Sekretärin des Immobilienbüros, Nicola Weiß, für den Versand des Exposés zuständig sein und Herr Förster leistet nur den Rückruf. Dann müssten beide in dem Protokoll erwähnt sein, damit sofort nachvollziehbar ist, welche Aufgaben sie nach dem Meeting erledigen müssen. Und es muss Frau Weiß klar sein, dass Sie Herrn Förster Feedback gibt, sobald sie das Exposé verschickt hat.

> **Tipp:** Übrigens lässt sich ein solches Beschlussprotokoll bei entsprechender Erfassung etwa in Tabellenform schnell so sortieren, dass ein Mitarbeiter alle seine Aufgaben per Mausklick untereinander gelistet anordnen kann. Das spart wiederum Arbeitszeit und erleichtert auch die Kontrolle.

Wirksam durch Kontrolle

Die Beschlusskontrolle ist eines der wichtigsten Instrumente, um jedem Meeting nachträglich den größtmöglichen Erfolg zu bescheren. Denn in vielen Unternehmen mögen die Besprechungen straff organisiert und auch die Protokolle exzellent geführt sein, nur mangelt es dann an der Kontrolle der Beschlüsse. Bei einem wiederkehrenden Teammeeting, das etwa jeden Montagmorgen um 10:00 Uhr anberaumt ist, sollte die Beschlusskontrolle die ersten 10 bis 15 Minuten einnehmen, je nach Thema und Aufgabe des Unternehmens und der beteiligten Mitarbeiter. Hierbei geht der Leiter des Meetings alle ToDos einzeln durch und fragt den Status ab. Hüten Sie sich davor, die Umsetzung eines Beschlusses von Woche zu Woche weiter zu schieben. Das ist derselbe Vorgang wie bei einer Aufgabe, die Sie seit langer Zeit erledigen wollen, für die Sie aber noch keinen Endtermin gesetzt haben. Bleibt der betreffende Mitarbeiter stur und erledigt die Aufgabe nicht, geben Sie sie an einen anderen Mitarbeiter, übernehmen Sie sie selbst oder streichen Sie sie schlicht aus dem Protokoll. An jeder Stelle, an der die

Beschlüsse nicht umgesetzt wurden, hilft das Nachfragen, um in Zukunft bessere Beschlüsse fassen zu können. Vielleicht hat der entsprechende Mitarbeiter nur noch kein Zeitmanagement-Seminar besucht, um sich seine Aufgaben vernünftig einzuteilen und sie abzuarbeiten.

Alle Maßnahmen zählen

Beim Lesen dieses Kapitels mag Ihnen einmal mehr klar geworden sein, dass ein Team nur dann funktioniert, wenn jeder Einzelne seine „Hausaufgaben" macht. Tatsächlich sind die meisten Methoden, die Sie in diesem Buch lernen, entscheidend, damit Sie als Teamplayer und Manager anerkannt werden und ein geschätztes Mitglied des Teams sind und bleiben. Sobald Sie Ihre neuen Fähigkeiten an die Kollegen und Mitarbeiter weitergegeben haben, können Sie von den Früchten in jeder Besprechung profitieren.

Zusammenfassung

- Ein Team kann immer nur so gut sein, wie die Kommunikation aller Beteiligten untereinander. Wenn Ihr Team noch nicht gut funktioniert, verbessern Sie zuerst die Kommunikation.
- Die Organisation von Rückrufen ist ein wichtiger Faktor, der im Team gut organisiert sein sollte.
- Nutzen Sie verschiedene Möglichkeiten, Informationen an Ihr Team weiterzugeben. Ihre Wahl ist dabei von der Information und von Ihren Zielen abhängig.
- Meetings sind wahre Zeitfresser, vor allem wenn sie schlecht vorbereitet und nicht oder zu wenig nachbereitet werden.
- Legen Sie eine Tagesordnung für jedes längere Meeting fest und halten Sie sich an diesen Ablauf.
- Seien Sie sich über den Zweck des Meetings im Klaren und planen Sie entsprechend Ihre Ziele.
- Ein Meeting ist dann erfolgreich gewesen, wenn auch die besprochenen Aufgaben abgearbeitet sind. Achten Sie darauf, dass das Protokoll vollständig ist und für jede Aufgabe einen Verantwortlichen benennt.
- Die Beschlusskontrolle führt dazu, dass die vergebenen Aufgaben schnell erledigt werden. Denn welcher Mitarbeiter lässt sich schon gern als derjenige entlarven, der seine Aufgaben nicht erledigt hat?

Lektion 7:
Selbstmanagement und Zielplanung

Zeitmanagement im Gesamtkontext

So sehr alle bisher genannten Methoden, Werkzeuge und technischen Hilfsmittel Sie im Alltag unterstützen, so wichtig ist auch die andere Seite der Planung: der Blick auf Ihre Ziele. Wenn die unklar bleiben, dann gibt es nicht einmal einen vernünftigen Grund, Ihre Termin- und Aufgabenplanung zu verbessern. Ein erfülltes, glückliches und ausgewogenes Leben zu haben, setzt voraus, dass Sie die für Sie richtigen Ziele gefunden haben und jeden Tag im Visier behalten. Das kann ein Prozess sein, der einige Monate und bei manchen Menschen sogar einige Jahre dauert. Zumal sich Ihre Ziele weiterentwickeln, genau wie Sie selbst.

Ihrer persönlichen und beruflichen Entwicklung ist im Wesentlichen nur eine einzige Grenze gesetzt: Die größte Vision, die Sie von sich selbst haben. Denn diese Vision bestimmt die Richtung, in die Sie sich jeden Tag bewegen und ist zugleich der große Rahmen Ihres Lebens. In meinen mehrtägigen Seminaren, die sich mit dieser Persönlichkeitsentwicklung beschäftigen, haben die meisten Teilnehmer (noch) keine große Vision ihres Lebens gefunden. Sie sind seit Jahren mehr oder weniger intensiv auf der Suche und fühlen sich zunehmend unwohl bei dem Gedanken, ihr Leben einfach so verstreichen zu lassen.

Prägende Umwelt

Hier ließe sich der große Bogen zu der Generation unserer Eltern spannen: Viele von ihnen haben den Krieg und die Nachkriegsjahre erlebt, sowie den anschließenden Boom der 70er Jahre des vergangenen Jahrhunderts. Die Ziele dieser Generation waren oft davon geprägt, die Not und schmerzvolle Situationen überwinden zu wollen. Finanzieller Wohlstand, der Wiederaufbau und der berufliche Erfolg schienen der

Weg aus der Misere zu sein. Andere wichtige persönliche Ziele gab es für die meisten nicht. Der Vorteil der Vergangenheit ist, dass sie vorbei ist! Und damit spielt es auch keine Rolle, dass die Nabelschau, die Konzentration auf sich selbst, die Selbstbesinnung bei manchen Menschen dieser Generation auf Unverständnis stößt. Und das ist durchaus nachvollziehbar, wenn auch heute für viele Menschen ein Grund mehr, sich um das eigene Wohlbefinden in einem größeren Zusammenhang zu kümmern.

Klar ist, dass die Menschen, die ein gutes Zeitmanagement haben, oft in sich selbst ruhen. Sie haben trotz aller Anforderungen an die persönliche Leistung Ihre eigene Route gefunden und verfolgen diese konsequent. Das scheint erstrebenswert und doch ist für die meisten weitgehend unklar, wie sie – am besten auch noch von heute auf morgen – zu diesem Ziel gelangen.

Beispiel

Ziellos ins Leben stürzen

Deborah Löbert hat in ihrem Leben viele Berufe ausprobiert und noch nicht den richtigen gefunden. Auch ihr Privatleben gleicht eher einer Achterbahnfahrt. Als sie ins Seminar kommt, hat sie insgesamt sechs verschiedene Berufe ausgeübt, meist über einen Zeitraum von zwei bis drei Jahren. Sie hat als Krankenschwester gearbeitet, als Hundetrainerin, hat Kunstausstellungen organisiert, Kosmetika vertrieben und vieles andere. Sie kann sich nicht vorstellen, in einer Tätigkeit so aufzugehen, dass sie sie bis zum Rentenalter ausübt. Im Zeitmanagement-Seminar wird ihr bewusst, dass sie keine Ziele hat oder bestenfalls welche für ein bis zwei Jahre. Sie hat den großen Bogen außer Acht gelassen, der jeder einzelnen Aktivität einen Sinn gibt.

Wie Deborah leben viele Menschen und daher mag es sein, dass hier die Bewusstheit fehlt, die eine Veränderung erst möglich macht. Wenn die Ziele zu klein und zu kurzfristig gewählt werden, dann sind Menschen leicht aus der Bahn zu werfen. Sie haben vielleicht den neuen „Traumjob" gerade eben angenommen, da erzählt ihnen eine Freundin von der Chance, mit einem Zaubertrunk aus Südamerika steinreich zu werden. Schon ist der Traumjob öde und die Sehnsucht, schnell einen beruflichen Wechsel einzuleiten und sofort bei der Firma aus Südamerika als Freiberufler anzufangen, steigt von Stunde zu Stunde.

Unter dieser Kurzsichtigkeit, die manche Experten auf die Sinnkrise der westlichen Gesellschaften zurückführen, leiden auch ganze Unternehmen. Shareholder Value, der Aktienwert des Unternehmens, rückt in den Mittelpunkt und lässt leicht das große Ganze in den Hintergrund treten. Was sind die Ergebnisse des kommenden Quartals aus Sicht der Börse wert im Vergleich zu einer soliden Planung der kommenden zehn Jahre?

Übung: Rückblick als Ressource

Es kann eine gute Methode sein, rückblickend verschiede Phasen des Lebens oder der Unternehmensentwicklung zu überprüfen. Denn dann verstehen Sie auch im Nachhinein, wie wichtig das Setzen klarer Ziele ist. Was wollten Sie vor fünf Jahren erreichen?

_____

_____

_____

Und was haben Sie inzwischen erreicht?

_____

_____

_____

Wenn Sie sich vor fünf Jahren gar keine klaren Ziele gesetzt haben, dann wird es schwer sein, diese Übung zu machen. Sie haben sich dann wie ein Autofahrer verhalten, der in Köln losfährt ohne eine bestimmte Richtung im Auge zu haben. Ist er nach 500 Kilometern Fahrt weit gekommen? Angenommen, er wäre in Hamburg gelandet? Ist das ein Fortschritt? Es hängt davon ab, wo er hin wollte! Wenn sein Ziel Süditalien ist, ist er quasi minus 400 Kilometer weit gekommen, er hat sich entfernt. Wenn Sie sich heute in der Situation befinden, dass Sie keine Ziele geplant und demzufolge auch keine erreicht haben, gibt es nur eine entscheidende Frage: Wollen Sie so weiter machen? Sie hätten dieses Buch nicht in den Händen, denke ich, wenn das Ihr ehrlicher Plan wäre. Also geben Sie jetzt Vollgas, drehen Sie um, damit Sie schon heute noch dem Ziel, Ihrem Süditalien, näher kommen.

Beispiel

Nicht unzufrieden

Oliver Schauberg hat sein Leben im Griff, er besucht das Zeitmanagement-Seminar nur, weil er ein bisschen effizienter werden möchte. Seinen Beruf als Controller bei einem großen Automobilkonzern hat er seit 18 Jahren, er ist verheiratet, hat zwei Kinder. Das große Glück habe er nicht gefunden, er glaube nicht daran, erklärt er im Seminar. Dafür sei er „nicht unzufrieden" und das sei doch viel wert. Als seine Frau Christine ihn eine Woche nach dem Seminar verlässt, fällt Oliver aus allen Wolken. Christine strebt auf größere Ziele zu, sie möchte den Einheitsbrei des ewig Gleichen verlassen. Jetzt beginnt auch für Oliver ein neuer Lebensabschnitt, denn er wurde zur Veränderung gezwungen.

Oliver, Christine und Deborah haben sich mehr oder weniger freiwillig auf den Weg gemacht, um ihrem Leben eine neue Richtung zu geben. Es scheint für die Veränderungen, die alle drei anstreben, gemeinsame Muster zu geben und eine entscheidende Frage: Wann sind Sie bereit, sich zu verändern?

Ausgebrannt von fremden Zielen

Das scheint in völligem Widerspruch zu den Managern zu stehen, die lange Zeit beste Leistung bringen und mit ihren Höchstleistungen viel Geld verdienen. Schließlich haben diese Manager ganz offensichtlich hohe Ziele verfolgt und sie auch mehr oder weniger erreicht. Doch immer mehr dieser Powermänner und -frauen zeigen das so genannte Burnout-Syndrom, sie nehmen sich selbst als depressiv wahr und haben oft sämtliche Motivation verloren. Bei der Frage nach der Veränderung haben diese Manager meist nur eine Antwort: Sobald ich wieder ein Ziel habe, für das sich zu kämpfen lohnt, bin ich wieder voll einsatzfähig. Im Lauf der Arbeit an sich selbst stellen viele dann fest, dass sie gar nicht wissen, welche Ziele zu ihnen passen. Sie hatten nur viele Jahre geglaubt, ihre eigenen Ziele zu verfolgen. Tatsächlich haben viele Burn-outler bestenfalls danach gestrebt, mit ihrer Leistung anderen zu gefallen, deren Anerkennung sie dann auch bekamen. Nur reicht die Anerkennung anderer vielleicht nicht immer für ein ganzes Leben – zum Glück!

Kehrtwende zu sich selbst

In den modernen Seminarzentren für Manager ist oft von der Work-Life-Balance die Rede. In dieser Wortkombination, das merken Sie als wacher Leser sofort, ist eine interessante Vorannahme enthalten: Life, also Leben, scheint mit Work, der Arbeit, in einem Widerspruch zu stehen. Hier sollen zwei Bereiche ausgeglichen werden, die in meiner Wahrnehmung nie getrennt waren und auch nicht zu trennen sind. Wenn Sie also bisher den Eindruck haben, Ihre Arbeit gehöre nicht zu Ihrem Leben, ist es ebenfalls Zeit, neue Wege zu gehen.

Beispiel

Jahresrückblick für jedermann

Eine sehr schöne Familientradition habe ich vor einigen Jahren kennen gelernt, den Weihnachtsbrief. Bei diesem Brief werden für Freunde und Bekannte alle wichtigen Ereignisse des Jahres zusammengefasst. Das hat für die Familie den Vorteil, dass sie das fast vergangene Jahr noch einmal Revue passieren und die wichtigsten Momente erneut erleben kann. Und die Empfänger sind auch dann gut über die Entwicklung informiert, wenn sie sich länger nicht persönlich mit dieser Familie getroffen haben.

Letztes Jahr an Weihnachten erhielt ich einen solchen Brief von einer befreundeten Familie, in dem es einen gemeinsamen Teil gab und dann noch für jedes Familienmitglied einen besonderen Absatz. So weit ich es dem Brief entnehmen konnte, hatten die Kinder das ganze Jahr über großartige Fortschritte gemacht. Sie hatten neue Fähigkeiten entwickelt, Spaß gehabt, die Tochter war in der Schule gut aufgenommen worden und so weiter. Die Eltern hingegen hatten offenbar nur in den ersten beiden Wochen des Jahres im Winterurlaub und dann wieder im Sommer, während des Urlaubs in Südfrankreich gelebt. Beide sind berufstätig und hatten offenbar von dieser Arbeit nichts Herausragendes zu berichten. Interessant daran ist, dass diese Menschen an fünf Tagen pro Woche etwa zehn Stunden arbeiten beziehungsweise auf dem Weg zur oder von der Arbeit sind.

195

Schmerz und Trauer bringen Power

Was lässt sich Menschen raten, die in einem solchen Leben fest-
stecken? Sie scheinen ja die eigene Misere noch nicht einmal zu bemerken und ich weiß aus Erfahrung, dass das Öffnen der Augen etwa
in einem Seminar im ersten Moment sehr schmerzhaft sein kann.
Doch sind das die Schmerzen, die diese Menschen dann auch sehr
schnell voran bringen können bei der Veränderung des eigenen Lebens. Der dringende Wunsch, einen Beruf zu finden, der wirklich
Freude macht, Spaß bringt und zahlreiche persönliche Entwicklungs-
möglichkeiten enthält, treibt sie an. Manchmal genügt auch der Ge-
danke, dass Eltern Vorbilder für ihre Kinder sind. Wenn diese Eltern
den Kindern täglich vorleben, wie langweilig, öd und uninteressant
das (Berufs-)Leben ist, mag das nicht das beste Vorbild sein. Die Motivation für die Veränderung ist vielfältig und scheinbar nur davon abhängig, wie sehr Menschen entweder bisher unzufrieden sind oder
von neuen großen Zielen und einem großartigen, erfüllten Leben zu
träumen bereit sind.

Beispiel

Ziehen Sie Bilanz
Welche Fortschritte haben Sie persönlich in den vergangenen zwölf
Monaten erreicht?

_____

_____

_____

Welche Fortschritte haben Sie beruflich erreicht?

_____

_____

_____

Was hat Ihnen in den vergangenen zwölf Monaten am meisten Spaß gemacht?

_____

_____

_____

Was wird Sie in den kommenden Monaten begeistern?

_____

_____

_____

Lassen Sie mich also das Thema Work-Life-Balance so beenden, dass Sie sicher davon profitieren, Ihre Berufung zu finden. Um dann in dieser Aufgabe aufzugehen und gleichzeitig eine Familie zu haben oder eine intensive Partnerschaft zu pflegen, ist ein professionelles Zeitmanagement wichtig. Noch wichtiger sind allerdings Ihre Ziele und die Bereitschaft, sich für diese Ziele wirklich einzusetzen.

Beispiel

Eigentlich ist die Familie der Mittelpunkt
Dr. Gerhard Joppich ist Prokurist eines mittelständischen Unternehmens mit 342 Angestellten. Er ist verheiratet und hat zwei Kinder, ein achtjähriges Mädchen und einen fünf Jahre alten Jungen. Leider sieht er die Kinder nur abends und an den Wochenenden. Allerdings geht er da auch seinen Hobbies nach, er spielt Tennis und läuft viel, weil er gerne an einem Marathonlauf teilnehmen möchte. Im Seminar sagt er erst, dass er seine Kinder wenig sieht, weil sein Beruf ihm ja keine anderen Möglichkeiten lässt. Auf die Frage, was ihm wichtiger sei, die Familie oder der Beruf, antwortet er: „Meine Familie steht an erster Stelle." Nachfragen ergeben, dass Gerhard nur deshalb so viel arbeitet, damit es seiner Familie wirklich gut geht. Und es ergibt sich, dass auch weitere Aspekte für diese Priorisierung sprechen. Frauen seien für die Erziehung der Kinder besser geeignet, im Beruf bekäme er mehr Anerkennung, er habe ein hohes Leistungsbewusstsein und noch weitere Argumente.

197

Er verändert sein Leben nach dem Seminar nicht und nimmt sich auch nicht mehr Zeit für seine Frau und die gemeinsamen Kinder. Er hat andere Prioritäten und für die trägt er allein die volle Verantwortung. Manchmal stelle ich mir und den Teilnehmern auch die Frage, warum sie Kinder bekommen haben, wenn sie sie doch nur wenige Stunden in der Woche sehen, geschweige denn sich intensiv mit ihnen auseinandersetzen? Es ist in Ordnung, die Prioritäten anders zu setzen. Wünschenswert wäre eine klare Kommunikation, vor allem auch mit dem Partner oder der Partnerin über diese Priorisierung.

Persönliche Weiterentwicklung

Umgekehrt ist es ähnlich: Hausmänner und -frauen setzen oft die Prioritäten genau anders herum, für sie kommen die Kinder vor der Partnerschaft. Das ist eine wichtige Lebensentscheidung, die Sie treffen sollten, denn die gesamte weitere persönliche und berufliche Entwicklung hängt davon ab, welches Ziel Sie anstreben. Eine ausgewogene Balance zwischen dem fordernden Beruf, der Partnerschaft, den Kindern, den eigenen Hobbies und der persönlichen Weiterentwicklung zu finden, kann ein wenig Zeit kosten. Der Lohn ist entsprechend hoch. Da immer mehr Menschen erkennen, dass diese Entwicklung mit der Arbeit an der eigenen Persönlichkeit eng verknüpft ist, besuchen immer mehr Menschen die entsprechenden Seminare. Aus diesem Blickwinkel bedeutet Arbeit an sich selbst vor allem, neue Strategien zu finden und die eigenen Ziele in die richtige Balance zu bringen.

Ziele richtig anpacken

Es gibt eine Reihe von Faktoren, die bei der Zielplanung und -erreichung helfen. Je schneller Sie beispielsweise ein Ziel erreichen wollen, desto besser ist es, wenn Sie es sich heute schon bestens ausmalen können. Vielleicht erinnern Sie sich an Ihre Kindheit als eine Zeit zurück, in der Sie vollkommen in Ihrer Phantasie aufgehen konnten. Es spielte keine Rolle, ob die Puppen künstlich oder die Spielzeugautos winzig klein waren, für Sie war es damals ein Leichtes, sich diese Spielzeuge lebendig und groß vorzustellen. Diese Fähigkeit haben Sie heute auch noch und für die Zielplanung ist es absolut hilfreich, sie zu nutzen. Stellen Sie sich vor, dass Sie am Ziel Ihrer Träume angekommen sind. Sehen Sie es, riechen Sie es, schmecken, hören und riechen Sie es. Wenn Sie diese Übung täglich wiederholen, werden Sie Ihr Ziel noch schneller als erwartet erreichen.

Das kleine Wörtchen „nicht"

„Ich möchte nicht mehr so dick sein.", „Ich möchte nicht mehr so viel arbeiten", „ich möchte nicht mehr so schlecht mit den Kindern/dem Partner umgehen." – es ist ganz offensichtlich, dass die Ziele mancher Menschen mit der Vermeidung eines Ist-Zustands zu tun haben. Das ist vor allem auf unterbewusster Ebene ein Widerspruch, weil das Unterbewusstsein seine Energie in die Richtung Ihrer Aufmerksamkeit fließen lässt. Wenn Sie zum Beispiel ein Fan des VW Beetle sind, dann fallen Ihnen ständig diese Autos auf. Ihr Eindruck ist, dass von diesem Modell wirklich viele verkauft werden. Was Ihnen bisher nicht bewusst gewesen sein mag, ist, dass es sich bei dieser Suche um ein unbewusstes Konzept handelt. Dieses funktioniert so, dass Ihr Unterbewusstsein verstanden hat, was Sie suchen, und sobald dieses Muster oder Bild auftritt, wird Ihr bewusster Verstand alarmiert. Nur dieser eine Aspekt des gesamten Vorgangs wird von Ihnen bewusst wahrgenommen, der Rest ist automatisch ablaufend und unbewusst.
Der Haken an der Ablehnung eines Zustands ist, dass sie diesen Zustand dafür zuerst denken müssen. Nicht mehr so ... sein bedeutet in der Sprache des Unterbewusstseins, das entsprechende Muster zuerst zu suchen und alles daran setzen, es zu finden. Wenn Sie an die Stelle der Punkte etwa das Wort „dick" einsetzen, dann werden Sie zwangsläufig zunehmen. Wenn Sie nicht mehr so laut sprechen möchten, werden Sie noch lauter reden. Und wenn Sie nicht mehr so arm sein wollen, werden Sie schon bald einen neuen Kredit benötigen.

Wann werden Sie verstehen?

Dieser Automatismus, mit dem wir Menschen ausgestattet wurden, ist eine großartige Einrichtung. Er funktioniert präzise und schnell, besser als jede Maschine, die je von Menschenhand geschaffen wurde. Nur haben die meisten Menschen bis heute noch nicht verstanden, wie einfach es funktioniert. Und deshalb fokussieren sie sich ständig auf die Aspekte, die sie doch vermeiden wollten. Das gilt für einen größeren politischen oder wirtschaftlichen Rahmen genau so wie für den Einzelnen. Versuchen Sie mit Ihrem neu erworbenen Wissen, Arbeitslosigkeit oder eine Wirtschaftskrise zu bekämpfen. Und dann vergleichen Sie die Ziele der Politiker mit den Ergebnissen ihrer Arbeit. Die Medien sind übrigens in diesem Fall die Informationsträger, die für eine geeignete Verbreitung der Ziele sorgen, so dass die gewünschten Ziele auch von allen angestrebt werden können.

In dem Moment, in dem Sie sich mit diesen Techniken auskennen, werden Sie eine Menge mehr Spaß in Ihrem Leben haben. Was Menschen angeblich erreichen möchten und auf der anderen Seite sich selbst mit entsprechenden Formulierungen immer wieder sagen – dazwischen liegen in vielen Fällen Welten. Eine exakte Sprache ist also eine große Hilfe, wenn Sie Ihre neuen Ziele schnell erreichen möchten. Und beachten Sie dabei, dass jeder Umweg und jeder Misserfolg seine Ursache in dem von Ihnen angegebenen, unterbewussten Ziel hat.

Tipp: Es mag sein, dass es Ihnen an manchen Tagen nicht ganz so leicht fällt, sich positiv auf das neue Ziel einzustimmen. Eine sehr wirksame Methode, sich aus diesem Stimmungstief herauszubringen, ist es, sich eines Ihrer größeren Ziele vorzustellen und dann genau zu prüfen, wie Sie sich fühlen, wenn Sie es erreicht haben.

Finden statt suchen

Ebenfalls wichtig ist es, den Endzustand als Ziel zu definieren und nicht den Prozess. Das landläufige Beispiel zu diesem Thema ist die Suche einer Lösung oder auch nur eines Autoschlüssels. Wenn Sie etwas suchen, konzentrieren Sie sich auf die Tätigkeit, auf den Prozess. Wenn Sie bereit sind, etwas zu finden, dann haben Sie eine bessere Zielformulierung und damit eine große Aussicht auf Erfolg.

Beispiel

Mehr ist besser als weniger
Katrin Bauer ist Ärztin für Innere Medizin mit einer großen Praxis. Sie möchte endlich weniger Stress haben, denn in den vergangenen fünfeinhalb Jahren hat sie keinen richtigen Urlaub genommen und selbst an den Wochenenden macht sie noch die Abrechnung. Wenn Sie dann zwischendurch mal eine Verschnaufpause einlegt, denkt

sie immer wieder nur einen Satz: „Ich will endlich weniger Stress, die Arbeitszeiten reduzieren." Diese Formulierung hilft aus zwei Gründen bestenfalls dabei, mehr zu arbeiten. Erstens ist „weniger" eine negative Formulierung, zweitens konzentriert sich Katrin damit auf den Prozess des Reduzierens.

Um sich zu verdeutlichen, wie die Kommandos unterbewusst wirken, konzentrieren Sie sich einen Moment auf eine wörtliche Auslegung, denn genau so arbeitet Ihr Unterbewusstsein. Wenn Katrin etwas reduzieren möchte, dann muss sie erst einmal mehr davon haben. Das folgt einer schlichten Logik, die bestechend einfach und im Alltag absolut wirksam ist. Es spielt keine Rolle, was Sie bisher beispielsweise über den so genannten Jojo-Effekt bei der Gewichtsreduktion gehört haben. Der einzige Grund, warum dieser funktioniert, ist der, dass die Menschen (noch mehr) abnehmen möchten. Sie konzentrieren sich auf den Verlauf, auf das, was sie tun möchten: abnehmen. Also werden Sie konsequent zunehmen müssen und das immer wieder, damit es genug abzunehmen gibt. Wenn Sie mehr Geld haben wollen, müssen Sie erst einmal weniger haben. Wenn Sie mehr Freiheit möchten, werden Sie sich erst einmal unfreier fühlen.

Sie sind der Kapitän

Ein weiteres Kriterium geeigneter Zielformulierung ist die Selbsterreichbarkeit. Selbstverständlich wäre Ihr Leben einfacher, schöner und angenehmer, wenn Ihr Partner anders wäre, der Chef mehr Geld bezahlte, die Kinder nicht ständig protestierten und Sie außerdem ein Mal pro Jahr im Lotto gewinnen würden. Nur sind all diese Ziele nicht selbst erreichbar, Sie benötigen die Mitwirkung eines anderen Menschen, des Universums oder von Gott, je nachdem, mit welchen Instanzen Sie gerne zusammenarbeiten. Geeignete Ziele sind hingegen die, die Sie selbst erreichen können. Es stimmt, dass der Porsche-Händler Ihnen den neuen tollen Wagen noch verkaufen muss. Nur ist der Weg dorthin selbst bestimmt und das Ziel, dieses Geld zusammenzubringen, werden Sie selbst erreicht haben.

Beispiel

Das Rauchen aufgehört

Georg Fennel, einer meiner Seminarteilnehmer, berichtete, er habe mit dem Rauchen aufgehört, nachdem er sich dieses Ziel gesetzt und einige andere Methoden der Zielerreichung angewendet hatte, die ich ihm beigebracht hatte. Doch drei Wochen später rauchte er wieder. Auf Nachfrage erzählte er mir, dass er die herrlichen Abende mit seiner Frau Nicola, bei denen sie in der Küche saßen und sich von ihren Tagen im Büro erzählten, vermisst hatte. Seitdem er wieder rauche, sei es wieder ganz wie früher und deshalb habe er sich entschlossen, wieder zu rauchen.

Wie bei diesem Teilnehmer können Sie sich bei der Zielformulierung auch fragen, welche negativen Auswirkungen zu befürchten sind. Es geht auch hier nicht darum, sich ein Horrorszenario zu kreieren, sondern um die Frage, ob Sie auf eine lieb gewonnene Handlung oder eine Tradition verzichten müssten. Wie können Sie dann mit dem Ergebnis umgehen? Eine Möglichkeit ist, sich des eigentlichen Ziels bewusst zu werden, dass mit der dem Ziel widersprechenden Tätigkeit erreicht werden soll. Im obigen Beispiel nutzte der Mann das Rauchen, um sich mit seiner Frau in aller Ruhe zu unterhalten und die gemütliche Stimmung zu erzeugen. Hier lassen sich bestimmt Alternativen finden, um dieselbe Stimmung zu erreichen, ohne sich selbst körperlich zu schaden.

Übung: Welche Probleme schafft das Ziel?

Welches Ziel streben Sie heute oder bereits seit einiger Zeit an?

_____

Hören Sie jetzt in sich hinein und achten Sie schlicht auf die Antworten, die von innen kommen. Was würde sich bei Erreichung dieses Ziels negativ entwickeln?

_____

_____

_____

Welche Ziele verfolgen die widersprechenden Aspekte?

_____

_____

_____

Welche Alternativen gibt es, um diese Ziele zu erreichen, ohne das oben genannte Hauptziel zu gefährden?

_____

_____

_____

Seien Sie vor allem bei dem letzten Punkt möglichst kreativ, lassen Sie sich auch ungewöhnliche Ideen einfallen, denn die bringen Farbe und eine Menge Spaß in Ihr Leben. Es gibt eine Reihe weiterer Techniken, um die widersprechenden Aspekte wirkungsvoll zufrieden zu stellen. Da diese hier das Ziel des Buches verlassen, beachten Sie dazu bitte den Anhang und die Literaturhinweise. Zunächst werden Sie mit den selbst geschaffenen Alternativen und den sich daraus ergebenden Kompromissen deutliche Fortschritte erreichen.

Der richtige Zeitpunkt

Ein letzter Aspekt der Zielplanung betrifft die Zeitplanung. Es ist sehr wichtig, den zeitlichen Rahmen klar zu begrenzen, das gilt für eine einzelne Aufgabe ebenso wie für ein großes Ziel. Denn wenn es keinen klaren Endpunkt gibt, dann können Sie ja mit der Umsetzung noch warten. Je mehr ein näher rückender Termin für Sie eine Motivation darstellt, desto wichtiger ist, den Zeitpunkt so nah wie möglich zu setzen. Damit entsteht dann der nötige Druck. Es gibt bessere Motivationsstrategien als diese und Sie haben unterbewusst bereits einige in diesem Buch gelernt. Doch wenn Sie diese eine noch weiter benutzen möchten, dann setzen Sie sie zu Ihrem Vorteil ein. Ein konkretes Datum ist in jedem Fall der beste Motivator. Schreiben Sie also nicht, dass Sie dieses große Ziel bis zum Jahr 2014 erreicht haben wollen, sondern dass Sie es am 31. März 2014 erreichen. Das ist eine wirksame Zielplanung, weil sie Ihrem Unterbewusstsein eine Linie vorgibt.

Übung: Die beste Formulierung entscheidet

Welche Ziele haben Sie bisher trotz intensiver Bemühungen noch nicht erreicht?

_____

_____

_____

Was haben Sie typischerweise gedacht oder gesagt, um das Ziel zu erreichen?

_____

_____

_____

Wie formulieren Sie das Ziel ab heute mit Ihrem neuen Wissen anders?

_____

_____

_____

Wenn Sie bei der einen oder anderen Formulierung unsicher sein sollten, dann nehmen Sie sich Zeit. Alle Bestandteile sind wichtig, damit Sie Ihre Ziele erreichen. Und auch in einer Gruppe von Menschen, etwa innerhalb eines Unternehmens, ist die richtige Zielformulierung entscheidend.

Prüfen Sie alle Kriterien der guten Zielformulierung
Die wichtigsten Kriterien für die geeignete Formulierung eines Zieles lauten:

- mit allen Sinnen erfahrbar
- positiv formuliert
- Zielbeschreibung statt Prozessbeschreibung
- selbst erreichbar
- widersprechende andere Ziele abklären
- Datum des Erreichens

Viele Wege führen zum Ziel

Ein weiterer Aspekt Ihres neuen Umgangs mit den unterbewussten Zielerreichungsmechanismen ist die Erkenntnis, dass Ihnen der Weg zum Ziel egal sein darf. Vertrauen Sie darauf, dass Sie das Ziel erreichen, das ist das Beste, was Sie tun können. Das hört sich für Ungeübte zunächst noch nicht so leicht an, wie es in Wirklichkeit ist. Beginnen Sie also mit kleinen Zielen und wundern Sie sich über den Weg, wie das Ergebnis in Ihr Leben tritt. Sehr bekannt ist in diesem Zusammenhang das Bestellen von Parkplätzen. Dabei geht es darum, dass Sie sich vor der Fahrt in eine Stadt vorstellen (und fest daran glauben), leicht einen passenden Parkplatz zu finden. Dieser Trick funktioniert, probieren Sie es aus. Weitere Literatur dazu finden Sie im Anhang. Vielleicht fragen Sie sich, warum Sie bisher das alles nicht wussten, warum Ihnen das niemand erzählt hat? Ich weiß es nicht und freue mich mit Ihnen, dass Sie dieses Wissen nun bis zu Ihrem Lebensende ausprobieren können.

Beachten Sie heimliche Vorannahmen

In einem meiner Seminare beschäftigen sich die Teilnehmer intensiv mit Vorannahmen. Diese Vorannahmen haben wiederum viel mit Zielen zu tun, sie beeinflussen immer auch den Weg zum Ziel und können ihn deutlich verlängern. Eines der besten Beispiele ist das Lottospielen: Im Lottospiel steckt bei den meisten Menschen eine wichtige Vorannahme. Sie nehmen an, dass sie diese Geldsumme nicht auf andere Weise erhalten können. Nehmen Sie doch für einen Moment an, dass Ihre Gedanken verantwortlich dafür sind, wie Ihr Leben sich entwickelt. Dann wäre diese Vorannahme eine deutliche Einschränkung. Weitere verbreitete Vorannahmen sind, dass Arbeit keinen Spaß macht, Männer Frauen oder Frauen Männern unterlegen sind und dass die meisten Menschen nur an sich selbst denken. Diese Glaubenssätze, die das Verhalten einschränken und die Chancen auf ein zufriedenes Leben limitieren, sind allerdings nur die erste Stufe. Machen Sie sich auf die Suche nach den versteckten Vorannahmen, von denen Sie überzeugt sind. Das Beispiel des Glücksspiels mag Ihnen dazu dienen.

Übung: Die Wahrheit ist individuell

Der beste Weg, diese Vorannahmen bei sich selbst herauszufinden, ist die Frage: Was halte ich für wahr, wenn ich den entsprechenden Gedanken denke oder eine bestimmte Handlung ausführe? Wenn Sie diese Vorannahme nicht länger haben möchten, können Sie sie anschließend zerlegen. Stimmt es in jeder Situation? Wie könnte eine andere Wahrheit lauten? Wie sieht meine Realität wirklich aus?

90 Prozent können genug sein

Vor allem bei der Planung großer Ziele kann es sehr hilfreich sein, Abstriche einzuplanen. Das ist keine Technik, um das Ziel aus den Augen zu verlieren und alle Dinge nur halbherzig anzugehen. Und es soll keine Ausrede schaffen, warum Sie nie hart genug arbeiten müssen. Vielmehr geht es um den Perfektionismus. Muss wirklich alles in Ihrem Leben perfekt sein? Vermutlich nicht. Also können Sie bei der Formulierung eines Zieles gleich mit festlegen, in welchen Bereichen Sie flexibel genug sind, um minimal vom ursprünglichen Ziel abzuweichen. Wenn Sie sich das Ziel als 100 Prozent vorstellen, wo genau liegen dann 90 Prozent? Was ist der Unterschied zwischen diesen beiden Marken. Vielleicht wollen Sie sich bei dem einen Ziel nur erlauben, ein Prozent abzuweichen, dafür aber bei einem anderen um 13 Prozent. Das entscheiden Sie ganz alleine, zumal Sie die Beurteilung vornehmen, was genau den 13 Prozent entspricht.

Dazu sei angemerkt, dass Ihr Unterbewusstsein immer den Weg des geringsten Aufwands geht. Wenn Sie von einer Villa mit Pool träumen, kann es sein, dass Sie eines Tages von einem Freund eingeladen werden, der eine solche Villa hat und Ihnen erlaubt, dort so lange zu bleiben, wie Sie Lust haben. Oder Sie träumen von einem bestimmten

Automobil, doch dieses Auto leasen Sie, anstatt es zu kaufen, oder Ihre neue Firma stellt es Ihnen als Dienstwagen zur Verfügung. Das alles könnten Varianten sein, wie Sie mit gewissen Abstrichen Ihr Ziel erreichen, weil es deutlich weniger Energieaufwand erfordert.

Auf zu den großen Zielen

Große Ziele haben den kleineren gegenüber einen ganz entscheidenden Vorteil: Sie können an Ihnen auch dann festhalten, wenn Sie einmal von Ihrem Weg zum Ziel abgekommen sind. Denn trotz aller Probleme, die Sie in einer solchen Lebensphase bewältigen, können Sie ein wirklich großes Ziel immer noch im Auge behalten und beharrlich darauf zusteuern. Das ist einer der Gründe, warum ich die Teilnehmer meiner Seminare dazu anhalte, sich Ihren wirklich großen Zielen zu widmen. Ein weiterer Grund ist, dass es sehr viel Spaß macht, diese ganz großen Träume zu Papier zu bringen.

Übung: Malen, Zeichnen, Schreiben

Nehmen Sie sich ein möglichst großes Blatt Papier, setzen Sie sich auf den Boden oder an einen leer geräumten Tisch und beginnen Sie, Ihre Ziele zu Papier zu bringen. Dafür können Sie beispielsweise dieses Blatt in Bereiche unterteilen, in die Sie Ihre verschiedenen Ziele eintragen. Aspekte sind die beruflichen Ziele, die Ziele für Ihre Partnerschaft, Aspekte der Finanzplanung, Ihre Hobbies, der Sport, neue Fähigkeiten und so weiter. Sie können auf diesem Blatt auch malen, was Sie sich vorstellen. Bei dieser Übung entstehen in den Seminaren die wundervollsten Gemälde und die Teilnehmer nutzen diese oft, um sie später als motivierende Erinnerung an ihr Ziel über den Schreibtisch zu hängen.

Wenn Sie bisher ein Ziel nicht erreicht haben oder in Zukunft große Ziele erreichen möchten, machen Sie sich klar, welche Voraussetzungen Sie dafür nach Ihren Vorstellungen erfüllen müssen.

Beispiel

Erfüllen Sie Ihre Voraussetzungen

Ulf Hohenäcker möchte eine neue Partnerin finden und er bemüht sich darum auch schon eine ganze Weile. Im Seminar lernt er, darüber nachzudenken, welche Kriterien er selbst erfüllen müsste, damit ihn die passende Partnerin überhaupt attraktiv finden kann. Die Liste von Ulf wächst schnell: Er müsste zehn Kilo weniger wiegen, etwas sportlicher sein, seine Kleidung verändern und noch einiges mehr. Das sind wohlgemerkt seine Bedingungen für Erfolg! Nun hat er zwei Möglichkeiten: Entweder verändert er die Spielregeln, die er sich aufgrund seiner Glaubenssätze über die Welt erschaffen hat. Oder er beginnt, seine eigenen Regeln zu erfüllen.

Erfolgreiche Menschen zeichnen sich auch dadurch aus, dass Sie sehr klare Vorstellungen von den Regeln für Erfolg haben, die sie sämtlich erfüllen. Daher ist es so unsinnig, die Methoden zu kopieren, die einen anderen Menschen zum Erfolg geführt haben. Denn er hat diese Techniken, etwa das Sparen von Geld, das Tragen eines bestimmten Anzugs und weitere Aktionen nur deshalb ausgeführt, weil sie in seiner Welt zum Erfolg führen mussten. Die Wahrscheinlichkeit, dass Sie nach dem Lesen eines Buches, das ein solcher Erfolgsmensch geschrieben hat, seine Methoden und seine Regeln verinnerlicht haben, ist gering. Viel schneller geht es, wenn Sie Ihre eigenen Regeln kennen und diese erfüllen – oder ändern.

Übung: Meine Regeln für den großen Erfolg

Notieren Sie in Bezug auf eines oder mehrere Ihrer großen Ziele die Bedingungen, die Sie selbst erfüllen müssen.

Um mein Ziel zu erreichen, muss ich erst:

_____

_____

_____

_____

_____

Sie können diese Übung zu jeder Zeit nutzen, um Ihre Lebensziele schneller zu erreichen. Und sie ist ein großartiges Werkzeug, um die Unterschiede kennen zu lernen, mit denen Menschen die Welt beurteilen. Fragen Sie, nachdem Sie die Übung für eines Ihrer Ziele durchgeführt haben, einen Freund oder Ihren Partner, was für ihn die entscheidenden Voraussetzungen auf dem Weg zu diesem Ziel wären. Sie werden feststellen, dass diese tatsächlich sehr verschieden sind und manchmal kaum nachvollziehbar scheinen. Auf diese Weise lernen Sie, den anderen Menschen besser so stehen zu lassen, wie er ist. Er hat nicht nur seine ganz eigene Wahrnehmung, er hat auch eine ganze eigene Idee davon, wie die Welt funktioniert. Und viele Erkenntnisse sprechen dafür, dass die Welt auch genau seinen Regeln folgt, so wie Ihre Welt Ihren Regeln gehorcht.

Übung: In zehn Jahren ...

Es war in diesem Buch schon die Rede davon, dass Sie innerhalb von zehn Jahren nahezu alles erreichen können, was Ihnen wirklich wichtig ist. Dafür müssen Sie allerdings erst festlegen, welcher Mensch Sie in zehn Jahren sein werden. Legen Sie gleich los:

Der Mensch, der ich in zehn Jahren bin, hat folgende Eigenschaften:

_____

_____

_____

_____

Sie/Er lebt so:

_____

_____

_____

_____

Sie/Er hat folgende (zusätzlichen) Fähigkeiten:

_____

_____

_____

_____

_____

Sie/Er verfügt über die Erfahrungen:

_____

_____

_____

_____

Sie/Er besitzt:

_____

_____

_____

_____

_____

Übrigens steht das Thema „Besitzen" in dieser Übung absichtlich am Ende, weil es der uninteressanteste Aspekt ist. Auch wenn in unserer Gesellschaft das Besitzen und der Konsum meist überbewertet werden, ist das nicht die treibende Kraft. Menschen verbinden mit dem Produkt ein Gefühl, das sie gerne haben möchten. Dieses Gefühl treibt sie an, das entsprechende Ziel zu erreichen. Doch Sie können schon heute jedes Gefühl in sich spüren, das Sie an das Produkt gekoppelt haben. Wenn ein bestimmtes Auto Ihnen das Gefühl der Freiheit gibt, dann setzen Sie sich doch jetzt in Gedanken in diesen Wagen und fühlen Sie dieses unvergleichliche Gefühl, auf das Gaspedal zu treten. Das ist Ihre Freiheit, stimmt's?

Tipp: Bitte beachten Sie, dass es keinen Maßstab für den Erfolg gibt, auch wenn die Gesellschaft und auch die Medien manchmal so tun als ob. Erfolg bedeutet immer, dass Sie das Ziel erreichen, das Sie sich gesetzt haben.

Neue und wiederholte Gefühle

Ich sage damit nicht, dass es auch andere Gefühle gibt, die neu entstehen können. Wenn Sie Vater oder Mutter sind, erinnern Sie sich vielleicht an diesen Moment, als Sie diesen wundervollen Säugling das erste Mal auf dem Arm hatten oder er auf Ihrem Bauch lag. Dieses Gefühl können Sie nur erahnen, falls Sie keine Kinder haben. Der Konsum und Besitz hingegen bezieht sich in der Regel auf alte Gefühle, die längst bekannt sind und daher auch abrufbar. Das mag ein Gefühl der Anerkennung sein, der Liebe, der Sportlichkeit oder des Reichtums. Egal wieviel Geld Sie momentan besitzen, sie können sich jetzt gleich sehr reich fühlen und das auch genießen. Diese alten Gefühle, die mit jedem neuen Produktkauf weiter verstärkt oder erneut erlebt werden sollen, lassen uns in unserer Komfortzone bleiben. Das ist der Bereich, in dem sich ein Mensch üblicherweise bewegt und zwar nicht nur körperlich, sondern vor allem psychisch.

Beispiel

Keinen Schritt weiter

Ich habe als Kind eine Frau kennen gelernt, die das Dorf, in dem wir lebten, in den 78 Jahren ihres Lebens nicht ein Mal verlassen hat. Mit Mitte 60 hatte die Familie Sie zu einem Ausflug mitnehmen wollen, aber an der Ortsgrenze brach die Dame heulend zusammen. Sie könne nicht weiter fahren, denn das Herz würde ihr zerreißen. Danach hat sie es nicht wieder probiert.

Ein solches Verhalten mag Ihnen naiv und dumm vorkommen. Doch auf der psychischen Ebene, wo die Strategien und die Verhaltensflexibilität mehr zählen als das Reisen mit einem Jet von einem Erdteil zum anderen, sind die meisten Menschen ebenso beschränkt wie diese Dame. Um das beim eigenen Verhalten festzustellen, bedarf es allerdings einiger Bewusstheit, weil Sie lernen müssen, auf die Muster zu achten, die sich wiederholen, nicht auf die konkreten Personen und Situationen. Es mag sein, dass Sie bei Ihrem Partner in einer stressigen Situation meist mit einem bestimmten Verhalten reagieren und im Büro in ähnlichen Situationen dasselbe Verhalten zeigen. Das fällt dann vielleicht den anderen Menschen auf. Nur Sie selbst merken es nicht, weil Sie noch nicht bewusst genug sind, um das Muster zu erkennen.

Beispiel

Verhalten 23a

Helena Berger ist 13 Jahre alt und hat immer wieder Stress mit ihren Eltern. Bei Tisch erwarten sie bestimmte Manieren, sie soll deutlicher sprechen, mehr lesen, weniger fernsehen und so weiter. Sobald Helena wütend darüber wird, springt sie auf, schleudert irgendeinen Gegenstand durch den Raum, rennt in ihr Zimmer und knallt die Tür zu. So lange ihre Eltern darauf immer gleich reagieren – meist streiten sie sich dann darüber, was jetzt zu tun wäre – reagiert auch Helena gleich. Sie hat unterbewusst ihr Ziel erreicht, das ich hier scherzhaft Verhalten 23a nennen möchte.

Mindestens zwei Wege führen aus dieser Krise: Entweder verhalten sich die Eltern anders, oder Helena nutzt ihre Kreativität für ein neues Verhalten. Ich kenne Kinder, die sich an Helenas Stelle Ohren, Zunge, Augenbrauen und den Bauchnabel piercen, um endlich die Aufmerksamkeit der Eltern zu bekommen. Dabei spielt es keine Rolle, ob die

Aufmerksamkeit positiv oder negativ ist. Hauptsache ist, dass überhaupt irgendeine Reaktion erfolgt. Und ich habe kürzlich einen Vater im Seminar gehabt, der sich vor seinem Dreijährigen auf den Boden geworfen und auch mal so richtig rumgeheult und gebrüllt hat, als der Junge nicht mit spazieren gehen wollte. Die beiden haben eine Menge Spaß miteinander und der Vater probiert ständig neue Dinge aus, um den Sohn aus der Reserve zu locken. So entdecken beide den Spaß am Leben neu.

Verlassen Sie Ihre Komfortzone

Die Komfortzone zu verlassen bedeutet also vor allem, die Grenzen der eigenen Welt in Erfahrung zu bringen und gezielt über diese Grenzen hinaus zu gehen. Den Rest des (Berufs-)Lebens in dauernder Hektik und mit unerträglichem Stress zu kämpfen, ist eine Variante, die eigene Komfortzone nicht zu verlassen. Die Motivation dazu, innerhalb der eigenen Grenzen zu bleiben, ist meist die Angst vor dem Neuen. Die trügerische Sicherheit ist allerdings ein schlechter Ratgeber für ein erfülltes Leben.

Übung: Ändern Sie sich jetzt!
Welches neue Verhalten wollen Sie noch heute ausprobieren?

Beachten Sie bitte beim Lesen des gerade geschriebenen Satzes die Modaloperatoren. Haben Sie sie so gewählt, dass Sie das neue Verhalten auch wirklich ausprobieren werden? Oder steht dort ein müsste, könnte, sollte, versuche oder probiere, das Sie bestenfalls zu einem müden Lächeln bewegen wird? Formulieren Sie den Satz so, dass er die volle Energie erhält. Oder führen Sie das neue Vorhaben doch gleich jetzt durch, bevor Sie gebannt weiter lesen.

Werte sortieren

Eine Ebene über Ihren Zielen liegt eine wichtige Steuerzentrale Ihres Lebens: ihre persönlichen Werte. Die räumliche Sortierung dieser Werte wähle ich deshalb, weil die Hierarchisierung Ihnen die Bedeutung gibt, die sie haben. Sie können munter ein Ziel nach dem anderen aufschreiben. Sobald es mit einem Ihrer Werte kollidiert oder einem Wert entspricht, der keine große Bedeutung hat, werden Sie dieses Ziel nicht erreichen.

Übung: Die Werteliste

Beginnen Sie damit, Ihre Werte auf ein Blatt Papier zu schreiben. Typische Werte sind etwa Sicherheit, Freiheit, Partnerschaft, Kinder, beruflicher Erfolg und so weiter. Diese Liste können Sie auch einige Tage lang weiter führen, es werden sicher einige Werte zusammenkommen, die Ihnen etwas bedeuten.

Wenn Sie diese Übung mit Ihrem Partner machen, achten Sie darauf, dass die Werte sehr persönlich und unterschiedlich sind. Jeder Mensch verbindet etwa mit dem Wort Sicherheit ein verschiedenes Gefühl und aus diesem Gefühl leitet sich der Stellenwert ab. Es ist ein sinnloses Unterfangen, anderen Menschen die eigenen Werte übertragen zu wollen, denn sie haben ihre eigenen. In den Seminaren achte ich lediglich darauf, dass keine wesentlichen Werte fehlen.

Übung: Sortieren Sie alleine

Wenn Sie alleine sind, schreiben Sie etwa die wichtigsten 20 Werte auf Karten oder Zettel. Es hat sich bewährt, hier etwas größere Zettel (Moderationskarten oder etwas Ähnliches) und einen dickeren Stift zu nutzen, wenn Sie diesen zur Hand haben. Nun beginnen Sie, die Karten so vor sich zu sortieren, wie es Ihrem Gefühl entspricht. Näher bei Ihnen liegen die Werte, die Ihnen wichtiger sind. Und weiter weg liegen die, die nicht so bedeutsam sind. Sobald die Werte liegen, beginnen Sie das Umsortieren, die eigentliche Arbeit. Liegt der Reichtum so, wie er im Verhältnis zum Beruf und zur Familie aus Ihrem Gefühl heraus liegen sollte? Haben Sie die Freiheit im Auge oder wird sie verdeckt durch einen anderen Wert, der im wahrsten Sinne des Wortes im Weg liegt? Diese Werteaufstellung ist ein Spiegel Ihres heutigen Lebens, merken Sie es schon?
Nehmen Sie nun Ihre wichtigsten, früher in diesem Kapitel aufgemalten oder notierten Ziele zur Hand und prüfen Sie, welche Werte für das Erreichen jedes einzelnen Ziels wichtig sind. Welche Werte fehlen, welche müssen anders gelegt werden und auf welche wollen Sie vielleicht verzichten?

Beachten Sie, dass diese Sortierung Ihrer Werte einen erheblichen Einfluss auf die Entwicklung Ihres Lebens hat und dass Sie sie ständig anpassen können. Am besten übertragen Sie sie dafür auf einen Zettel, so dass Sie Ihre Werte jederzeit wieder entsprechend anordnen und auch verändern können. Die Übung lässt sich auch zu Zweit in einer abgewandelten Form durchführen, die von Ihnen mehr Entscheidung verlangt und dafür noch mehr Klarheit bringt. Vielleicht mögen Sie die beiden Übungen auch nacheinander durchführen?

Übung: Legen Sie sich fest

Wenn Sie Ihre Werte gemeinsam mit einem Partner oder Freund sortieren möchten, wählen Sie am besten wiederum die 15 bis 20 wichtigsten aus. Geben Sie Ihrem Partner einen Zettel mit diesen 15 Werten. Er beginnt nun, die Hierarchie zu prüfen und Ihre Aufgabe ist es, die Hierarchie aus dem Gefühl und mit einem Blick auf Ihre neuen Ziele festzulegen. Das geschieht nach folgender Methode: Ist Wert 1 wichtiger als Wert 2 oder umgekehrt? Den wichtigeren vergleichen Sie mit Wert 3. Bleibt der zuerst gewählte Wert, also 1 oder 2 wichtiger als 3, prüfen Sie ihn gegen den 4. Wert ab. Ansonsten stellt Ihr Partner Wert 3 nach oben und beginnt erneut: Ist Wert 3 wichtiger als der noch nicht verglichene Wert? Immer wenn Sie bei dieser Abfrage einen Wert finden, der höher ist als der bisher ausgewählte, beginnen Sie wieder mit dem Abgleich im Verhältnis zum ersten Wert auf der Liste.

Ihnen steht also eine lustige Aufgabe bevor, die Ihnen einiges abverlangt und auch ein wenig Zeit beansprucht. Und in den kommenden Wochen und Monaten werden Sie merken, wie sich Ihr Leben passend zu Ihrer neuen Wertehierarchie verändert.

Tipp: In meinen Seminaren gleiche ich oft den Wert Freiheit bei allen Teilnehmern ab. Das mag eine subjektive Beeinflussung sein, aber was ist Ihr Leben ohne Freiheit wert? Wenn Sie nicht die Freiheit haben, den passenden Partner zu wählen, dann kann das Leben an Farbe verlieren. Und wenn Sie den Reichtum nur erreichen, indem Sie die Freiheit aufgeben, dann können Sie ihn vielleicht auch nicht angemessen genießen.

Ein weiterer Hinweis betrifft Ihr Privatleben: Trennen Sie den Wert Familie möglichst in Partnerschaft, Kinder und eventuell noch andere Verwandte, die Sie als Familie bezeichnen möchten. Das ist deshalb so wichtig, weil viele Menschen in bestimmten Phasen ihres Lebens dazu neigen, die Kinder über die Partnerschaft zu stellen. Das ist selbstverständlich in Ordnung, nur hat es oft die Folge, dass diese Partnerschaften nicht sehr angenehm verlaufen. Bedenken Sie, dass Sie mit dem Partner oder der Partnerin Ihr ganzes Leben planen. Ihre Kinder werden nur einige Jahre bei Ihnen sein und dann als selbstständige, erwachsene und verantwortliche Menschen das heimische Nest verlassen.

Umkehr zum hier, heute und jetzt

Sie haben nun alle Schritte vollbracht, die für eine sinnvolle Lebensplanung entscheidend sind. Wenn Sie sich bisher die Frage nach dem Sinn Ihres Lebens gestellt haben, dann finden Sie nun die Antwort in den notierten großen Zielen, in der großen Vision Ihres Lebens. Falls diese noch nicht groß genug ist, dann arbeiten Sie einfach weiter daran. Ihr Potenzial werden Sie dann entfalten, wenn sich Ihre größten Ziele weit jenseits dessen befinden, was Sie heute für realistisch und erreichbar halten.

Jetzt ist es wichtig, dass Sie von dem Überblick wieder zum Detail zurückkehren. Diese Umkehr sorgt dafür, dass Sie Ihre Ziele schnell erreichen und dass Sie von den unterbewussten Kräften bestmöglich unterstützt werden.

Übung: Schritt für Schritt voran

Planen Sie von dem heutigen Standpunkt aus, was Sie verändern oder tun können, um den gesetzten Zielen näher zu kommen. Planen Sie dies für jedes einzelne große Ziel, das Sie anstreben. Es sollte eine spezifische Tätigkeit sein, die Sie selbst überprüfen, durchführen und auch abschließen. Wenn Sie einen Bootsführerschein planen, dann könnten Sie gleich morgen Literatur im Internet finden. Und am nächsten Tag können Sie die Anbieter in Ihrer Region heraussuchen. Und am Tag danach ...

Es kommt nicht darauf an, wie groß die Aktivität an jedem einzelnen Tag ist, die Sie auf dem Weg zum Ziel umsetzen. Wichtiger sind die tägliche Arbeit und die ständige Aktualisierung. Sie können von dem Punkt aus, an dem Sie heute sind, schon einen Teil der Schritte überblicken, die Sie auf Ihr Ziel zugehen können. Dabei genügt, das sei hier angemerkt, Ihr Glaube, dass genau diese Aktivität Sie Ihrem Ziel näher bringt. Denn die wesentliche Arbeit werden Sie ohnehin unterbewusst leisten.

Beispiel

Erfolgreich an den Leistungsgrenzen
Andreas Koller ist sehr sportlich. Abends nach der Arbeit geht der Familienvater zwei Mal pro Woche ins Fitnessstudio und am Wochenende radelt er zusammen mit einem Freund in den Bergen, fährt Ski oder läuft. Keine Frage, dass Andreas auch schon einige Marathonläufe erfolgreich absolviert hat. In seinem Beruf als Finanzberater ist er recht erfolgreich, er arbeitet meist mehr als zehn Stunden am Tag und seine Kunden sind sehr zufrieden. Trotzdem möchte Andreas sein Leben verändern. Wenn er seine Ziele bisher nur dann als erstrebenswert empfand, wenn sie mit erheblichem Arbeitsaufwand und großer Kraftanstrengung erreichbar waren, möchte er jetzt gelassener arbeiten und leben.

Verbissenheit ist auf dem Weg zum Ziel nicht angebracht. Und wenn Sie sich bisher immer wieder selbst antreiben müssen, um beruflich oder privat ihre Ziele zu erreichen, mag das auch daran liegen, dass Sie sich die falschen Ziele ausgesucht haben. Gehen Sie davon aus, dass jeder Mensch die Ziele, die zu ihm passen, auch ohne überdurchschnittlichen Arbeits- und Kraftaufwand erreichen kann. Hier geht es nicht darum, der Faulheit das Wort zu reden, sondern um einen sinnvollen Umgang mit den eigenen Kräften und Fähigkeiten.

Jede Entscheidung folgt dem Ziel

Sobald Sie ein klares Ziel ins Auge gefasst haben, dann verändert dies jede Entscheidung und sicher auch Ihre Fähigkeit schnell zu entscheiden. Denn da Sie wissen, wo Sie hin möchten, ist es viel leichter, die Auswirkungen auf Ihr großes Ziel und den Weg dorthin abzuschätzen. Und damit wirken große Ziele auch rückwirkend, sie sind ständig präsent und machen Ihnen das Leben leicht. Aus diesem Grund ist es so wichtig, dass Sie sich in Ihrem Unternehmen für die Arbeit an den Zielen einsetzen, die über die Umsatzplanung der kommenden Monate und Jahre hinausgeht. Viele Unternehmen scheitern genau an diesem Punkt, denn Menschen sind nicht mit Geld allein zu motivieren. Viel wichtiger ist es, ihnen inhaltliche Ziele zu geben, für die sie sich begeistert einsetzen.

In Bezug auf das richtige Zeitmanagement helfen die Ziele Ihnen vor allem, die richtige Priorisierung zu finden. Denn die ergibt sich meist nicht aus der Aufgabe selbst, sondern aus der Einordnung der Aufgabe in den größeren Rahmen.

> **Tipp:** Auch in Ihrer Partnerschaft ist es wichtig, sich um die gemeinsame Vision zu kümmern. Setzen Sie sich zusammen und planen Sie, wo Sie gemeinsam in zehn Jahren sein wollen. Ihre Partnerin oder Ihr Partner kann sich hier mit seinen Vorstellungen einbringen, ja es ist sogar sehr wichtig, dass jeder von Ihnen seine eigenen Vorstellungen einbringt. Nur so werden beide sicher sein, ein gemeinsames Ziel anzustreben.

Viele Menschen nutzen die Zeit zwischen den Weihnachtstagen und dem Jahreswechsel, um an ihren Plänen für das kommende Jahr zu arbeiten und auch die großen Lebensvisionen noch einmal zu überprüfen. Das ist ein wichtiger Aspekt, denn Menschen ändern ihre Ziele und so mag es auch für Sie wichtig sein, regelmäßig zu aktualisieren. Zudem macht Ihnen die jährliche Vorausschau deutlich, wie sehr Sie sich den angestrebten Zielen bereits genähert haben. Sobald Sie die Übersicht für Ihre Zielplanung für ein neues Jahr erstellt haben, können Sie nun Ihre Planung für die bevorstehenden Monate, dann die Wochen und anschließend die Tage erstellen.

Beispiel

Planen Sie vom großen Ganzen zum Detail
Nehmen wir an, Sie wollten Italienisch lernen. Dann müssen Sie sich einen passenden Kurs aussuchen, ein CD-Lernprogramm oder ein Buch bestellen. In der Jahresperspektive könnte also der Kurs auftauchen, der in zwei Monaten beginnt und dann immer dienstags stattfindet. Damit gibt es gleich eine Planung der Wochen und Tage. Um das Ziel noch schneller zu erreichen, planen Sie auch noch einen Aufenthalt in Italien, der drei Wochen dauert und im Sommer

stattfinden soll. Nun werden Sie noch täglich Vokabeln lernen, vielleicht sieben pro Tag, so dass Sie eine sinnvolle Verteilung ohne zu große Anstrengungen erreichen.

Nicht jedes neue Ziel lässt sich so einfach planen wie das Erlernen einer neuen Sprache. Manchmal mag es auch sein, dass Sie erst einen bestimmten Informationsstand erreicht haben müssen, bevor Sie die nächsten Schritte überblicken können. In einem solchen Fall empfehle ich die Planung bis zu diesem Zeitpunkt und verbinde dies mit dem Vorschlag, die neue Planung dann auch konsequent anzugehen, sobald der Betreffende in der Lage ist. Auch hier gilt, dass Sie ein wenig Selbstdisziplin gut gebrauchen können, um Ihr Ziel zu erreichen.

Starten Sie durch

Mit den vielen Methoden, die Sie in diesem Buch gelernt haben, werden Sie spielend in der Lage sein, Ihre großen Ziele zu erreichen. Dass sich dabei Ihr Zeitmanagement deutlich verändert, ist eine Selbstverständlichkeit, die schon bald gar nicht mehr im Mittelpunkt steht. Gelassenheit, Selbstdisziplin und ein neuer Umgang mit sich selbst und anderen Menschen wird die Folge Ihres neuen Wissens und Ihrer in diesem Buch erworbenen neuen Fähigkeiten sein. Gleichzeitig haben Sie sich inzwischen auf die Reise zu sich selbst gemacht. Das ist ein sehr wertvoller Weg und er wird nicht so bald enden, das verspreche ich Ihnen. Bleiben Sie auf diesem Weg sich selbst treu, finden Sie Ihre eigenen Visionen und schaffen Sie ab heute eine Welt, der wir alle angehören wollen. Das ist mein größter Wunsch an Sie!

Zusammenfassung

- Die Kriterien der richtigen Zielplanung: mit allen Sinnen erleben, positiv formulieren, Ziel statt Prozess, Störfaktoren beachten und ausräumen, selbst erreichbar machen und einen Endtermin setzen.
- Achten Sie auf limitierende Glaubenssätze und versteckte Vorannahmen. Müssen Sie zehn Stunden am Tag arbeiten, um die Miete zu verdienen?
- Verlassen Sie immer wieder Ihre Komfortzone, dann wird Ihr Leben ein echtes Erlebnis.

- Modaloperatoren können eventuell versuchen, ihre Zielerreichung zu beeinflussen.
- Die Werte bestimmen Ihr tägliches Handeln ebenso wie die großen und kleinen Ziele.

Anhang:
Der Blick hinter die Kulissen

Weitere Aspekte eines erfolgreichen Zeitmanagements

In meinen Seminaren biete ich meist nach dem offiziellen Ende noch einen Zusatzteil an für die Teilnehmer, die noch ein bisschen mehr wissen möchten. Manchmal machen wir dann eine Abschlusstrance oder ich erläutere die Lehrmethode Accelerated Learning. Dieser Logik folgt auch dieser Anhang: Ich blicke hier und da ein wenig über den Tellerrand, gebe weitere Tipps, nenne Internet-Adressen für die Überprüfung oder den Softwaredownload und gebe Hinweise auf ergänzende Bücher, CDs und Filme.

Selbstverantwortung – ein neuer Umgang mit der Zeit

Zum Thema Rechtschreibstrategie: Viele Menschen haben in der Schule gelernt, eine innere Stimme den Text vorlesen zu lassen, den sie gerade lesen. Damit nutzen sie eine auditive Lesestrategie. Doch das stille (oder auch laute) Vorlesen ist nicht erforderlich, um einen Text zu verstehen, der entscheidende Schritt ist die visuelle Wahrnehmung, das Lesen. Wenn Sie etwa mit der inneren Stimme eine Melodie summen, die Sie gut kennen, dann können Sie feststellen, dass Sie den Text auch dann verstehen und behalten, wenn Sie ihn nur sehen. Das erfordert etwas Übung (ein paar Tage genügen) und schon können Sie viel schneller lesen. Welche Melodie mögen Sie? Etwas Klassisches oder doch eher *Love Me Tender* von Elvis? Probieren Sie es jetzt gleich.

Der Lesestrategie folgend prüfen viele Menschen auch die Rechtschreibung mit Hilfe der inneren Stimme. Sie sprechen (innerlich) das Wort „nämlich" und das hört sich eben nach dem „h" an. Sie können es so oft sprechen, wie Sie wollen, das hilft nicht. Eine neue Strategie hilft. Schreiben Sie einem Kind Wörter auf einen Zettel, wobei Sie für jeden Buchstaben eine andere Farbe verwenden. Lassen Sie das Kind das Wort ansehen und dann decken Sie das Blatt ab. Fragen Sie das Kind nun, welche Farbe der dritte Buchstabe hatte? Machen Sie diese Übung drei Tage oder gerne auch zwei Wochen lang, nehmen Sie immer längere Wörter. Das ist eine Methode, mit viel Spaß zu einer neuen Strategie zu kommen, denn an die Farbe können Sie sich nur mit einer visuellen Lese- und Merkstrategie erinnern. Und die ist für eine gute Rechtschreibung einfach am besten geeignet. Fragen Sie mal den Lektor dieses Buches, wie er sich die korrekte Schreibweise merkt. Vielleicht wusste er das bisher auch nicht und ich weiß, dass er eine visuelle Strategie haben muss.

Lektion 1: Immer unter Druck

Inzwischen habe ich mich durch viele Trainings und Coachingsituationen daran gewöhnt, dass Menschen einen völlig verzweifelten Kampf gegen die Zeit führen. Es scheint zu stimmen, dass sich – frei nach Mark Twain – die tägliche Aktivität in dem Maß erhöht, in dem wir unsere großen Ziele aus den Augen verlieren. Ich ergänze, dass dies auch solche Menschen betrifft, die dank eines scheinbar geordneten Lebens doch alles in trockenen Tüchern zu haben scheinen. Haben Sie Ihre Partnerin beziehungsweise Ihren Partner schon mal gefragt, wie sie oder er Ihr gemeinsames Leben in zehn oder zwanzig Jahren sieht? Eine Ehe, Kinder, eine erfüllende Arbeit und vor allem auch täglicher Stress sind kein Maßstab dafür, dass Sie am Ende des Lebens zufrieden zurückblicken können.

Hier hilft, und das macht diesen Teil des Buches eventuell etwas schmerzhaft, die Nabelschau deutlich weiter. Sie erkennen, in welcher Misere Sie sich befinden und das verstärkt Ihre Bereitschaft, sich zu verändern. Selbstverständlich können Sie auch in den kommenden zehn bis zwanzig Jahren so weiter leben wie bisher. Und dann denken Sie jetzt bitte an den Griff auf die heiße Herdplatte.

Lektion 2: Razzia bei den Zeitdieben

Angst als einer der wichtigsten Motive der Zeitdiebe anzuerkennen, kann die entscheidende Veränderung in Ihr Leben bringen. Tatsächlich scheint sie eine Basis des Funktionierens unserer Gesellschaft zu sein, obwohl das ein wenig förderliches Gefühl ist. Die Angst, den Job zu verlieren, die Miete nicht bezahlen zu können, den geliebten Partner zu verlieren, krank zu werden, allein zu sein bis ans Ende der Tage – es gibt so unglaublich viele Ängste. Und die machen Menschen sehr leicht steuerbar. Wer Angst hat, der bleibt auf eingefahrenen Wegen, sei es innerhalb eines Unternehmens oder sogar innerhalb eines größeren Kontextes wie etwa einer komplexen Gesellschaft.

Lektion 3: Effektive Methoden

Es scheint gerade so, als komme der Effektivität des Einzelnen die allergrößte Bedeutung zu. So lange wir effektiv sind, werden wir gebraucht, und sobald dieses eine Kriterium nicht mehr zur Zufriedenheit anderer erfüllt wird, verlieren wir unseren Job. Das ist Realität in vielen Unternehmen, und Menschen ab 50, die arbeitslos geworden sind, gelten als schwer vermittelbar. Das entscheidende Kriterium ist aus meiner Sicht weniger die Effektivität, als vielmehr die Flexibilität und Erfahrung, die ein Mitarbeiter einbringt. Effektiv zu arbeiten ist eine Frage der Methoden, die ein Mensch anwendet. Flexibilität und Erfahrung sind dagegen Themen, die auf einer höheren Ebene, nämlich bei den Strategien, angesiedelt sind. Und in Bezug auf den flexiblen Einsatz solcher Strategien sind viele Manager nicht in der Lage, für ihre Mitarbeiter gute Vorbilder zu sein. So entsteht dann ein Teufelskreis, aus dem kaum jemand ausbricht, es sei denn, er wird gekündigt.

Für Sie ist es daher auf dem Weg zu einer effektiven Arbeit wichtig, die Strategien im Auge zu behalten. Auf welche Weise motivieren Sie sich? Wie flexibel können Sie auf neue Anforderungen reagieren? Und wie kreativ sind Sie dabei, neue Lösungen für alte und neue Problemsituationen zu finden? Beginnen Sie an dieser Stelle, Ihre Fähigkeiten und Ihre Komfortzone zu erweitern, dann sind Sie immer auf dem richtigen Weg.

Lektion 4: Outlook, TimeSystem & Co.

Hier zu den Fachbegriffen, die in diesem Kapitel verwendet werden:

PDA   Personal Digital Assistant, ein elektronischer Organizer im Taschenformat; auf ihm laufen verschiedene Anwendungen wie Kalender, Aufgabenverwaltung, E-Mail-Programm, Spiele, Filme und vieles andere Programme.

Smartphone Ein PDA mit Handyfunktion oder ein Handy mit vielen Zusatzfunktionen, die sonst nur ein PDA hat. Wählen Sie sich Ihre Sicht der Dinge.

Bluetooth Ein schnurloser, relativ langsamer Übertragungsweg für die Verbindung zwischen Computern, Digitalkameras, PDAs, Handys und anderen Geräten.

Firewire eine der schnellsten drahtgebundenen Verbindungen zwischen dem PC, Notebook und anderen Geräten wie digitalen Camcordern, PDAs und MP4-Playern.

USB eine der langsameren drahtgebundenen Übertragungsmöglichkeiten, üblicherweise genutzt für viele PC-Geräte wie Tastaturen, Mäuse und weitere sowie für Digitalkameras und PDAs.

WLAN Wireless LAN (Local Area Network), eine funkbasierte Netzwerkverbindung, die vor allem von PCs, Notebooks und manchen PDAs verwendet wird. Inzwischen nutzen auch einige Telefone diese Netze.

VPN Virtual Private Network – eine Verbindung zwischen zwei Computern, die über das Internet in einem geschützten Tunnel aufgebaut wird, der weitgehend abhörsicher ist. Heute sind VPNs ein gängiges Verfahren für die unternehmensinterne Kommunikation.

CRM Customer Relationship Management; typischerweise eine Softwarelösung, mit der die Kundenkontakte verwaltet werden.

Groupware Diese Softwarelösungen wie etwa Outlook und Notes erlauben es Teams, schnell und einfach zusammenzuarbeiten – daher der Name Groupware, also Software für eine Gruppe.

Wie versprochen nun noch einige Links ins Internet, die keinerlei Anspruch auf Vollständigkeit erheben:

- Outlook-Zusatzprogramme finden Sie unter anderem bei: `www.gangl.de`, `www.windows-software.de`, `www.outlook-net.de`, `www.docoutlook.de`
- Hinzu kommen die einschlägigen Freeware- und Shareware-Anbieter, die Sie mit jeder guten Suchmaschine leicht finden.
- Für den PDA gleich welches Herstellers gibt es ebenfalls einige gute Adressen: `www.pdassi.de`, `www.download-tipp.de/PDA-Software`, `www.mobile2day.de`

Lektion 5: Helfer in der Not

Ein kleiner Ausflug zum Thema „Angst". Für viele Menschen, die in meine Seminare kommen, ist die Angst der wichtigste Hinderungsgrund für eine schnelle Weiterentwicklung. Deshalb ist es so entscheidend, dass ich als Trainer zunächst die Angst vor der Veränderung nehme. Dafür gibt es zum Glück inzwischen eine breite Palette von Trainingswerkzeugen. Einige davon finden Sie in diesem Buch. Angst versetzt uns Menschen hormonell in einen Alarmzustand, um kämpfen oder fliehen zu können. Das ist wichtig gewesen, als unsere Vorfahren plötzlich einem Säbelzahntiger gegenüber standen. In einer terminlichen Notsituation, in der am besten fünf Aufgaben gleichzeitig erledigt werden müssten, helfen diese Alternativen beide nicht. Denn wenn Sie gegen die Flut der Aufgaben ankämpfen, sind Sie nicht gelassen genug, um schnell und effektiv zu arbeiten. Und wenn Sie vor den vielen Aufgaben weglaufen, dann ist das auch nicht der beste Weg, um schneller fertig zu werden.

Lernen Sie deshalb durch Bücher oder geeignete Seminare, Ihre Ängste zu überwinden und mit den Gefühlen der Panik umzugehen, wenn Sie diese kennen sollten. Angst ist keine seltene Erscheinung, sie betrifft Menschen aus jeder Gesellschaftsschicht und in jeder beruflichen Situation. So lange Sie lernen können, sich den eigenen Ängsten zu stellen und dadurch besser zu werden, sind Sie in der richtigen Richtung unterwegs. Mutig voran!

Von den Kindheitsmustern, also den Verhaltensweisen, die wir uns in der Kindheit abgeschaut oder antrainiert bekommen haben, ist in diesem Buch immer wieder die Rede. Aufgrund meiner langjährigen Erfahrung im Bereich der menschlichen Verhaltensforschung und der intensiven Beschäftigung mit Methoden wie der Hypnose und dem NLP bin ich von diesen Zusammenhängen überzeugt. Das bedeutet allerdings nicht, dass es hilfreich sein muss, die Schuld für irgendein aktuelles Verhalten auf die Kindheit zu schieben und dann die Hände in den Schoß zu legen. Blockaden, ungünstige Strategien und Ängste, die in der Kindheit erworben wurden, lassen sich auf vielerlei Weise schnell und effektiv in der Gegenwart beilegen. Die Arbeit mit der inneren Stimme, die in dieser Lektion vorgestellt wird, ist eines dieser Beispiele für eine bewusste Intervention, die deutliche Auswirkungen auf Ihre unterbewussten Strategien hat.

Lektion 6: Treffpunkt Zeitfalte

In diesem Kapitel wird die Bedeutung der Kommunikation sehr herausgestellt. Ich habe vor allem in meinen Firmenseminaren, bei denen ich mit Teams oder Mitarbeitern verschiedener Abteilungen arbeite, immer wieder die Auswirkungen des mangelnden Austauschs erlebt. Auch in den Seminaren, in denen Paare anwesend sind, ist es entscheidend, eine neue Basis für die Kommunikation zu schaffen. Neben der Freiheit von Angst, mit einem anderen Menschen zu sprechen und ihm offen die eigene Meinung und auch die eigenen Ziele und Wünsche mitzuteilen, geht es oft auch um neue Fähigkeiten. Und ein neuer Standpunkt ist hilfreich: In dem Moment, in dem Sie verstehen, dass sämtliche Wahrnehmung der Welt individuell verschieden ist, können Sie jeden anderen Menschen viel besser annehmen. Gehen Sie davon aus, dass jeder Mensch in dem Kontext, in dem er sich bewegt, die jeweils beste ihm zur Verfügung stehende Entscheidung trifft.

Von diesem Standpunkt aus gesehen verstehen Sie nun, dass viele Menschen bisher in ihrem Leben einfach nur zu wenige Alternativen für die Reaktion oder auch die Aktion kennen gelernt haben. Sie können nicht wählen, sondern bleiben stur bei den Möglichkeiten, die sie seit Jahren wiederholen. Ich habe mich als Trainer dafür entschieden, den Schwerpunkt meiner Arbeit auf diesen Aspekt zu legen, damit meine Teilnehmer mehr Wahlmöglichkeiten erlernen. Es geht nicht darum, ob Sie ein besserer Redner, ein besserer Zeitplaner oder ein besseres Elternteil beziehungsweise ein besserer Partner und Freund werden möchten. Die Basis ist immer dieselbe: Sie müssen lernen, sich anders als bisher zu verhalten, Sie werden sich der Veränderung öffnen wollen.

Eine neue Art der Kommunikation, die auf gegenseitigem Respekt und Annahme der Einzigartigkeit Ihres Gesprächspartners oder Teammitglieds basiert, ist also eine Folge der Veränderung, die Sie auch mit dem Lesen dieses Buches erreichen. Und auf diesen neuen Fähigkeiten werden Sie immer besser darin werden, auch mit sich selbst besser umzugehen – und mit Ihrer Zeit.

Lektion 7: Selbstmanagement und Zielplanung

Zum Thema „Bestellen von Parkplätzen" verweise ich hier der Einfachheit halber auf zwei Quellen, die ich in diesem Zusammenhang als inspirierend empfunden habe: Erstens das Buch „Bestellungen beim Universum" von Bärbel Mohr, in dem verschiedene Techniken anhand konkreter Beispiele erläutert werden. Und zweitens und weit darüber hinausgehend der Film „What the Bleep do we know?" (im Internet unter www.bleep.de), in dem Quantenphysiker und andere Wissenschaftler erklären, wie wir uns unsere eigene Realität schaffen. Dieser Film ist vor allem auch für solche Menschen geeignet, die bisher nicht von der Individualität jeder menschlichen Erfahrung überzeugt werden konnten.

Eine Ergänzung zum Thema Unternehmensvision: Tatsächlich gibt es zwar einige Unternehmen – vor allem größere – die mit großem Aufwand eine Vision formulieren. Doch diese Visionen sind dann oft durch Marketingstrategen und PR-Fachleute so weichgespült, dass sie für die Motivation der Mitarbeiter nicht mehr genügen. Hier können gerade deutsche Unternehmen viel von den erfolgreichen amerikanischen lernen. Manche dieser Firmen sorgen mit großen Visionen dafür, dass ihnen die besten Mitarbeiter zuströmen – und damit der Erfolg. Gute Beispiele dafür finden Sie etwa in der Computerbranche, in der mit einer großen Vision kleine Start-up-Firmen in wenigen Jahren zu Weltruhm gelangt sind. Schauen Sie sich die Geschichten dieser Unternehmen an, lesen Sie beispielsweise Bücher von Bill Gates, dem Gründer von Microsoft. Seine Visionen waren denen anderer Manager oft um Längen voraus, er hat seinen Mitarbeitern damit eine klare Marschroute vorgegeben.

Dass dasselbe Unternehmen heute mit Macht und Repressalien gegen den Mitbewerb vorgeht, ist allerdings eher einer Bestätigung der These, dass Angst als wichtige Motivationsquelle angesehen wird. Zu Unrecht!

Ausblick

Viele meiner Seminarteilnehmer berichten, dass Sie nach einem Seminar noch für Monate oder sogar Jahre von den vielen Tipps profitieren, die sie mitgenommen haben. Das wird Ihnen nach dem Lesen dieses Buches auch so gehen und ich freue mich darüber. Vielleicht haben Sie Lust, diese Erfolge mit mir und anderen Leserinnen und Lesern des Buches zu teilen. Dann freue ich mich über eine Erfolgsmeldung, die Sie an info@fresh-academy.de senden oder per Post an die

fresh-academy

Marc A. Pletzer

Klenzestraße 7

D-82327 Tutzing.

Mit Ihrer Erlaubnis werde ich Ihre Erfolgsmeldung gerne auch anderen Lesern weitergeben, etwa über meinen monatlichen Newsletter. Vielen Dank!

Literaturliste:
Gehen Sie Ihren Weg weiter

Mehr Literatur für Selbstverantwortung, Zeitmanagement und Freiheit

Auch dieses Literaturverzeichnis ist anders als die meisten, die Sie gewöhnt sind: Ich stelle wenige Bücher vor und nehme mir dafür ein wenig Zeit. So können Sie besser entscheiden, ob das gewünschte Buch zu Ihren Vorstellungen passt.

Flächenlesen, Günther Emlein und Wolfgang A. Kasper, Freiburg 2002

Zum Thema schnelles Lesen empfehle ich nicht die Standardwerke, sondern dieses Buch. Es bietet einen anderen Zugang zu verschiedenen Schnelllesetechniken. Damit haben Sie die Wahl, welche dieser Methoden optimal zu Ihnen passt.

Zeitmanagement, Jörg F. Knoblauch und Holger Wöltje, Freiburg 2005

Hervorragender Ratgeber, der den optimalen Umgang mit Zeitplanern und elektronischen Helfern zeigt.

Stroh im Kopf?, Vera F. Birkenbihl, Landsberg am Lech 2005

Eines der vielen lesenswerten Bücher dieser Autorin. Sie verblüfft immer wieder mit originellen Methoden, die im Alltag sehr gut eingesetzt werden können. Auch die Sprachkurse von Vera Birkenbihl sind zu empfehlen, da sie auch in diesem Bereich neue Wege eingeschlagen hat.

Wort sei Dank, Shelle Rose Charvet, Paderborn 2001

In diesem Buch werden die verschiedenen Motivationsprogramme, mit denen Menschen arbeiten, auf übersichtliche und informative Weise aufgeführt. Einige dieser Muster, etwa die Motivation auf ein Ziel zu oder von einem Zustand weg, haben Sie ja bereits kennen gelernt.

Chrashkurs Projektmanagement, Sabine Peipe, Freiburg 2005

Dieses Buch ist perfekt für einen ersten Einstieg in das Projektmanagement. Es beachtet alle entscheidenden Aspekte und ist dabei so locker geschrieben, dass die Beschäftigung mit dem Thema zu einem kurzweiligen Abenteuer gerät.

Die Entscheidung liegt bei Dir, Reinhard K. Sprenger, Frankfurt/Main 2004

Dieses Buch ist der aus meiner Sicht beste Einstieg in ein eigenverantwortliches Leben. Reinhard Sprenger führt Sie zurück zu der Erkenntnis, dass Sie Ihr Leben selbst frei gestalten können. Als Motivation ist es ausreichend, wenn Sie mit dem Status quo unzufrieden sind und etwas anders machen möchten als bisher.

Startbuch für Lebensveränderer, Dr. Robert Anthony, Münsingen–Bern 2001

Dieses Buch ist eine Alternative zu dem Buch von Reinhard Sprenger. Es bietet ebenfalls einen ersten Einstieg in ein selbstverantwortliches, freies Leben. Dabei stehen mehr noch als bei Sprenger die universell gültigen Regeln im Mittelpunkt, die auf dem Weg der Veränderung hilfreich und nützlich sind.

Bestellungen beim Universum, Bärbel Mohr, Aachen 1998

In dieser Liste ist dies das erste etwas esoterische Buch für einen neuen Umgang mit der Realität. Den Film „What the Bleep do we know?" habe ich Ihnen ja bereits im Anhang empfohlen. Die Bestellungen beim Universum sind sozusagen die Anwendung dessen, was der Film wissenschaftlich und fundiert belegt.

Der neue Prometheus, Robert Anton Wilson, Reinbek, Oktober 1987

Dieses ist der Ausreißer unter den Büchern in dieser Literaturliste: Robert Anton Wilson versteht es meisterhaft, Ihre Realität so zu verändern, dass Sie flexibler werden. Wenn Sie dann auch noch die Übungen im Buch konsequent verfolgen, ist der Weg zu einem eigenverantwortlichen Leben wirklich frei.